国家出版基金项目
NATIONAL PUBLICATION FOUNDATION

幼 儿 教 师 专 业 指 导 丛 书

幼儿教育基本理念
与教师行为规范

侯莉敏 等 著

教育科学出版社
·北 京·

前　言

　　发展教育，教师为本，教师问题是教育改革的关键性因素。近年来，随着幼儿教育的蓬勃发展，我国政府及社会各界人士对幼儿教师发展和幼儿教师教育给予了前所未有的重视和关注，幼儿教师专业发展已经成为教师教育研究领域的一大热点问题。为全面提高幼儿教师的素质，我国加强了各级各类幼儿教师的职前培养和职后培训。然而，由于受到传统的教师教育模式的影响，目前我国的幼儿教师专业发展模式仍然存在不少弊端，主要体现在以下两个方面：一是作为幼儿教师培养的管理者和实施者，幼儿教师教育机构没有充分理解幼儿教师及其专业发展的本质与内涵，单纯把教师看作单向的、被动的、机械化的接收器，过度强调专业知识和技能的习得，强调教师群体在专业发展中的统一标准，忽略了教师的个性需求和发展意愿；二是作为专业发展的主体，一些幼儿教师对自身的角色定位尚不够清晰，对幼儿教育专业理念缺乏深入的理解和认识，缺乏自主发展的意识和行动，这不仅影响了教师自身的专业发展，也在一定程度上导致了违反幼儿教育规律的教育现象的产生，如"小学化"（尤其在广大的农村地区）。正因为如此，近年来，国家制定和颁布了《国家中长期教育改革和发展规划纲要（2010—2020年）》《国务院关于当前发展学前教育的若干意见》等一系列政策，各省市也相应制定《学前教育三年行动计划》，在努力扩大幼儿教育规模的同时，着力通过提高教师尤其是农村幼儿教师的素质来普及科学优质的幼儿教育。

　　然而，教师发展是动态的过程，与社会政治、经济的发展具有联动关系，尤其是农村幼儿教师的发展离不开他们所处地域文化及环境的影响，因此，研究教师的成长环境成为确定教师培养和培训模式的重要依据。通过对西部地区农村幼儿教师的调查，我们发现目前首先需要的是改变教师的教育观念，要求教师在掌握"应知"的基础上融会贯通，达到"应会"，即要求教师的教育技能也获得相应的拓展。正是在此种情况下，我们编写了本书。本书也是2012年教育部人文社会科学研究规划基金项目"西部地区农村幼儿教师专业发展支持性环境研究"的阶段性成果。该项目通过调查农村地区幼儿教师专业发展的现状、历程，探究影响农村幼儿教师专业发展的一切因素，分析不同专业背景的幼儿教师专业发展的支持性条件，希望可以为各地方更有针对性地进行各级别的幼儿教师培训、完善学前教育师资培训体系提供理论上的参考，也为西部农村学前教育发展改革提供一定的理论依据。

本书一共分为八章。第一、第二、第三、第四章着重解决幼儿教师的"应知"，即从幼儿教育工作的起点——了解幼儿——开始，对幼儿教师在从事幼儿教育工作中必须具有的儿童观、教育观，以及在此基础上要熟悉和掌握的专业知识和技能进行了全面阐述；第五、第六、第七、第八章重点探讨了幼儿教师的"应会"，即幼儿教师应具有与专业身份一致的角色认知与体验能力、课程开发与实施能力、班级常规建立与维护能力、日常行为规范和提高能力等。本书第一章由侯莉敏、邓倩倩撰写，第二、第六章由覃江梅撰写，第三章由侯莉敏、郑艳华撰写，第四、第五章由徐艳贞撰写，第七、第八章由吴慧源撰写。覃江梅和徐艳贞参加了统稿工作，在此一并表示感谢。

侯莉敏

2013年10月1日于桂林

目　录

第七章 | 班级管理：幼儿教师的日常工作　160

了解幼儿：幼儿教育工作的起点

　　人们如何看待儿童，就会给儿童以怎样的教育。不同时代的人们对儿童认识的差异导致了不同的儿童观。在原始社会时期，人们尚未发现儿童与成人有什么根本的不同，因而也就没有明确的儿童观念，人们只是急切地希望儿童快速加入成人的行列，能够进行采集、狩猎等劳动活动。到了近代，人们逐渐开始认识到，儿童期是人生的一段特殊发展时期，有其独特的发展价值，儿童教育应该建立在对儿童发展的基本认识的基础上。

　　了解幼儿，是一切幼儿教育的开端。同时，了解幼儿的重要性还体现在，教师只有在正确和科学地了解幼儿身心发展的条件下，才能进行正确和科学的教育。作为教育工作的起点，教师不仅要去了解幼儿个体，还应该掌握不同年龄阶段幼儿的身心发展规律，以及整个学前阶段幼儿特有的、与之后的学习阶段不同的特点。

　　本章我们将围绕三个主题进行讨论。

- 幼儿是如何发展的？
- 作为群体，幼儿拥有怎样的年龄阶段特征？
- 作为个体，幼儿具有怎样的个性特点？

第一节　幼儿是主动发展的人

"发展是一种由新结构的获得或从一种旧结构向新结构的转化组成的。"[1]发展是指个体身心整体的连续变化过程，不仅是数量的变化，更重要的是质的变化，如躯体各部分比例的变化、心理结构的变化、情绪的变化等。发展不仅指儿童生长成熟的过程，也指成人衰退消亡的过程。

例如一个3岁的孩子被教会背"4×6=24"，对这个孩子来说，他虽然获得了内部的、稳定的、持久的变化，但这个孩子并没有获得发展，因为他并不理解乘法的意义，他只是靠机械的学习积累，并没有进入理解的水平。只有当幼儿把所学的知识与头脑中原有的知识体系相互联系起来，并能把整个系统中相关联的对象联系起来，才能说这种变化导致了结构的变化，才可称得上是发展。在这个例子中，只有当这个孩子懂得了数的序列和组成的法则，懂得"4×6=24"的意义，而且认识到"4×6=24"相当于"4+4+4+4+4+4=24"，也同时认识到"6×4=24" "24÷4=6" "24÷6=4"，即意味着幼儿能把等值与计算方法联系起来，并且从法则观点来考虑此类问题，才能表明他的认知结构已经发生了变化——发展了。

从这个意义上讲，人的发展既是自发的，也可以是自觉的。换言之，人的发展既是人身心成熟的自然表现和本能、天性，也是在后天的社会影响下，通过实践活动所生成的。那么我们为什么说幼儿是主动发展的？这也正是幼儿的发展不同于成人发展的地方——幼儿的发展是内发的，是不依赖外力推动、自发的行为。蒙台梭利赞美幼儿拥有"有吸收力的心智"："在这一期间（3—6岁，作者注），我们应给予儿童更多的关注。如果我们遵循这一原则，儿童就不会是一个负担，而是一个向我们展示自然的伟大和神奇的尤物。我们所面对的不再是一个仅仅需要帮助的人，不再是一个需要我们传授智慧的人，他们的成长会为我们的思想宝库提供珍贵的资料。我们会发现，他们通过自己的天赋

---

[1] 简·卢文格.自我的发展[M].韦子木，译.杭州：浙江教育出版社，1998：31.

毫不疲倦地进行学习，并且严格地遵守时间，最终长成了宇宙间最为神奇的作品——人。"[①]

一、动作上的主动发展

幼儿刚出生时皮肤娇嫩、躯体柔弱，有时乱舞四肢，有时发出咿咿呀呀的声音，这些看似简单的言行，其实是幼儿主动发展的表现。由于身体的发展是幼儿探索周围世界的前提，幼儿的主动发展直接体现为幼儿对身体的探索以及对身边具体事物的触摸、投掷、吮吸。一位母亲记录了自己女儿的一个片段。

萌萌已经三个月了。现在她喜欢拿着玩具玩耍，有时候还会把玩具放进嘴里。不过她最经常做的事情，就是把手放进嘴巴里吸，有时候还发出"吧嗒吧嗒"的声音。到了冬天，萌萌穿了很多衣服，还以为她的手够不着嘴巴了，但她仍然努力地想把手指头伸到嘴边。当还差一点就能到嘴边的时候，萌萌的头向前倾，使劲地伸舌头——终于舔到了。

吮吸动作是幼儿的本能。刚刚出生时，在饥饿的情况下，婴儿会吮吸自己的手指。然而，萌萌的吮吸动作并不是由于饥饿，她是在一个温馨的环境中进行探索。用什么探索呢？用她的嘴巴。处于"口唇期"发展阶段的萌萌，嘴巴不仅能吃东西，还是探索的工具，手也不仅能抓东西，还是个有趣的玩具。幼儿的主动发展就体现在这里，她并不需要谁的教授，也不需要谁的指导，完全是自觉自发地因为好奇而进行的探索。因此，我们可以知道，幼儿的主动性发展与其探索行为是密不可分的，他的主动性发展是通过身体和认知上的探索行为来建构知识，积累经验。

苏霍姆林斯基曾说过："在人的心灵深处，都有一种根深蒂固的需要，就是希望自己是发现者、研究者、探索者，而在儿童的精神世界中，这种需要特别强烈。"幼儿从只能躺着到学会走路，活动范围扩大，视域越来越宽广，眼界也越来越广阔，他不用时时刻刻地待在母亲身边，可以自己去探索身边的世界。语言的出现是幼儿学习过程中的一个里程碑，他可以自己表达出对事物的

---

① 玛利亚·蒙台梭利. 有吸收力的心灵——儿童的思维决定他的一生[M]. 高潮，薛杰，译. 北京：中国发展出版社，2003：6.

疑问和看法，无须别人揣摩他的需求，他能同世界对话。因此，幼儿总是不知疲倦地提问、回答和讨论。越来越多的工具、越来越多的途径让幼儿去探索，而幼儿也会孜孜不倦地进行着他自己的发展。

现在我们一起来看一下，幼儿在刚刚出生的时候，他们的探索是怎样发生的。当他们平躺在床上，或者是被抱在怀里，周围的环境一直都是安静的时候，突然出现大的声音，可以发现他们停止了刚刚在做的事，并且自动地把头朝向声源，或者是停止正在进行的活动。就在这一瞬间，他们似乎在问：这是什么？这是一种与生俱来的动作反应能力，正是这种能力使他们开始了最初的探索。从出生到可以独立行走，幼儿的身体动作经历了几大变化：抬头、挺胸、翻身、端坐、爬行、站立、行走，每一次变化都为他们带来了新的刺激与探索方式。我们来看一段关于小威廉的记录。

一天早上，威廉被带到了新的咖啡馆。妈妈把他放到了地上。威廉的眼睛紧紧地注视着前方。接着，威廉张开嘴巴，手从嘴巴里拿了出来。他双手打开，身体向前弯曲，接着爬了起来。他沿着桌子中间的空隙爬。他从一位女士坐的桌子旁边经过，沿着圆桌爬了个圆形，朝着他妈妈的地方爬去。在他妈妈的脚边停留了一秒后，向左转，爬了几步后再向左转，径直爬向了一位男士所在的桌子。等到快要碰到椅子的时候，威廉停了下来，向右边看了看，接着又爬了起来。他向前爬，接着朝右边爬，沿着另外一张桌子爬了个圈，之后朝着妈妈爬去。当他爬到妈妈脚边的时候，他伸出双手，在妈妈的帮助下站了起来。

当幼儿能爬行的时候，主动探索的范围更大了。他们能够自由地移动位置，自由地观察这个世界，能够拿到或者抓取自己感到好奇的东西。在爬行的过程中，幼儿延续着自己学会翻身后的探索——不停改变着自己头部的方向，然后决定往哪里爬。他们看似漫无目的，其实是在观察每一件事物。通过一系列动作，幼儿继续体验着因为位置变化而引起的人或者其他物体的形状大小的改变。等到幼儿能站立的时候，双手得到了解放，情况又会大不一样，他们致力于做更多的动作，更经常地跑动以及动手。

二、认知上的主动发展

伴随着动作的主动性发展，幼儿在认知上的主动性发展更应该得到关注。

幼儿阶段不仅要发展各种动作，还要发展记忆力、注意力、想象力、语言等认知能力和思维能力，逐渐形成自己的性格，学会成人所说的大部分口语，而这所有的发展都是在无意识的过程中进行的。我们可以想象一下，幼儿的无意识学习似乎就是一直欢乐地游玩，他们就这样不知不觉地学会了这一切。可见，幼儿在认知上的主动性发展，是幼儿对周围世界进行探索、积累知识的过程，这种积累是耳濡目染的。这个过程一般会经历如下阶段。

首先，0—24个月的幼儿并不知道"我"与"你"（即"我"之外的一切，包括人、动物、物体）之间的区别。幼儿的认知过程，即为"我"与外界事物（即"我"之外的人和物）之间的相互交流过程。在"我"与外界事物之间相互交流的时候，"我"需要借助一些中间的条件。这些中间的条件作为"我"和外界事物之间接触的开端，沿着由外到内或者是由内到外的两个相互补充的方向发展。"我"与外部世界开始相互交流的最初条件并不是触觉，而是充满着变动的相互交流本身。在与外界事物的相互交流过程中，"我"开始逐渐地与外界事物分离，慢慢地意识到外界事物与自己的不同。因此，0—24个月的幼儿，较多的是通过身体的动作进行学习，并经由身体的运动进入精神的探索。在这个过程中，幼儿是主动的、积极的、投入的。

接着，到了2—3岁，幼儿出现了动作与话语结合的认知方式。随着幼儿慢慢成长，他探索的范围扩大了，从对身体的探索逐渐扩展到对周围世界的探索。这个过程极大地丰富了幼儿的认知。可以说，两岁是个分水岭，幼儿主动发展过程出现了质变。两岁也是人们常说的"危机期"。此时的幼儿开始要求自己行动，不愿意听从成人的安排。这一时期，由于语言的出现，幼儿获得了新的探索周围世界的方式——开始使用简单的字、词与周围的人交流。他们能够熟练地运用他们的身体，进行耐力更久、强度更大的运动，同时他们也逐渐能够熟练地使用简单的句子表达自己所想要的东西。语言能力的发展，使幼儿的动作更具计划性和目的性，其探索的范围和深度都在不断拓展。

幼儿在探索中表现出的正是科学家的品质——孜孜不倦，积极主动。他们探索着成人早已熟知甚至常常熟视无睹的事物，因为对于他们来说，世界是新的，一切都是新的。幼儿对自己所生活的世界有一种永不枯竭的探索欲望。这种欲望与生俱来，无须成人的引导、教导和示范，一个生动、有趣的环境足矣。

月月（三岁两个月）这段时间对卫生间的卷筒纸充满了兴趣。之前是扯出来撕成一条一条的，满屋子丢。前段时间，看到电视上下雪的镜头，于是把卷筒纸撕成小块，撒向空中，说要表演下雪。这几天又有了新的想法，在脸盆里装水，把纸巾撕碎了泡进去，一大盆白白的，她开心地说是豆腐花。

一个无趣的卷筒纸在幼儿的世界里是个有意思的玩具，能激起他们无限的探索欲望，简直可以算是个无价之宝。幼儿不断地对身边的事物进行尝试，探寻"这样行不行呢""那样又会出现什么"，依照他们自己的"设计"来对身边的物品进行试验，从已有的经验和认知水平出发来探究事物。例子中的月月对纸巾有了浓厚的兴趣，从过程与事实中建构新的知识经验。这是幼儿在进行知识建构——同化和顺应，在已有的知识和行为基础上探索新事物，改变思维模式以吸收新的信息。事实上，幼儿做的看似荒谬、奇怪的事情，其实是在用我们想不到的方式探索着事物，实现主动性的发展。

应该说，是幼儿内在的需要和兴趣，指引着幼儿主动、积极地去活动和探索。当幼儿对某个活动有兴趣时，其内在的需要便被激发。因此，当幼儿专心致志、全神贯注地投入在他的活动中时，我们便知道，这是幼儿真正感兴趣的事情。我们来看一个小男孩练习小号的学习记录。

汤姆突然在小号上进步了。演奏甲壳虫乐曲《随它去吧》F大调时，我钢琴伴奏，并给曲子定了一个他乐于接受的节奏。……为什么是《随它去吧》，而不是其他的歌？因为塔娃（汤姆的姐姐）那年秋天将参加一次学校的野营活动，她们班一直在学唱这首歌作为她们的班歌。……汤姆多少次听过、哼过、唱过、舞过这首曲子，以至于这首歌已成了他自己的一部分。它在他的胳膊上，在他的腿上，在他的耳朵里，也在他的头脑中。……圣诞节临近时，《随它去吧》显然成了他最喜欢的小号曲。……他眼睛睁得大大的，脸涨得红红的，他一口气吹到D调——他多么自豪啊！"我吹到D调了，哈！"我们俩正在接近那个曲子的节奏。[①]

可见，没有什么比兴趣更能激起幼儿的主动性了。那些能激起幼儿共鸣

---

① 让-罗尔·布约克沃尔德. 本能的缪斯——激活潜在的艺术灵性[M]. 王毅，等译. 上海：上海人民出版社，1997: 170-172.

的、幼儿发自内心去喜爱的事物，会让他爱不释手，此时根本不需要成人的督促，幼儿发展的主动性便发挥到了极致。

第二节　幼儿的发展呈现共同的年龄特征

为什么人的学习历程要分为幼儿园、小学、初中和高中这些学习阶段呢？这样的分类是按照什么标准来进行的呢？答案是心理发展的水平。在这些时间不等的发展阶段中，不同个体的心理发展会普遍达到某一个水平，对教育提出较为统一的要求和标准。处于学前阶段（3—6岁）的幼儿有一些共同的特点，比如思维具体形象、追求独立等。这一节我们会谈到两个问题：第一，幼儿共有的整体性的年龄特点；第二，幼儿不同年龄阶段各自的年龄特征。

一、3—6岁幼儿在发展上的共同性

（一）思维具有具体形象性

瑞士心理学家让·皮亚杰提出了认知发展理论，把儿童的认知发展分成了四个阶段，其中幼儿（3—6岁）处于前运算阶段，思维具有具体形象性。

首先体现为幼儿的直觉行动思维。他们的思维是通过动作来进行和建立的，就是"手和眼的思维"。成人只要看到就能记住并进行思考，而对于幼儿来说，光听和看是不够的，一定要通过触摸、制作、摆弄获得对于事物的直觉感知，才能有所记忆和思维。另外，幼儿思维不能离开具体事物。例如，幼儿明白五只鸭子加三只鸭子等于八只鸭子，五根手指加三根手指等于八根手指，但未必能懂得"3+5=8"这个算式的意义，这是由于数字对于幼儿来说是抽象的事物。鸭子和手指都是幼儿看得见的，而数字不会大摇大摆地走在街上——数字是抽象的。因此，在对幼儿进行教育时，要充分照顾到幼儿具体形象思维的特点，特别是小班和中班早期的幼儿在进行游戏活动时，对于游戏材料的依赖较大，学习要结合具体事物和活动。

其次，幼儿对周围事物的认知都是从自我的角度出发，这是幼儿认知过程中的自我中心性。自我中心并不是成人说的自私自利，而是幼儿认知的特点。幼儿倾向于从自己的立场、观点认识事物。例如，幼儿即使能正确分辨自己的左右方位，也不能正确判断对面人的左右手，这就是为什么幼儿园教师在教授舞蹈动作时，要做镜面示范。

小一班的小朋友刚入园三个月。有一天刚上完课，老师叫小朋友喝水，然后说："请喝完水的小朋友把杯子放到柜子里。"小朋友都没有反应。老师改变了说法："小美，把杯子放到柜子里。"小美才知道把杯子放到柜子里，其他幼儿也跟着做了。

小班幼儿的认知发展处于前运算阶段，这一阶段的思维特点是：思维的内容是具体的，指代一定要有具体的事物、事情，幼儿才能理解。案例中，老师说"喝完水的小朋友"并没有具体指哪位幼儿，因此幼儿不能理解这句话的意思。而当老师改变了说话的方式，特别指出了某位幼儿，幼儿才理解教师的指令。

随着思维和认知的发展，到了学前后期，幼儿的抽象思维有一定发展，但仍然要以具体事物为载体。

（二）行为趋向独立

一位家长叙述了这样一个案例。

多多今年七月就要满三岁，但是这一段时间我发现他不像以前听话了，而且越来越难管，越来越倔强。比如早上帮他洗脸，他偏要自己洗，结果裤子湿了一大片；玩完的玩具，我帮他收拾，他从外面跑进房间，伸手"哗啦"全推倒了。他还老想做帮忙倒水之类的事情。

2—3岁这个时段是独立自主意识较为强烈的时期，也是我们俗称的"危机期"。在这段时间里，幼儿好像变得"不听话"了，总会被家长训斥和说教。这一时段正处于精神分析学家埃里克森提出的社会心理发展理论"自主对羞怯或疑虑"和"主动感对内疚感"两个心理危机阶段。在这一阶段，幼儿产生自己动手的愿望，如果成人给予机会，幼儿能形成主动性和自信心，而反之会挫伤幼儿的独立性和自信心。

幼儿是独立的个体，这种独立从一出生就开始了。人在刚出生时仅仅保持了吸吮、瞬目、抓握、眨眼等很少一部分的本能，这些微小的能力不足以维持幼儿的生存，因此婴儿必须依靠母亲才能生存。幼儿身体、心理、认知、动作等方面不断发展的过程，即是走向独立、摆脱成人的过程。蒙台梭利这样描述孩子的独立性："孩子们总是想挣脱大人的控制，希望每一件事情都能自己动手。除非是真的需要帮助，不然孩子们表现出很明显的倾向是不想让大人插手。孩子们是那样安静、专注地投入到他们的工作中，那种专心、平静的神情真是令人惊讶！"[1]幼儿的这些变化，都体现了对独立的渴望。

幼儿活动的独立，首先是指在生活上的自理，比如说自己穿衣服、穿鞋、吃饭，然而更重要的是幼儿能在纷繁的事物中独立进行选择，对某件事能有自己独立的看法。可见，幼儿的独立与一定的自由程度有关系。一位母亲叙述了这样一件事。

一天女儿问我，能否带小朋友来玩。我回答，这个家也是你的，你可以做主。如果带小朋友来玩，你们可以随意，但最后得把一切恢复原状，由于是你带来的朋友，所以你要负责。孩子们非常喜欢来我家，因为自由。通常我会对他们视而不见，他们玩他们的，我做我的，而女儿会负责招待，吃的也好，玩的也好，全由她自己做主。有时候玩得高兴会把地上弄得一团糟，临走，女儿会组织他们清理干净。如果走前没清理干净，最后就由女儿自己清理。这是我们说好的，她也是家里的主人。

得到了一定权利和自由，幼儿活动的独立性才能最终实现，同时幼儿也乐于去承担这种独立的后果。

（三）认识依靠整体的行动

幼儿的学习并不只是单一的看或者听，更重要的是动手操作。幼儿的发展是整体性的、全身心的，因而其行动也是整体性的，是全身心的参与。我们常看到幼儿在听音乐时，嘴巴跟着轻声哼唱，身体微微摆动，脚掌还在打着拍子，他在用身体所有的部位参与到认知活动中。操作物体完成任务的同时，幼儿的眼睛、嘴巴、耳朵、手指、脚掌也应该都得以使用。需要注意的是，"操

---

[1] 玛利亚·蒙台梭利. 发现孩子——了解和爱孩子的新方法[M]. 胡纯玉，刘文红，译. 北京：中国发展出版社，2003: 2.

作"并不仅仅指在幼儿园中做手工或者绘画，而是重在让幼儿自己寻找解决方法的方式。

一对外国夫妇带着他们五岁的儿子来到中国旅游，住进一家酒店的套间。套间有好几个房间，因此他们得到了一串钥匙——包含了所有房门的钥匙。他们进去时，房间是关着的。夫妻俩坐下来饶有兴致地看着儿子拿着那些钥匙一把一把地试着打开房门。这时，酒店的侍者走进来，看见这个情景，热情地帮他打开了房门。这对外国夫妇顿时失望万分，神情沮丧，侍者不明白自己做错了什么事。这对外国夫妇认为，侍者的帮助剥夺了儿子自己操作探索钥匙开门的过程。

成人把经验告诉幼儿当然是直接且迅速的，但需要幼儿亲身体验和操作的直接经验，能让幼儿印象深刻，才是弥足珍贵的。这种整体的行动，是幼儿获得认知的直接途径。

二、同一年龄阶段的幼儿在发展上的共同性

3—6岁的幼儿在发展上呈现共同的特点，但是同一年龄的幼儿又具有相同的阶段性特点。在某幼儿园小二班有这样一位幼儿。

鹏鹏三岁十个月，而班上很多小朋友已经四岁了。陈老师发现鹏鹏不会使用剪刀，不论如何讲要领，他剪的图形都与纸片上的线出入很大。陈老师有些担心，但是她觉得鹏鹏比其他孩子要小，等一段时间再与家长沟通不迟。一个月后某一天的手工课上，陈老师发现鹏鹏能拿着剪刀剪纸了，虽然边角不是很整齐，但是已经与边线基本吻合。老师夸道："鹏鹏你剪得真好！"鹏鹏一边剪一边回答："我什么都会剪。"

例子里的鹏鹏比别的幼儿小几个月，他的小肌肉发展关键期还没有到来，因此还不能熟练地操作剪刀。但是一段时间后，他自己便能操作剪刀了。事实上，幼儿的发展不仅具有动作上的关键期，更有认知、个性发展等的关键期。在关键期进行引导和教育，便能取得最好的教育效果，幼儿"吸收"得特别好。不同年龄阶段的幼儿，在认知和社会性方面都有着各不相同的特点。

（一）小班幼儿的特点

1. 认知发展

这一时期的幼儿思维带有直观行动性，还不能进行抽象思维。也就是幼儿听到什么就做什么，想到什么就说什么，不能进行复杂的分析和综合。例如，相对于中班和大班幼儿，小班幼儿的活动材料应该更具有具体形象的特点，类别少，数量多。

小班幼儿对那些贴在墙上的图画、经常响在耳边的音乐记得特别牢，有的教师并没有教，但是他在不知不觉中就记住了，这是由于幼儿的注意主要是无意注意。另外，老师们有没有想过为什么小班幼儿一般到了集体教学活动后的十分钟就会精神不集中，开始骚动？这是由于幼儿的注意的集中性较弱，到了一定的时间段幼儿的神经就开始疲劳了。

在记忆方面，幼儿常常会忘记刚学习过的东西，这并不是他们不努力学习，而是由于幼儿记忆时长较短，随着脑神经的慢慢发育才会发展长时记忆。另外，幼儿在记忆方面还会表现出另一个较为独特的现象，即称为记忆恢复（回涨）现象。我们来举一个例子。

平平爸在家屋里屋外找钥匙。这串钥匙有一个星期不用了，再用的时候却记不起来放在哪里。平平爸有点急了，看见平平（四岁）在玩玩具，随口问了一句："平平，你有没有看见杂物间的钥匙？"平平没有抬头，平静地说："在书房那些书上面。"爸爸去找，果然找到了。爸爸记起来一星期前放在那里的时候，平平也看见了，可是连爸爸都记不住，平平是如何记住的呢？

这种记忆回涨现象的出现，是由于幼儿的神经系统比较弱，识记一开始时受到大量新异刺激，神经系统产生疲劳，转入抑制状态，而过了一段时间之后，又会恢复的情况。因此，平平才能记得一周前发生的事情。

2. 社会性发展

由于小班幼儿仍然是以"我"为主，所以在社会性发展上突出的特点是对成人和教师的依恋多，同伴交往较少。这体现在幼儿玩游戏时，较多呈现出平行游戏，较少出现同伴互动，拿到玩具时不会与别人分享，考虑事情通常从自己的角度出发。幼儿在从家庭转向幼儿园，在不断与同伴的交往中，才会产生亲社会行为。

（二）中班幼儿的特点

1.认知发展

中班幼儿认知能力已经有了一定程度的发展，并在此基础上有了较强的探索欲望、想象力、注意力、记忆力都有了很大的发展，能更专注于学习和日常活动中。教师会发现中班幼儿对玩游戏有着很大的积极性，乐于玩游戏，善于玩游戏，为游戏制定许多新的规则。

2.社会性发展

中班幼儿开始出现同伴交往，这是幼儿社会性发展的体现。幼儿产生了道德感，产生了同情心，经常出现告状的情况，亲社会行为也逐步增多。

（三）大班幼儿的特点

1.认知发展

由于注意、记忆、语言以及想象的发展程度较高，大班幼儿的认知活动已经由对事物"是什么"的疑问，转而更多地问"为什么"，在教师和家长的正确引导下，还能靠自己的力量解答问题，自己动手来探索问题。因此幼儿的求知欲望已经比中班时提高了一个水平，教师应该耐心回答幼儿的问题，给予幼儿充分的探索机会。

处于幼儿晚期的大班幼儿虽仍然处于具体形象思维阶段，但已经出现了抽象思维的雏形，例如对事情的总结、分析、概括、分类等能力。对数字等抽象的符号能理解其意义，对现象的起因与结果也能有所概括。

2.社会性发展

大班幼儿的社会性已经得到充分发展，"朋友"也成了幼儿生活中不可缺少的成分。幼儿互相交流信息和经验，靠朋友这一媒介来融入群体之中。大班幼儿交朋友更注重选择性，交往模式也更加复杂。在游戏中，需要的游戏材料结构较低，游戏水平也以合作游戏为主。

学前儿童思维的特点[①]

1.直觉行动思维

思维的直觉行动性是思维发生阶段的主要特点。直觉行动思维，顾名思义是指在对客体的感知中、在自己与客体相互作用的行动中进行思维。动作和感知是思维的工具，活动过程即思维过程。儿童最早出现的萌芽状态的思维，便是直觉行动思维。它在2—3岁儿童身上表现最为突出。

2.具体形象思维

到了幼儿期，在直觉行动思维的基础上，儿童思维的具体形象性逐渐发展，成为儿童思维的主要特性。具体形象思维是依赖事物的形象或表象以及它们的彼此联系而进行的思维。它是从直觉行动思维向抽象逻辑思维发展的过渡形式，主要特点是具体形象性和自我中心性。

3.抽象逻辑思维

抽象逻辑思维是指使用概念、判断、推理的思维形式进行的思维。通过抽象逻辑思维，可以认识事物的本质特征以及事物内部的必然联系。抽象逻辑思维是人类特有的思维方式。严格地说，学前儿童尚不具备这种思维方式，但学前晚期，特别是5岁之后，明显出现了抽象逻辑思维的萌芽。这具体表现在分析、综合、比较和概括等思维基本过程的发展，概念的掌握，判断和推理的形成，以及理解能力的发展等方面。

第三节　幼儿具有丰富的个性特点

什么是个体？我们可以从不同的层面上来理解。对于不同的教育机构，幼儿园是一个个体；对于一个幼儿园来说，每个班级是一个个体；而对于一个班级来说，每个幼儿是一个个体。正如"世界上没有两片相同的叶子"一样，世界上没有两个相同的个体，因此每个幼儿的发展都是独一无二的。幼儿的个性

---

① 魏勇刚. 学前儿童发展心理学[M]. 北京：教育科学出版社. 2012: 66-69.

因为没有受到太多社会文化环境的影响，并且由于遗传和家庭环境的原因，保持了较多的先天成分，这让幼儿的个性既是原始本真的，又是丰富多彩的。

了解幼儿在发展水平、速度与优势领域等方面的个体差异，是对幼儿园专业教师的要求之一。面对富有个性的幼儿，幼儿园老师可能会发出疑问，一个班级里有几十个孩子，怎么可能关注到每个孩子？但这正是专业教师应具备的能力——不一定要随时关注每个幼儿，但是应熟知每个幼儿的个性特点，做到公平对待，还要掌握相应的策略与方法，并在幼儿需要的时候进行指导和帮助。幼儿的个性包括了性格、气质、意志品质、智力潜能以及学习风格等方面，需要教师给予细致入微的观察和指导。

在幼儿园日常教学生活中，教师会发现有的幼儿很安静，不经常与同伴一起游戏；而有的幼儿活泼好动，积极与其他小朋友交往互动。幼儿天真烂漫，并不会隐藏自己的个性，因而呈现出不同的个性特点。

一、幼儿的个性各具特点

关于幼儿的个性特点，我们可以从五个方面来考察：个性倾向性（需要、动机、兴趣、理想、信念等）、个性心理特征（气质、性格、能力等）、自我意识（自我评价、自我调节、自我认识等）、心理过程以及心理状态。但这些因素中，有些是内隐的，需要长时间的观察和总结，比如说需要、动机、自我意识、理想、信念；有的则能体现在幼儿平时活动和交往中而易于观察，例如气质、性格、能力等。幼儿的气质比较外显而容易观察，并且具有一定的稳定性和代表性，气质同时是个性心理特征的重要组成部分，因此我们首先从个性心理特征中的气质分类来讨论幼儿丰富多彩的个性特点。

（一）幼儿的气质各不相同

幼儿的气质大致可以分为四个类型：多血质、胆汁质、黏液质和抑郁质。这四种气质类型并不是单一影响幼儿个性，当幼儿表现出某一气质时只能说"偏向"这一气质类型。

比如，朵朵是个女孩子，平时喜欢和小朋友玩游戏，经常跑到老师面前，报告谁欺负了谁，并且安慰哭泣的小朋友；上课积极回答问题，能给出较好的回答，积极表现自己，希望引起老师的注意；朵朵对自己感兴趣的课能长时间地集中注意力，而对不感兴趣的课偶尔跟旁边的小朋友说话，但在老师眼神提醒之后立即能克制自己。朵朵的气质偏于多血质。

再比如，明明平时喜欢跟小朋友玩，喜欢跑步打仗的游戏，偶尔会出现打架的行为，上课时老师提问之后，马上举手回答问题，但答案准确率不高；得到老师表扬之后行动积极，很高兴，而被批评之后则情绪低落，有时会出现不配合的情况；自制力不强，叫安静还在说话，叫站好还到处张望；行动力很强，老师布置的任务能很积极地完成。像明明这一类的幼儿，偏向于胆汁质。

但是，在实际的幼儿园生活中，幼儿的表现要复杂得多，因为气质类型是综合地体现在幼儿个体身上的。教师经过观察，可以确定幼儿在某一方面的气质表现得较为突出，但仍然会存在其他类型的气质。

（二）幼儿的潜能多种多样

幼儿曾被人认为是一张白纸，人们在上面画上什么，幼儿就表现出什么。但是随着人们对幼儿的研究，发现幼儿其实并不是一张白纸，而是带着先天遗传降临的。幼儿的潜能就包含了一部分的先天遗传成分，但也有后天的教育的影响。正如个性一样，幼儿的潜能也是多种多样的。

潜能不仅仅是幼儿能认几个字，能背几首诗，也不是能记得乘法表，这些对于幼儿的潜能来说是冰山一角，更多的掩埋在幼儿潜能大海中的无限可能，才是最应该去发掘的。

在幼儿最初的成长中，他对各种知识都很感兴趣，他有可能成为画家，有可能成为歌唱家，有可能在数学方面能力卓著，也可能是文学家，而单一的进行某一方面的"兴趣"培养，往往会截断除此之外的很多可能性。

智力潜能发掘主要从幼儿认知、艺术方面出发，其中认知又包括记忆、注意、想象、感知觉、观察力、思维和语言几个方面。运动潜能发掘主要包括大小肌肉发展、动作协调等方面。生活能力与习惯潜能发掘是指对于幼儿健康的情绪情感、社会性方面的培养。

1.运动潜能

有的教师认为，运动潜能是幼儿自然而然产生，不需要特意去发掘，而有的教师则认为运动潜能就只是玩游戏或体育活动。其实不然，幼儿运动潜能的开发应该渗透到日常教育活动中，需要合理的计划和一定量的训练，还要符合幼儿身体发展规律。不同的幼儿运动潜能不一，发展有先后。

2.生活能力与习惯潜能

良好的情绪情感和社会性行为，有助于幼儿更好地融入幼儿园集体生活，并且会影响幼儿之后的学习生活。家庭教育在幼儿教育中占基础地位，是首先影响幼儿的因素。家庭是幼儿第一个教室，父母是第一任教师。幼儿从出生时就已经耳濡目染、潜移默化地感受着家庭文化，学习和模仿家长的行为。因此，在对幼儿生活能力与习惯潜能挖掘时，家长和教师自己的行为起着榜样的作用，同时也要注意教导的方式是逐渐深入的，不能一蹴而就。

3.智力潜能

幼儿的智力潜能多种多样，要具体进行分析，不能一概而论。哈佛大学心理学教授霍华德·加德纳提出的多元智力理论，将人的智力分为八种：言语—语言智力、音乐—节奏智力、逻辑—数理智力、视觉—空间智力、身体—动觉智力、自知—自省智力、交往—交流智力以及自然观察智力。

人的智力存在多种表现形式，也并不是只有一种智力在起作用，因此需要全面开发幼儿智力潜能，而对于幼儿所表现出来占有优势的某一类型智力，则需要有所侧重地进行培养。另外，人的智力是先天遗传和后天学习共同作用的。对于幼儿的智商测试不能仅限于语言文字和数理逻辑，而对在这两方面不擅长的幼儿也不能轻易认为"这孩子真笨"。

（三）幼儿的学习方式因人而异

什么是学习风格呢？学习风格指学习者在长期的学习活动中表现出的一种具有鲜明个性的学习方式和学习倾向，个人的性格、道德品质、气质、行为习惯都影响着人的学习风格养成。幼儿之间的性格、道德品质等存在差异，必定导致其学习风格的差异。其中，学习方式指学习者为完成学习任务而采用的方法、策略、步骤，学习倾向指学习者对学习活动的动机、态度、情绪体验、坚持性以及对学习环境、学习内容的偏好。[①]幼儿为了完成任务而使用不同的方法、策略，在这个过程中会伴随一定的情绪情感，从这些行为和态度可以看到

---

① 胡斌武.学习风格与学习策略的选择[J].上海教育科研，1996(6).

幼儿的学习方式是各异的。

教师会发出疑问,幼儿的年龄小,在各方面都有很大的可塑性,学习风格是不是已经固定,还会不会改变?事实上,虽然每次学习任务的难易程度不一,学习环境也不同,但幼儿的性格、道德品质、气质、行为习惯已经有所定型,这些因素保持了学习风格的稳定性,不随任务难度、环境变化而变化。因此,幼儿的学习风格具有一定的稳定性,但又因人而异。

1.学习风格对幼儿发展的影响

学习风格包含了许多方面的内容,影响着幼儿学习效果、学习习惯,同时又受到多种因素的影响。首先,学习风格是幼儿习惯使用的学习方法和方式,他用这种方法和方式能得到最好的学习效果。例如,下文会提到感觉道的偏好,有的幼儿触觉感觉道较敏感,那么他对自己动手做过的东西记忆就更为深刻,而有的视感觉道较为发达,因此对看到的事物比较敏感。如果教师仅仅用语言进行授课,那些触觉感觉道较敏感的幼儿学习效果就会不好。又或者有的幼儿对图片图形记忆深刻,而有的则对文字比较敏感。

其次,个人的性格、道德品质、气质、行为习惯是影响学习风格的重要因素,我们关注了幼儿的学习风格,同时也是关注幼儿的个性,尊重了幼儿之间不同的个性特点。掌握幼儿发展水平、速度与优势领域是对幼儿园教师专业成长的要求之一,而关注学习风格有助于教师掌握幼儿的学习方式,了解幼儿的个性特点,从而对幼儿进行有针对性的指导,促进幼儿发展。

2.学习风格包含的内容

学习风格包含生理性层面和心理性层面两方面的内容,但这两方面不是孤立存在的。生理性层面和心理性层面包含的内容互相影响,层面之间也相互作用,共同表现了幼儿相似或相异的学习风格。

认知风格在个人学习风格中,起着最基本的决定性作用。思维方式和信息加工风格都属于认知风格的内容。在幼儿园中,最易观察到的是幼儿认知风格之间的差异,因此我们在这里进行详细阐述。幼儿的认知风格可以有以下几种分类:场依存性和场独立性、冲动型和反思型以及内向型和外向型。

一位幼儿园教师叙述了在上课时遇到的事情。

这是一个制作脸谱的美工活动,我提供了材料,有树叶、回形针、纽扣、毛线、雪花片和各色卡纸等,要求是让孩子利用所提供的这些材料装饰脸谱。

在这个过程中，我着重观察和记录了两个幼儿不同的制作过程。

天天从箩筐中挑了一张蓝色卡纸，他拿起剪刀准备开始剪，却迟疑了一会没有剪下去。他又将纸换了个方向，还是没有剪下去。他干脆放下剪刀，看着纸思索。几秒钟过去后，他拿着纸和剪刀到我身边，说："陈老师，我不会剪眼睛。"我教他方法之后，他就回到自己座位上开始剪起来。

小宇迅速从箩筐中拿出两片树叶，将它们反复折叠变小后做眼睛，又拿了一个回形针做鼻子，接下来从红色卡纸上剪了一小块做嘴巴，完成后拿起脸谱看了一下，马上从箩筐中选了两段毛线粘在脸谱两侧做头发，做完之后立即把脸谱交给我，请求做下一个。其他的幼儿都还只做了一小部分。[①]

两位幼儿在同一手工活动中，表现出不一样的制作过程，这是幼儿学习风格不同的表现：天天偏向于认知风格中场依存的类型，而小宇偏向于场独立的类型；天天偏向于反思型认知风格，但小宇则偏向冲动型。幼儿的学习风格受到诸多因素的影响，并不是由单一原因决定的，需要教师细心观察。此外，丰富的材料能充分发挥幼儿的想象力，激发独特的制作方法。

偏向场依存性的幼儿容易受到外在环境的影响，尤其是教师、家长以及同伴的意见和态度。在完成任务的时候，场依存性的幼儿会参考别人的行动，要看看别人做得如何；正在进行的行为如果得到赞同会更有信心继续，而如果有人反对，则会改变原来的想法；乐于参与集体讨论中，发表和听取意见。场独立性的幼儿则表现为喜欢独立思考，较少询问和采用别人的意见；正在进行的活动不希望别人打扰和插手；当自己的行为受到别人的批评时如果得不到合理的解释，不愿意听取。

其次，班级中那些回答问题较为积极的幼儿大多属于冲动型，想到问题急切地说出来，完成作业时速度较快，如果兴趣所至，积极性更高。反思型的幼儿完成作业或回答问题速度较慢，较多参考别人的意见或成果，经常进行反思，因此成果出来要比冲动型幼儿的成果精细。

最后，幼儿平时性格是内向的，那么认知的风格也倾向于内向型，即较多自己思考问题，对于合作学习不擅长；而外向型学习风格的幼儿则更喜欢跟同

---

① 陈韫. 解读幼儿的学习风格把握教师的介入指导艺术[EB/OL]. [2012-12-12]http://guopei.guoshi.com/html/class/1093/2012-12/t116293.shtml.

伴交流，通过讨论得到结论。

此外，幼儿存在感觉道偏好的差异。幼儿对视觉、听觉和触动觉三种感觉道各有不同的偏爱，并且在某一项处于优势，在学习过程中充分运用这个感觉道，学习效果将会达到最好。

视觉感觉道占优势的幼儿，对于看到的知识有更好的认知效果，例如教师在黑板上写的东西、书本上的知识等；听觉感觉道占优势的幼儿，则对听到的东西能更好地认知，比如有的幼儿听老师讲故事记得很牢，但是看书上的未必能记得住；而有的幼儿则是触觉感觉道更占优势，他对动手做的、写的、画的能有更好的认知。

其实无论是心理性层面或生理性层面，都不单一地对幼儿学习风格起作用，幼儿也不能只按照一种学习风格、一种学习方式来学习。一个幼儿也许既是场独立性的，又是外向型的，同时也是深思熟虑型的，不能一概而论。由于幼儿处于特殊的生理和心理阶段，最应该突出的是动手和倾听的学习方式，因此教师不能仅限于讲授，而是要提供机会让幼儿多角度、多渠道地学习。

二、影响幼儿个性的因素

我们已经知道幼儿的个性特点是丰富多彩的，仅仅是气质类型就有四种，此外还有许多因素需要考察，教师需要有目的、有计划地来观察幼儿个性特点。那么幼儿的这些丰富多彩的个性是受了哪些因素影响？教师又应该从哪些角度去发现幼儿的个性特点呢？

圆圆因为爸爸妈妈离婚了，而且又是中途转来，所以显得特别不合群。平时总是沉默不语，不爱与其他的小朋友一起玩游戏，上课回答问题声音很小，没有自信。

小惠在幼儿园和家里的表现有天壤之别：在幼儿园里能自己穿衣服、自己喝水、自己吃饭，但是回到家中，什么都要叫爸爸妈妈做；在幼儿园里特别听老师的话，但在家里却任性，事事依赖父母。

幼儿在进入幼儿园前后，个性有了一定的雏形。幼儿的个性普遍受到环境的影响，教师在关注幼儿个性时一定要多方面考虑，全面考察。案例中的圆圆，对幼儿园陌生环境还没有适应，出现沉默寡言的情况，这就需要教师的关注。而小惠在幼儿园和家庭中表现不一，是由于幼儿园与家庭中的教育不统一导致的。教师应鼓励小惠发扬个性中优秀的因素，引导她改正不好的习惯，家园联系，促进她更好地发展。对于幼儿的个性，幼儿园教师不仅要知其然，还要知其所以然，这就需要了解形成幼儿个性的影响因素。

由于幼儿的社会化发展受到诸多因素的影响，幼儿呈现出了各不相同的个性特点。影响个性形成的因素主要有三个：一是生物学因素，受遗传影响的先天因素和气质，以及体貌特征，都会影响到幼儿的个性因素；二是社会性因素，包括家庭、社区；三是个体的自我意识，即幼儿对自身活动的意识。这三方面的因素中，并不能说哪一方面的影响更大，它们共同作用，形成幼儿丰富的特点。[①]

（一）生物学因素

当我们走进新生儿产房，这些完全没有接触世界的新生命就已经体现出了不同的个性特点。有的精力旺盛，哭声也很大，不停晃动手脚，而有的安静地东张西望。这最初的影响来自遗传，是幼儿形成个性的基础。幼儿的这些天生的个性，也会反过来影响父母的教养方式。有的幼儿天生不喜亲近人，而有的幼儿则任由陌生人拥抱、亲吻，显然后一种幼儿能得到更多的关注。

我们常说"面由心生"，也许就是通过体态、相貌等外在特征对于人个性的透视。体貌本身并不直接地影响一个人的个性，但是当它成为社会注意的对象，并赋予人为的社会价值时，它就会成为影响个性发展的一个因素。[②]我们有可能会认为，体态偏胖的幼儿活泼外向，身材高一些的体育方面应该会有优势等，而这在无形中也影响着教师对于幼儿的态度，从而影响幼儿个性形成。

（二）社会性因素

1. 家庭的影响

家庭是幼儿社会化最基础的因素之一，幼儿在进入幼儿园之前，都是在家庭中度过，父母是幼儿的第一任老师。因此，在了解幼儿个性形成的因素时，家庭的影响不可忽略。家庭结构、家庭生活环境、家庭关系和家长教养观念等

---

①② 刘金花. 儿童发展心理学[M]. 上海：华东师范大学出版社，1997：267，269.

都不同程度地影响着幼儿的社会性发展。[1]

现在的幼儿大都是独生子女，由于是一个孩子，全家人的心思和精力都放在这个孩子的身上。家庭结构是指家庭中成员的构成和人数。家庭结构可以分为三类：核心家庭，父母与未婚子女一起居住；主干家庭，由祖孙三代构成的家庭；单亲家庭，父母一方死亡或离异造成结构缺损的家庭。三种不同的家庭结构，对于幼儿的影响必然是不一样的。另外，近年来家庭结构核心化，以及由于实行计划生育，子女数量减少，很多独生子女显现出了较为活泼、健康、积极、主动进取的优点，以及自私自利、不会关心和体谅别人的缺点。

家庭中的夫妻关系不仅影响到家庭中的情感气氛，还会影响父母与幼儿之间的关系。一般而言，夫妻关系和谐，子女的安全感就强，幼儿的性格比较开朗活跃；反之，子女缺乏安全感，容易产生紧张、焦虑和自卑的个性特点。[2]

2. 社区的影响

古代有孟母三迁的例子，体现了家庭生活环境对幼儿个性形成的影响。农村和城市、社区的人文环境、家庭经济情况和父母文化层次都是影响因素。曾有人做过这样的研究，对某城市不同城区的幼儿园进行调查，询问幼儿喜欢去幼儿园的原因。A城区某幼儿园多数幼儿的回答是幼儿园的玩具很好玩，B城区某幼儿园幼儿的回答则认为去幼儿园最好的就是能和其他小朋友一起做游戏。差别在于，A城区是较老的城区，有较多的弄堂和平房，居民多是小商贩。幼儿在这样的环境中，街坊邻居交流较多，幼儿之间的交往也密切。但由于经济情况，基础设施和玩具则较少，因此幼儿在幼儿园里能玩到较多的玩具，认为幼儿园里最好的是玩具。而B城区所在的是机关单位和学校相对集中的社区，楼房也是单元式的公寓，社区的玩具设施和幼儿自己的玩具都较多。但这些幼儿缺少与同伴之间的交往，大多时间都是自己单独游戏。幼儿园里的玩具对于这些幼儿没有吸引力，但是幼儿能在幼儿园中与同伴交往，消除孤独感，这才是幼儿最喜欢的。因此，不同家庭生活环境导致幼儿的需求和个性特点也不一样。

3. 幼儿园的影响

在学前期，幼儿除了家庭，待的最多的地方就是幼儿园，幼儿园对幼儿的

---

[1][2] 张明红. 学前儿童社会教育[M]. 上海：华东师范大学出版社，2007：23，25.

影响是最直接和最大的。在幼儿园中，师幼互动关系、同伴关系、教育活动中的幼儿主体性、幼儿园校园文化对幼儿个性的影响虽然不如家庭，但也会对幼儿的个性发展有促进或者阻碍作用。

幼儿园物理环境包括幼儿园进行的空间布置和各种物质材料的运用。国外的许多研究发现，幼儿园活动空间的密度高于一定的界限，可能导致幼儿在自由选择的游戏活动中，较多地产生消极的社会性行为；过分的刺激性色彩和过于复杂的、夸张的布置，容易引起幼儿的注意力分散，或使幼儿感到烦躁。[①]

相对于物理环境，心理环境主要指幼儿园的人际关系，包括了师幼互动、同伴互动以及幼儿园文化、班级文化，体现在教师与幼儿、幼儿与幼儿、教师与教师之间的交往方式。在一些物理环境不是特别好的幼儿园，人文的心理关怀和幼儿园心理环境显得异常重要。教师对于幼儿的关怀，对幼儿的自信心、安全感、探索精神、适应能力以及社会性发展有很大的作用。同伴间的交往，能使幼儿摆脱自我中心性，认识到自身的价值。教师之间的相互帮助、和睦相处能给予幼儿温馨和谐的环境。

（三）幼儿自我意识的影响

自我意识主要包括自我观察、自我监督、自我体验、自我评价、自我教育、自我控制和自我调节。[②]幼儿在不断学习以及和同伴、父母、教师、其他人的交往中，能慢慢了解自己。有的幼儿在幼儿园经常打架，被问及这样做的后果时，也知道这样做小朋友都不喜欢他，这就是一种自我意识。虽然幼儿的自我意识大多数是在复述教师和家长的观点，但是幼儿仍然会对自己的表现有所评价。随着年龄的增长，自我意识会日益成为幼儿个性的重要组成部分。

---

① 张明红. 学前儿童社会教育[M]. 上海：华东师范大学出版社，2007：30.
② 刘金花. 儿童发展心理学[M]. 上海：华东师范大学出版社，1997：280.

四种气质类型特点[1]

神经类型	气质类型	心理表现
弱	抑郁质	敏感、畏缩、孤僻
强、不平衡	胆汁质	反应快、易冲动、难约束
强、平衡、惰性	黏液质	安静、迟缓、有耐性
强、平衡、灵活	多血质	活泼、灵活、好交际

多元智力理论中的七种智力[2]

1.言语—语言智力

这种智力主要是指听、说、读和写的能力，表现为个人能够顺利而高效地利用语言描述事件、表达思想并与人交流。

2.音乐—节奏智力

这种智力主要是指感受、辨别、记忆、改变和表达音乐的能力，表现为个人对音乐节奏、音调、音色和旋律的敏感以及通过作曲、演奏和歌唱等表达音乐的能力。

3.逻辑—数理智力

这种智力主要是指运算和推理的能力，表现为对事物间各种关系的敏感以及通过数理运算和逻辑推理等进行思维的能力。

4.视觉—空间智力

这种智力主要是指感受、辨别、记忆和改变物体的空间关系并借此表达思想和情感的能力，表现为对线条、形状、结构、色彩和空间关系的敏感以及通过平面图形和立体造型将它们表现出来的能力。

5.身体—动觉智力

这种智力主要是指运用四肢和躯干的能力，表现为能够较好地控制自己的身体、对事件能够作出恰当的身体反应以及善于利用身体语言来表达自己的思

---

[1] 陈帼眉，冯晓霞，庞丽娟.学前儿童发展心理学[M].北京：北京师范大学出版社，2003：325.
[2] 霍力岩，等.多元智力理论与多元智力课程研究[M].北京：教育科学出版社，2003：14-15.

想和情感的能力。

6.自知—自省智力

这种智力主要是指认识、洞察和反省自身的能力，表现为能够正确地意识和评价自身的情绪、动机、欲望、个性、意志，并在正确的自我意识和自我评价的基础上形成自尊、自律和自制的能力。

7.交往—交流智力

这种智力主要是指与人相处和交往的能力，表现为觉察、体验他人情绪、情感和意图并据此作出适宜反应的能力。

? 思考题

1.处于儿童期的幼儿有哪些共同点？

2.阐述小、中、大班幼儿的社会性发展过程。

3.应该从哪些方面考察幼儿的个性特点？

第二章

教育幼儿：树立以幼儿为本的教育观

　　每个人从呱呱坠地的那一天起，便在家人的悉心呵护、周围环境的影响下不断成长，从最初的不谙世事到长大成人，适应社会生活并通过自己所掌握的知识、技能来为社会的发展作出自己的努力，这是一个漫长的过程，也是人不断受教育的结果。如果没有与亲人、朋友的交流，没有与家庭、学校、社会的外在环境的互动，他的心灵便很难成长，其心智的成熟便断然不可能。因此，人从出生起便和他人、和教育紧密地联系在一起。可以说，没有教育，人便不能成长为真正意义上的人。正如哲人康德所说的那样，"人，唯有凭借教育才能成为人"。

　　那么，我们应该给幼儿什么样的教育？什么是以幼儿为本的教育？如何理解全面和谐发展的幼儿教育？如何进行幼儿教育，幼儿才能获得全面发展？换言之，幼儿教育的一般原则有哪些？这些正是涉及幼儿教育观的问题。因为人的行为总是受到某种观念的指引，幼儿教育亦不例外。具体来说，对幼儿的观念决定了我们怎样看待幼儿，对教育的观念决定了我们怎样看待教育，而对于幼儿教育的观念则决定了我们怎样看待幼儿教育。对于幼儿教师来说，她/他持什么样的教育观念，便会有与这种教育观相应的教育行为。《中国教育新百科》（幼儿教育卷）指出："幼儿教育观是人们基于一定的儿童观而形成的关于为什么要教育幼儿、要把幼儿教育成什么样的人以及如何教育幼儿等的基本观点。"[1]在不同的时期，人们拥有不同的教育观。当今，必须树立以幼儿为本的教育观，才能够促进幼儿身心和谐全面发展。

---

① 袁贵仁.中国教育新百科（幼儿教育卷）[M].北京：中国大百科全书出版社，2003：32.

在本章我们将围绕三个主题进行讨论。

- 什么是以人为本的幼儿教育？
- 如何理解幼儿教育全面和谐的发展目标？
- 幼儿教育应遵循哪些基本原则？

第一节　什么是以幼儿为本的教育

以幼儿为本的教育主要体现在两个方面：以幼儿的发展为本，尊重幼儿的主体性。

一、以幼儿的发展为本

（一）幼儿的发展是教育的出发点与归宿

"发展"本来是个哲学术语，指的是事物由小到大、由简到繁、由低级到高级、由旧物质到新物质的运动变化过程。那么，幼儿的发展包括哪些方面呢？

幼儿的发展包括了多个方面。有人把幼儿发展简单分为两个维度——身体发展与心理发展，这两个维度自然包括了生理、认知、社会情感发展等。教育的作用在于为幼儿的发展创造一个适宜的环境，促进幼儿在这些方面获得应有的发展。可以说，幼儿的发展是教育的出发点与归宿。

从前面一章，我们已经了解幼儿是主动发展的个体，身体、认知等方面的发展具有自然的规定性，其小小身体里面，蕴藏着无限发展的动力与强烈的愿望。追求发展、努力发展是幼儿的天性，无论是本能性的动作还是探究性的动作，无论是身体还是认知，幼儿都遵循着大自然赋予他的节律和程序，并在发展中表现出自我的个性。可以说，发展是幼儿生命的任务，也是教育的出发点和归宿。

教育要促进幼儿的发展，这意味着教育要以每个幼儿的原有发展水平为基础。教育不能逾越幼儿的现有发展水平，去追求更高一级的发展。任何揠苗助长式的帮助都是不适宜的。

比如大班的幼儿在进行绘画活动，主题是"我的爸爸/妈妈"。可能的情况是：大部分的孩子画得很好，能够就爸爸/妈妈在其心目中的形象用绘画的方式来进行表达，线条、造型包括色彩都非常生动、有趣，但有的孩子眉头紧锁，很难下笔，或是左顾右盼，不知从哪儿画起。教师可以根据平时对幼儿的观察，判断幼儿如此表现的原因：是因为绘画的相关技能没有掌握？还是因为幼儿拿不定主意，到底选爸爸还是妈妈来画？还是其他的原因？只有了解了真正的原因，才能有针对性地进行辅导和帮助。

在幼儿多方面的发展中，教育要协调、兼顾这些发展，而不应该偏颇。因此，无论是认知、情感、动作技能、语言、行为习惯、个性特点等，都是发展的内容。这些发展既有年龄的特征，也有个性特点。教师可以先从年龄阶段掌握他们大致可以达到的水平，然后再具体分析个别幼儿在各方面的发展水平。这样，在平时的一日生活中，就可以对幼儿能做什么、不能做什么、可能做什么、期待做什么、如此做有什么反应等有大致的判断，从而可以采取一些有针对性的措施来促进幼儿的发展。

同时还要意识到，幼儿的发展不是一蹴而就的，促进幼儿发展的教育只能融入到幼儿一日生活的各个环节中来，因为生活中处处有着或隐或显的教育时机。教师只有善于观察、理解、分析幼儿所处的身心发展水平及需求，才能有针对性地作出回应，也就是说，让幼儿的发展来决定教育的方向、方式与重点。一旦教育满足了幼儿发展的需求，便会促进幼儿向高一级的发展，从而也达到了教育自身的目的。

（二）教育要走在发展的前面

教育如何促进幼儿的发展呢？"最近发展区"的概念可以在一定程度上回答这个问题。

🌸 **小贴士**

最近发展区

"最近发展区"概念源自苏联著名心理学家维果斯基。他认为，幼儿的发展存在两种水平，一种是儿童现有的发展水平，另一种是在他人的帮助下所能达到的较高水平，最近发展区即这两种发展水平之间的差距。教学应走在幼儿现有发展水平的前面，为其创设最近发展区，帮助其从现有的发展水平提升到更高的发展水平。"鹰架"就是在幼儿现有发展水平的基础上，为幼儿提供向更高水平发展的支撑。当幼儿在其帮助下完成了任务时，支架就被撤离。支架与幼儿是相分离的，它是幼儿发展的辅助工具。

最近发展区的意义在于教师可以创造条件，提供环境和材料支持，让幼儿能够通过努力，在自己的兴趣、经验、认知水平的基础上，"跳一跳，够得着"。如此，既不脱离当下的发展水平，又能有计划地把幼儿的发展往前推一推。

最近发展区通常针对的是个体的幼儿。教师可以通过平常的细心观察、记录、分析，熟知班上每一个幼儿的成长环境及生活经验，从而判断在这个阶段幼儿需要的进一步发展。比如同样是表现出攻击性行为的两个幼儿，他们的发展水平和优势领域也是不一样的：幼儿A的语言表达能力很强，但他最近喜欢用语言来攻击别人，已经引起别的幼儿的极大反感。那么，教师可以判断出，该幼儿目前需要发展的是有礼貌地使用语言来表达自己从而得体地与人交往。而幼儿B的语言表达能力不强，但他动作敏捷，身体平衡性佳，其攻击性常常表现在对其他幼儿进行身体动作上的攻击。那么，教师可以判定，幼儿B需要发展的是如何不带身体攻击性地和别人交往，同时尽可能学会用语言来表达自己的意愿。根据对两名幼儿的观察与了解，教师可以为他们制订不一样的推进计划。比如，对幼儿A，可以多陪他读一些语言优美的故事、绘本，并针对性地让他学习使用一些礼貌用语来解决问题。针对幼儿B，教师可以充分利用户外空间，多设计一些大肢体运动的活动，让他的身体得到更好的舒展，体能得到锻炼。同时，可以多安排他从事一些劳动，如帮忙拿一些体育器材和教学道具、整理睡眠室等。在进行劳动时，教师还可以多和他对话，刺激他使用语言的欲望，慢慢帮助他提升语言表达能力、合理使用语言来解决问题的能力，从而减少乃至消除他的攻击性行为。

另外，最近发展区也可以用来指导全体的幼儿。当教师要组织集体活动时，就要有一个整体的视野来了解这个集体的最近发展区。通常，此时可以参照的方面有：该班幼儿的年龄阶段所应达到的发展水平，以及它实际达到的发展水平。由于我国大多数的幼儿园采取的是同龄编班制，因此教师也可以参照《3—6岁儿童学习与发展指南》等文件中不同年龄班幼儿在各个领域能够达到的发展水平，然后根据这些指标，仔细观察本班幼儿在各领域的发展。需要指出的是，文件只是一个参考，我们面对的幼儿才是最真实的存在。无论是哪个地区的幼儿，都有可能在某些方面的发展上低于或高于文件中的标准。这就需要教师根据观察作出谨慎的分析与判断。

让我们来看一个幼儿园大班实施游泳课程的案例。

第一次课：课前，幼儿都表示说很想学游泳，然而到了游泳池边，有些幼儿表现出了害怕；有的幼儿紧张得一直跑厕所，就是拖延着不肯下水；有的幼儿到了水中便吓得脸色发白；有的幼儿就是不肯换上游泳衣。

课后支持：面对幼儿表现出来的害怕与担忧，老师组织了一次绘画活动，让幼儿通过绘画来表现自己对游泳的感受，并在活动后进行交流。针对幼儿害怕的心理，老师还和幼儿透露说自己小时候也非常害怕游泳，下水的时候好紧张等，但是克服了困难之后，现在已经能游得很好了。幼儿听后心理上的担忧已经缓和多了。

第二次课：幼儿慢慢地克服了下水的紧张与害怕，但是下水时喜欢缩成一团，因此没法浮起来。

课后支持：老师针对这一情况，决定用纸来给幼儿做一个实验。老师让幼儿看了纸张平摊在水面上的样子以及纸被揉成一团后沉到水中的样子。通过这个实验，幼儿便了解了自己的身体也要像纸张一样舒展才能浮在水面上的道理。

第三次课：领悟了身体要在水中伸展的道理，幼儿便可以浮在水面上了。[①]

我们看到，教师在这里一步一步地推着幼儿向前发展：从害怕水到不怕水，从不懂在水中要伸展肢体到理解了伸展肢体的道理，学会了浮在水面上。教师每一次都敏感地捕捉到了幼儿现有的发展水平以及近期需要解决的主要问题，从而创造条件和机会一步一步地推动着幼儿向前发展。

因此，教育的意义在于，以幼儿的原有发展水平为基础，适当走在发展的前面，使幼儿面临适当的挑战，帮助幼儿实现最近发展区的跨越，从而达到新的发展水平。

---

① 刘占兰. 促进幼儿教师专业成长的理论与实践策略[M]. 北京：教育科学出版社，2006(引用时有删减).

二、尊重幼儿的主体性

以幼儿为本，促进幼儿的发展，还要明确一点，那就是，幼儿的发展应该是主动的发展。那种认为幼儿的发展是由外力推动、受外界环境影响支配的观点是错误的，因为幼儿在其发展过程中是积极主动的，有自己的需要、愿望、兴趣和主观能动性。他们能够对外界环境与刺激进行选择，也能够在积极的活动中进行创作与想象。因此，教育应该尊重幼儿的主体性，以幼儿为中心，创造条件和机会来发展幼儿的主动性、自主性和创造性。

那么，教育应该如何以幼儿为中心？

（一）尊重幼儿的主体意愿

在教育中，教师要尊重幼儿的主体意愿，观察和了解幼儿的需要、愿望、兴趣，不要强迫、威迫甚至诱迫幼儿，不能打着发展的旗号强迫幼儿做他们不愿意做的事情。教育重在引导、保护，只有受到尊重的主体，才能发展积极的自我，建立自尊心和自信心，从而也能尊重他人。

但是我们在生活中也常常发现这样的现象：教师觉得某件事情好，很希望幼儿去做，但是因为没有恰当的办法，最后只能以权威来命令幼儿去做。这样做的后果是，因为不是内心愿意的，幼儿即使真的去做了，他的主动性也是不强的。请看这一则案例。

浩浩吃完饭，提着椅子走到里间门口，问正在里面给小朋友舀汤的老师："老师，椅子放在哪里？"第一、第二组的兰兰和国国分别回答说"放在里面"和"放在外面"。浩浩回头看看他们俩，又问老师："老师，椅子放在哪里？"老师用本地方言回答："放里面。"浩浩也用方言重复了一次："放里面。"他提着椅子往前走了几步，突然又回头，对里面的老师说："老师，我想坐外面。"老师正在忙着为幼儿舀汤水，没有回答。浩浩又说了一次："老师，我想坐外面。"老师摇摇头。于是浩浩提着椅子往里面去了。

本来吃完饭是自由活动时间，按照惯例，早一点吃完饭的幼儿是可以到教室外面的走廊上玩一下的，因此当浩浩问教师要把椅子放在哪里时，班上的小朋友有两种答案：放里面和放外面。但是浩浩知道只有教师的回答才是最权威的，因此他还是等待教师的回答。当教师明确说放里面时，浩浩还是向教师明确表达了自己想坐外面的意愿，但是教师不同意，于是浩浩又顺从地到里面去了。教师自始至终只说了一句话，但是浩浩知道他该遵从，尽管他心里是想到外面的。

有智慧的教师不是让幼儿直接遵从权威，而是想出其他办法，因势利导幼儿去做对其自身发展有益的事情。笔者曾经在一个幼儿园的中班观察到如下一幕。

小月不愿意吃早餐。老师叫她去洗手，她也站着不动。老师："小月，你过来。"小月看看老师，老师坐在琴凳上，在看着她。几秒钟过去，她才慢吞吞地走过去。老师问："你是愿意吃牛奶和花卷还是稀饭和花卷？"小月说："我不想吃。"说的时候，小月的两只眼睛直勾勾地看着老师，脸上堆着笑。老师："笑，笑，就知道笑！"说着捏了一下她的脸。"这样吧，"老师边说边伸出一根手指，"这是牛奶、花卷，"老师接着伸出另一根指头，"这是稀饭、花卷，你愿意选择哪一种？"小月看着她，没有回答。老师看着她又重复了一次："这是牛奶、花卷，这是稀饭、花卷，你随便选择一种。"小月终于下定了决心，握住了老师左手伸出的手指。老师笑了："好，这是牛奶、花卷，去吧，我给你倒牛奶。"

我们看到，这位教师用提出选择的办法，让小月自己选择一种早餐，因为教师知道，不吃早餐对小月是不利的，她的身体发展需要有充足、均衡的营养。但是如果用命令、权威去对待小月，小月恐怕是不愿意的。即使真的屈服了教师去吃早餐，但她从这件事里学到的不是自我选择、对自己的身体健康负责，而可能是：我是小孩，我就该听老师的（顺从权威），因为我还小，所以我不能选择（自我、自主性的丧失）。两相对比，我们自然明白孰轻孰重、孰优孰劣。

（二）发挥幼儿的主动性

主动的发展离不开主动性的发挥。幼儿在园生活的时间很长，如果能够在各个环节都充分发挥幼儿的主动性，幼儿便可以获得多方面的发展。教师可以有意识地让幼儿参与环境的创设，参与活动空间的设计，做一些力所能及的事情，采用多种多样的方法来激发幼儿学习和工作的主动性，让他们愉快地参与到各种生活环节和活动中来。因此，要让幼儿在生活中学习，在生活中创造，在生活中发展，获得各种"转变着的、生长着的"经验。简而言之，在幼儿园一日生活中，每个环节都可以发挥幼儿的主动性，让幼儿获得主动发展。

当然，幼儿主动性的发挥，有赖于他对活动的兴趣，而他对活动是否有兴趣，又取决于他是否觉得活动充满趣味、贴近生活经验。曾经有过一个案例，说的是一个教师在组织幼儿活动时，为了迎接七一建党节的到来，特意组织了名为"党的生日"的活动，并在活动中呈现了一个大蛋糕。可是，当大蛋糕拿出来，教师介绍说"今天是党的生日"时，幼儿的活动兴趣在吃蛋糕之上，既不认真地听教师的介绍，也无法理解教师的介绍。过了一会儿，幼儿便着急地去寻找党在哪里，纷纷问教师"党怎么还不来"。这是个典型的案例，说明当幼儿的生活经验中对"党"没有任何概念和认知时，他对这样的活动是没有兴趣的。因此，组织这样的活动就背离了幼儿的生活经验和兴趣焦点，自然就成了教师的"一言堂"，对幼儿的发展没有任何意义和促进，当然无法发挥幼儿的主动性。

幼儿的主动性一旦得到发挥，他们可以参与的事情就会很多，如一日生活常规的建立。

吃完早餐，强强不想玩桌面游戏，想到外面玩，于是他问老师："老师，我可以到外面玩吗？"老师同意了。见此情景，其他孩子也纷纷表示，想要和强强到外面去。于是老师灵机一动，说："这么多小朋友都要到外面去呀！那好，我们来讨论一下，你们是不是真的都要到外面去？"幼儿表示都要去。老师又说："那大家要到外面玩多少分钟呢？在外面的这段时间里，我们玩什么游戏呢？"幼儿纷纷发表意见，最终讨论了去玩的时间及玩的游戏。老师又说："那好吧，我们这一个月的室内桌面游戏时间改为室外活动时间，大家一起出去玩吧。"

应该说，教师常常会遇到类似的事情，幼儿提出新的要求，教师应该如何处理呢？一般来说，教师可能有两种反应：一是直接否定孩子的要求，二是顺应孩子的要求，同意他到室外活动，但同时也要展开讨论，如上面案例中描述的那样。前后两种反应，都不能说教师是错的，但是明显后面的教师处理得更灵活，也更能反映幼儿的主动性与参与性。尤其是班级的常规已经建立起来，幼儿已经遵守了一段时间之后（即在群体的层次上获得常规之后），当幼儿提出不一样的规则时（个别幼儿的诉求），这时候可以让全体幼儿参与规则的修订，因为修订规则然后共同遵守规则的过程远比简单地遵守规则更有意义，对幼儿的发展也更有价值。

另外，发挥幼儿的主动性，这意味着要充分尊重幼儿的探索，而不能用所谓的互动与虚假交流来阻碍幼儿的探索。笔者曾经在一个幼儿园观察到这一幕。

大班的自由活动时间。天天在第五、第六组和两个女孩玩彩带、做纸鞋。王老师喊："天天，过来。"天天没有动。"天天，我在叫你呢。"王老师连叫了三次，天天终于慢吞吞地过来了。待他走近，王老师问："天天，你下午跳不跳操？""跳。""你带了衣服来没有？""没有。""那你下午穿什么？"天天没有回答，走开了。他去拿了一瓶乳胶，走过来交给王老师。王老师摇了摇瓶子，倒一些乳胶在瓶盖上："哟，太多了，你可要好好地做好点啊！"天天没说话，接过盖子转身想走。王老师喊住他："天天，回来。天天！"又喊了三次，天天才回过头，走了回来。王老师把乳胶瓶子递给他，示意他拿去放好。天天习惯性地眨眨眼睛，拿瓶子去放。大约过了五分钟，王老师又喊："天天，你的鞋子做好了没有？"天天拿着他编好了一大半的彩色带子走过来。王老师伸手接了过来，接着帮他编。天天走回桌子旁涂胶水。过了一会，王老师编好了，又喊："天天，天天。"天天走回来，拿着涂好胶水的纸鞋底交给王老师。王老师"哟"了一声，和他一起把彩带粘在鞋底上。天天又去找什么东西，回来说："没有啰。"王老师："没有啦？来，拿好你的作品。小心点。"天天拿着作品，走回座位。王老师接着又说："天天，你过来。天天你真像小猫钓鱼，是不是？"天天已经走回第三组，没有回答。"天天，你过来。"天天又走了过来，王老师拉着他的手："你知道什么叫小猫钓鱼吗？""不知道。""你听过小猫钓鱼的故事吗？""没有。"在旁边的南南说："我知道，我听过。"王老师："说说看。"于是，南南就说起了小猫钓鱼的故事。天天又跑开了。

在这个场景中，我们看到教师非常主动地和天天交流、交往，但同时，天天也被她打断了好几次，而且他明显对教师的话并没有很浓的兴趣，甚至表现出不配合的样子。究其原因，是因为在天天要认真工作、自由探索的时候，教师一直在打扰他、打断他。这个真实的观察常常让人感慨幼儿的主动性确实和幼儿的自由、自主及不受打扰紧密联系在一起。教师要尽量避免由于自己的

"好心"而做了、说了对幼儿发展无益的事情。

总之，以幼儿为本的教育应该是体现以幼儿的发展为本、尊重幼儿的主体性，从而引导幼儿主动发展的教育。只有真正体现了这两点的教育，才能够称得上是以幼儿为本的教育。

第二节　全面发展的幼儿教育目标

幼儿教育除了以幼儿为本，还要充分发挥幼儿教育应有的功能，通过各种灵活的教育活动和形式，促进幼儿全面和谐地发展。

一、教育要促进幼儿全面发展

（一）教育要走出误区

长期以来，幼儿教育存在各种误区：重智轻情；偏重幼儿认知、智力的发展，而轻视幼儿在行为态度、情绪情感、社会性、行为习惯等方面的发展；重知识的获得，轻思维的训练；重技能的提高，轻情商的培养等。如一些早教中心、一些早教类的书籍打出的口号是"不要让你的孩子输在起跑线上"，更有各种各样的兴趣班充斥着市场，如"幼儿计算机""幼儿舞蹈""幼儿钢琴""幼儿外语"等。家长们面对这样的社会现象，不知疲倦地带着孩子奔波于各种各样的兴趣班中。曾经有报道说，小学生不愿意放寒暑假，因为假期里要上的兴趣班太多了，比上学还累。家长们呢，则以为这是让孩子"赢在起跑线上"。

面对这样的社会氛围，有的幼儿园为了迎合家长的需要，也开办了各种各样的兴趣班，这其实是教育的误区。须知幼儿的学习应该是在生活中进行的，是在活动和操作中进行的，同时是以整体的学习方式来进行学习的。过早的分科式学习、训练只会让幼儿失去学习的兴趣，也失去童年应有的欢乐。教育不是揠苗助长，教育是等待，是适应，是顺应幼儿的天性，是创造适宜的环境让幼儿获得全面和谐的发展。

（二）教育要促进幼儿体、智、德、美的和谐发展

早在1995年，《中华人民共和国教育法》便规定："教育必须为社会主义现代化建设服务，必须与生产劳动相结合，培养德、智、体等方面全面发展的社会主义事业的建设者和接班人。"也就是说，国家从法律的层面上规定了教育目标是全面、整合的，具体要促进每个学习者在德性、智力、体育等方面的发展。1996年颁布的《幼儿园工作规程》第三条则明确指出："幼儿园的任务是：实行保育与教育相结合的原则，对幼儿实施体、智、德、美诸方面全面发展的教育，促进其身心和谐发展。"也就是说，全面发展的幼儿教育是在体、智、德、美诸方面获得和谐发展的教育。以下我们来分别阐述。

1. 体育

教育要把幼儿健康放在首位，这是由幼儿的身心发展水平决定的。健康的发展首先是身体的健康发育。3—6岁的幼儿尚处于身心发展的初级阶段，身体的各种器官、功能都在迅速发育，因此身体的发展是幼儿的首要任务，也是幼儿的首要需求。这一时期的幼儿要通过运动来感知自己身体的力量，也需要在各种不同的活动中展示这种力量。年龄差异和身心发展差异又使得他们在运动和活动中并不能很好地保护自己，动作发展还不协调，容易在活动和冲突中受到损伤。因此，幼儿教育既要考虑到幼儿身体发展的需要，他们对运动、活动的需求，又要采取各种措施创设一个有益于幼儿身心愉快发展的安全环境。在培养幼儿良好个性品质的同时，要科学、合理地安排幼儿一日生活，提供适宜的营养，增强幼儿的体质，提高其免疫能力和适应能力。幼儿教育只有把幼儿身体健康发展放在第一位，才能追求幼儿和谐、全面的发展。

科学的健康观包括了身体健康和心理的健康。因此，幼儿的身体健康与心理健康也是相伴相随的。幼儿教育要合理地照顾和保护幼儿，让幼儿合理膳食，养成良好的生活卫生习惯，进行合理的体育锻炼。同时要注意培养幼儿良好的性格，让幼儿拥有更多积极的情感体验，为他们的心理健康发展提供保障。

大部分的幼儿园都非常注意幼儿的身体健康，也会引领幼儿家长通过适宜的方式来保护幼儿的身体健康。比如一些幼儿家长认为，让幼儿饮用纯净水对幼儿的健康更有好处，实际上，自来水对幼儿的身体发展更好，那么，幼儿园

就要帮助家长建立适宜的健康观念，之后才能帮助幼儿获得健康的饮食观。

对于幼儿的心理健康来说，稳定、愉快、积极的情绪体验是基本表现与特征。由于幼儿处于特殊的发展阶段，年纪尚小，各种情绪来得快，容易受到他人、他物的影响，所谓"六月的天，孩子的脸"，说的就是这样的情况。教师要了解这是非常正常的现象，并在幼儿的生活与教育中有意识地去帮助他们获得比较稳定的情绪。积极的情绪是幼儿积极生活、学习、活动的动力，同时也有利于培养幼儿良好的个性品质，提高生活的能力。

由于幼儿的情绪无法像成熟的大人那样稳定（何况即使是成年人也有情绪失控的时候），尤其是在幼儿刚入园的时候，会出现较多的情绪冲突、分离焦虑等现象，教师应该加倍关注幼儿这一时期的表现，积极提供帮助。

总之，幼儿教育要把幼儿的健康发展放在首位，只有真正关注了幼儿的身心健康，才有可能更好地促进幼儿和谐、全面的发展。

2. 智育

智育是指有目的、有计划地使受教育者掌握系统的科学基础知识和基本技能，促使受教育者智力发展的教育过程。简单地说，智育是指开发幼儿智力的教育。幼儿期是大脑发展最快的时期，智育能满足幼儿的认知需要，使其大脑神经系统对信息的感受、加工、储存等逐渐发达与完善，为幼儿日后从事深层次的智力活动奠定基础。

智力是人认识事物的能力，它包括观察力、注意力、记忆力、思维力、想象力和创造力等要素。通常，人们把知识的获得等于智力的获得。其实，这是不正确的。知识不能等同于智力，知识只是获得智力的一种条件。当前的教育误区之一便是过于看重幼儿在知识上的发展。

在幼儿智育中，培养幼儿的思维能力是核心。因此，当幼儿在学习、生活中遇到问题时，应该多让他们想一想有什么解决的办法，培养他们的思维能力，为发展分析、综合、概括、抽象、比较、具体化和系统化等解决问题的能力奠定基础。思维的基本形式是概念、判断和推理。在幼儿期，多让幼儿自己来发现问题、解决问题就是锻炼幼儿的思维能力的重要方法。

3. 德育

德育是教育者按照一定的社会要求，有目的、有计划地对受教育者施加影响，以培养起社会所期望的思想品德。幼儿期是个性开始形成的阶段，德育对幼儿的个性发展具有重要意义。幼儿德育即是培养幼儿良好的个性和性格，使其形成良好的个性品质，拥有较强的自信心、自主意识、毅力，为其一生的成长和发展打好基础。

通过德育，幼儿发展了良好的个性，也掌握了基本的社会行为规范，形成了初步的道德认识和道德情感。

幼儿德育要根据幼儿身心发展的特点来进行，要避免生硬的道德说教，而是融德育于生活之中。如要教育幼儿爱卫生，注意清洁，不能用简单的说教来进行。教师自身的言传身教才是最有效的方式。另外，环境的熏陶也是幼儿德育的重要方式。

4.美育

美育是幼儿教育的一部分，是根据幼儿身心发展的特点，利用美的事物和丰富的审美活动来培养幼儿感受美、表现美与创造美的情趣和能力。美育通过艺术形象的魅力，潜移默化地感染和熏陶幼儿的心灵，使幼儿感受美的同时，发展积极向上的精神和活泼开朗的性格，产生美好的情感和情绪体验。笔者的一个朋友曾经这样描述她与孩子之间发生的一件事。

我们家在一个小地方，好在这个地方有海，我们常常带孩子到海边玩。有一天，我们一家人又到海边玩。那天的海特别蓝，天空也特别蓝。看着眼前的一片美景，我由衷地发出赞叹，扭头问孩子："芊芊，你看，大海是什么颜色的呀？"女儿把目光从她手上的海螺移开，看了一眼大海，说："蓝色的呀。""那天空呢？"女儿又看了一眼天空，说："也是蓝色的呀！"我趁机说："多美呀！海天一色呢！你喜欢吗？"女儿第一次听到"海天一色"这个词，一副若有所思的样子。第二天，到了幼儿园，女儿看到班上的蓝色墙饰，跑过去和老师说："老师，我们班的墙饰也是蓝色的，像昨天我和妈妈看到的大海一样。昨天的大海是海天一色的，好美啊！"当我听到老师的转述后，我心里一动。看来，女儿幼小的心灵已经被那天美丽的海景触动了，并且开始更加仔细地观察身边的事物。

是的，融于生活中的美育能唤醒幼儿对美的敏感和喜爱，帮助幼儿以敏锐的观察、细腻的感受来发现周围事物的美，从声音、光线、形状、色彩、造型等特征中感受美，促使幼儿感知觉、形象思维、想象力、创造力的发展。通过各种具体形象的活动，幼儿的审美情感、审美情趣得到了发展，同时智力也获得了发展。因此，美育是幼儿获得美的感受与美的生活所必不可少的，也是幼儿全面发展的教育中不可或缺的一部分。

总之，幼儿全面发展的教育是指以幼儿身心发展的现实与可能为前提，以促进幼儿在体、智、德、美诸方面和谐发展为宗旨，并以适合幼儿身心发展特点的方式、方法、手段加以实施的、着眼于培养幼儿基本素质的教育。

全面发展的教育意味着不能偏重或忽视任何一个方面的发展，同时，也要明确，全面发展并不是每个方面同一水平的发展。因为人的智力模块是不一样的，所以应该允许幼儿在各方面协调发展的基础上，在某一个领域、某种智力上有比较突出的发展。

二、全面发展教育目标的划分与整合

由于幼儿教育是以3—6岁的幼儿为对象进行的教育，幼儿的身心发展特点和学习特点决定了幼儿教育必须是整体性的教育。幼儿对事物的理解往往是主观的、粗浅的，还不能够对事物进行理性的概括与归纳。在确定幼儿教育的目标时，也要确保它是整合的。

如前所述，幼儿园的任务是"实行保育与教育相结合的原则，对幼儿实施体、智、德、美诸方面全面发展的教育，促进其身心和谐发展"。这是幼儿园教育的长远目标，是以高度概括的形式表达出来的。为了使幼儿得到和谐全面的发展，还需要对总体目标进行划分。一种方法是，把幼儿园教育总体目标划分为五大领域，再在此基础上进行年龄阶段的划分，这是为了方便理解、操作而做的划分。因此，我们在详细讲解教育总目标在领域、年龄阶段上的划分时，首先要明确，这些划分是在承认教育的整体性、综合性的前提下进行的，各个领域之间其实是相互依存、互相联系的关系。

（一）幼儿园教育目标在五大领域的划分及意义

《幼儿园教育指导纲要（试行）》是按照五大领域来提出教育目标的，即健康、语言、社会、科学、艺术。同时，《幼儿园教育指导纲要（试行）》还对五大领域的目标进行了明确阐述，如健康领域的目标是：身体健康，在集体生活中情绪安定、愉快；生活、卫生习惯良好，有基本的生活自理能力；知道必要的安全保健常识，学习保护自己；喜欢参加体育活动，动作协调、灵活。其他领域目标不再赘述。

这样划分教育目标的意义：从较高的层次规定了各领域的总体发展目标，即带有普遍性的目标，这些目标并不能作为具体教育活动的目标，但是为教师长期的计划、教育方向提供了指导。教师在制定学期或更长期的目标时，便要参考这些目标。而具体教育活动的目标必须结合幼儿的实际发展水平、幼儿的生活经验及其需要来确定。

（二）幼儿园教育目标在年龄阶段上的划分与意义

幼儿园教育目标除了在领域内进行划分外，还可以从年龄阶段进行划分。因为我国大部分幼儿园是按照年龄编班的，因此教师熟悉每个年龄段的教育目标是非常有必要的，它在更具体的层次上为教育计划提供借鉴。根据年龄进行目标划分的极具指导意义的文件是教育部于2012年9月颁布的《3—6岁儿童学习与发展指南》。该文件是对《幼儿园教育指导纲要（试行）》的进一步阐释和细化，它按照不同年龄阶段的幼儿要在该年龄阶段的末期达到的水平进行了详细的指导，具有比较强的实践操作性。以社会领域为例，该文件把社会领域的目标划分为两大目标：人际交往与社会适应。在这两大目标下面，又分为不同的子目标，在子目标中则按照具体的年龄阶段来作出指导。以"人际交往"为例，《3—6岁儿童学习与发展指南》给出各年龄段的子目标如下。

目标1　愿意与人交往

3—4岁	4—5岁	5—6岁
1. 愿意和小朋友一起游戏 2. 愿意与熟悉的长辈一起活动	1. 喜欢和小朋友一起游戏，有经常一起玩的小伙伴 2. 喜欢和长辈交谈，有事愿意告诉长辈	1. 有自己的好朋友，也喜欢结交新朋友 2. 有问题愿意向别人请教 3. 有高兴的或有趣的事愿意与大家分享

有了这么清晰、明确的幼儿发展目标，教师在组织教育活动时就可以更有针对性了。因为这些目标是总体目标，因此教师还要根据具体的班别、具体的幼儿来制定活动目标。不同的班，尽管年龄是一样的，也会有不一样的发展水平，因此教师依然要先仔细观察、充分了解本班幼儿的发展水平、长处与需要着重发展的方面，之后就可以进行活动设计了。《3—6岁儿童学习与发展指

南》相对更具体，因此也受到教师的青睐。如一位教师在研读了《3—6岁儿童学习与发展指南》后，高兴地说："这下终于知道我们班幼儿要达到的具体发展状态了！"

（三）幼儿园教育目标在不同维度上的划分及意义

幼儿园教育目标还可以从认知、动作技能、情感态度和价值观三个维度进行划分。这三个维度各有侧重。一般来说，在组织某个教育活动时，可以按照这三个维度来提炼教育的目标。当然，教育活动侧重某一领域时，其目标的表述也分先后。如健康教育活动中，关于动作技能方面的目标要放在首位；在艺术领域的活动中，情感态度方面的目标可能放在首位；科学领域活动中，则可以把认知方面的目标放在首位。但应该注意的是，在每个教育活动中都不仅仅是某一个维度的目标，而应该是不同维度的目标的融合。

这样划分的意义在于，教师在做具体的活动目标设计时，要考虑尽可能让幼儿在活动中获得这三个方面的发展，这样就会使活动的设计显得比较全面。

（四）幼儿园教育目标在周期上的划分及意义

按照不同的阶段和可操作性程度，幼儿园教育目标可以分为长远目标、短期目标、学期目标、月目标、周目标、某一次教育活动的目标。从前往后看，它们是层层分解、不断具体化的关系。从后往前看，它们是从具体到整体的关系。

教师每年或某些阶段，都要制定这些周期目标。明确了这些目标的内在关系后，就可以有针对性地去设计了。

（五）幼儿园教育目标划分的旨归是整合

可以看到，无论是在何种层次、维度上谈论幼儿园的教育目标，目的都在于既要有针对性地对幼儿实施教育，同时这种教育又是能够满足不同幼儿发展的需要的。因此，幼儿园教育目标是多元的，同时又是整合的。在确定不同维度、不同阶段的教育目标时，要尽量体现出幼儿发展的多元价值和整体性质。多元价值是指幼儿的发展应该是多方面的、多层次的、具有个性的，整体性是指幼儿园教育目标要具有整合的特征，在教育内容的选择上要实现多领域的有机综合，在教育活动的组织上也要兼顾多元发展，克服重智轻情、重认知轻社会性等偏颇的做法。正如井深大所说的那样："我强烈地感到，迄今的教育仅把教育焦点集中在智能方面，只追求了'一半的教育'，而忘记了培养精神或树人的'另一半教育'……总之，最重要之处，并非培养以知识为中心的能力，而应从培养精神、培养品德开始。"[①]所以，我们在划分目标的同时要注意不同目标内在的关联，要以各种不同的形式来平衡、协调不同目标的关系，从而使幼儿教育走向真正的综合，使幼儿得到真正全面的发展。

因此，总的来说，整合的幼儿教育是融合各领域，实现领域之间相互渗透，并将教育了无痕迹地融入到幼儿的一日生活中的教育。

第三节　幼儿教育应遵循的基本原则

幼儿教育是教育的基础阶段，除了要遵循一般教育所具有的原则（如尊重每个学习者的人格尊严和合法权益、促进学习者全面发展、重视个体差异、充分利用各种教育资源等）之外，还要遵循一些幼儿教育特有的原则。这些原则是幼儿独特的身心发展水平所要求在幼儿园教育中体现出来的。

一、参与性原则

以幼儿为本的教育，首先要遵循参与性的原则。参与性原则是指在教育中要注意让作为教育主体的幼儿参与到教育活动中来，包括对教育活动的设计、实施与回顾，也包括班级环境的创设、班级规则的制定，等等，都应该让幼儿充分地参与进来，发展幼儿的能力和情感。

幼儿是主动发展的个体，只有让幼儿充分地参与到活动中来，在一日生活的各个环节体现幼儿的主动性和主体性，幼儿的发展才可能是充分的、全面的。幼儿在参与中锻炼了操作能力、动脑思考的能力、与同伴合作的能力，同时也在参与中获得了情感和社会性的发展。

---

① 但菲. 幼儿社会性发展与教育活动设计[M]. 北京: 高等教育出版社，2008.

比如，在教师创设环境时，如果能让幼儿参与进来，对环境的材料、色彩、装饰的造型等进行共同决策，幼儿便发展了对颜色的敏感，思维能力也得到了发展。又如，让幼儿参与制定班级管理制度，幼儿便发展了对班级的责任感和主人翁意识。可见，在参与中，幼儿是积极的、主动的、投入的，因此得到的发展也是全方位的。

二、经济性原则

经济性原则指的是要以最经济的教育，达到最好的效果。教育规模不必追求宏大，设施不必追逐奢华，而应该是在现有经济条件下，以最经济的方式来实施教育。这种教育往往是最自然的、充满人性的。

经济性原则意味着教师要尽可能因地制宜地投放材料、创设环境，尽可能做到废旧材料重复利用、循环利用。在环境的创设上，可以尽可能地把有限的空间扩大，充分挖掘室内外空间的功能。很多教师非常懂得经济性原则，比如，大纸箱可以用来绘制城市交通图、制造幼儿喜欢的小房子，树枝可以做装饰画，易拉罐捆在一起可以做幼儿锻炼平衡能力的梅花桩，用过的矿泉水瓶子和饮料瓶子可以做彩色脸谱等。当我们去充分挖掘身边的生活资源时，便会发现，原来很多物品是如此奇妙，用处是如此之多。这不仅能够节省资源、物尽其用，还可以培养幼儿的环保意识、想象能力及探究精神。

三、适宜性原则

适宜性也是幼儿教育必须遵循的一个原则。它主要体现在：幼儿教育要有适宜的教育目标、教育内容、教育活动和教育环境。只有满足了这些方面的适宜性，幼儿的全面和谐发展才有可能。因此，即使是向幼儿传授知识，也要明确，"幼儿的知识结构是建立在幼儿感性经验基础上的。因此，它与中小学那种以科学概念为中心的学科知识体系有本质的不同"[①]。

这意味着，教育要首先能满足幼儿发展的需要。幼儿的发展特点是，他

---

① 李季湄. 幼儿教育学基础[M]. 北京：北京师范大学出版社，1999：69.

们以感性经验、象征性表征、具体思维、操作式活动来探索世界，先有行动，后有形象的逻辑，其思维、道德品质、思想感情的发展，严守着相对固定的顺序。教育如果不去适应幼儿发展的这些特征，肯定是不合理的。同时，教育的归宿是要促进幼儿发展，使其向更高的阶段发展。这就要求教育不能停留在幼儿的自发活动上，而应拓展、升华幼儿的经验，使其兴趣得到引导，行动更具目的性，才有利于促进幼儿长久发展。也就是说，适宜性是手段，促进发展才是目的。

总的来说，适宜性原则应该贯穿于教育目标的制定、教育内容的选择、教育活动的实施以及教育环境的创设之中，这样既能充分回应幼儿现有的发展水平，又能给幼儿以适度的挑战，使他能够通过自己的努力和教师的帮助，顺利达到最近发展区。如此就能不断循环，形成良性的、全面的发展。

四、活动性原则

幼儿总是在活动中学习和发展的。活动是幼儿发展的基础和源泉。幼儿教育应该是在活动中进行的，其活动也是多种多样的。幼儿进行活动的时候，就是在用感性体验的方式来积累经验、获得技能、形成习惯、锻炼能力、得到体验、提高认知。因此，无论是与教师、同伴交往，还是操作活动材料，无论是在简单的洗漱活动中，还是在有组织、有目的的教育活动中，幼儿都是在活动中进行探索与锻炼的。

活动对幼儿的发展具有重要作用。在活动中积累经验，是幼儿发展的基本条件。过去，人们只注重向幼儿传授已有的知识经验，忽视幼儿的具体情况和身心发展水平特点，以统一的教育活动来教育幼儿。这是错误的。因为幼儿要在活动中与周围环境中的人与物直接互动，如此形成的经验和知识才对幼儿直接产生影响。因此，教师要组织多种多样的教育活动，在各种活动形式中让幼儿与外部环境相互作用，直接感知、探索周围事物，主动建构对周围世界的认识与理解。

比如教师可以根据领域、年龄、主题、季节、气候、地区风俗文化等的不同，组织各种教育活动。而且，这些不同的因素可以相互交叉、融合，从而形成新的主题。如在秋天组织幼儿观察落叶的活动，并在此活动中欣赏歌曲《小树叶》，随后进行绘画活动等。也可以组织充满不同地域的年味的活动，如逛花市、包饺子、送红包等，让幼儿在过年的欢乐氛围中感知民族节庆的文化，形成关于民族文化的感知和经验。

总的来说，幼儿是在活动中学习和发展的。我们组织的活动要做到如下三点。

第一，让幼儿的多种感官参与。由于幼儿主要是通过感性的、具体的思维来学习的，因此，良好的活动组织应该能调动幼儿的多种感官，如视觉、触觉、嗅觉、听觉、味觉等感官的参与。

第二，让幼儿感受到适度的挑战性。这种活动既与幼儿的原有水平相联系，又能够激发幼儿探究的欲望，深深吸引幼儿的注意力，使其自觉地作出努力，在努力中持续自己的兴趣。这种活动既不太难，也不会太容易。太难了会损伤幼儿的自信心，太容易了则会让幼儿感到无聊，没有挑战性。

第三，能引发相互作用。相互作用包括与人的相互作用，包括同伴、家长、教师和其他幼儿等；与物质材料的相互作用，包括家庭、幼儿园、社区等直接或间接的环境中存在的材料；与规则的相互作用，使幼儿在活动中慢慢掌握规则并践行；与自己内心世界的相互作用，即幼儿在活动中不断增加对自我的认识，提高对自我的评价，这是幼儿自信心的源泉。[①]

如果活动具备了以上三种特征，则是适宜幼儿的，也是能够促进幼儿发展的。

五、民主平等的原则

在良好的幼儿教育中，教师不再是教育的中心和唯一的主导，教育的过程也不仅仅是传授知识的过程。幼儿不是被动的接受者，他们对于教育的目的、内容、方法等，也有自己的选择权。冷冰冰的、高高在上的控制与说教永远不适合幼儿，也不可能产生积极的教育效果。在第一章中，我们已经知道，幼儿作为人与成人一样具有独立的人格与尊严，应该受到成人的尊重与保护。因此，在教育过程中，教师应平等、民主地对待幼儿，应尊重并保护他们的人

---

① 虞永平.幼儿教育观新论[M].北京：人民教育出版社，2006：66—67.

格、尊严和基本权利，应尊重他们的意愿、需要和兴趣。教师要保护每一个幼儿的基本权利。

平等民主的师幼关系首先体现在师幼互动与交流中。只有当教师把幼儿的人格权利放在重要的位置，只有当教师蹲下身，与幼儿平视时，平等的交流与互动才有可能产生。在平等的交流、互动中，教师和幼儿双方既在交换着信息，也在交流着情感，更在建立一种相互信任、相互理解的关系。因为教育的艺术不在传授，而是鼓舞与唤醒。

我们会很欣赏下面的师幼交流。

一次，一个孩子在自由活动时说他最喜欢×××小朋友。老师听到后与他交谈。

老师：你除了喜欢×××外，还喜欢谁？

幼儿：嗯——让我想想，我想不起来，我就是很喜欢×××。

老师：×××是不是和你一样是男孩你才喜欢他呢？

幼儿：不是的，因为我和他一起玩积木，他不抢我的积木。

老师：你们俩在一起怎么玩的？

幼儿：我搭飞机，他搭房子。我的积木不够了，拿他的，他就让给我了。

老师：我知道他让你，你很喜欢他。要是他搭房子积木不够，你怎么办？

幼儿：嗯——我也给他。

老师：我真高兴你们成为一对好朋友。[1]

可见，教育在其本质上说就是一种互动，既然是互动，那就是双方在其中进行的关于信息、知识、情感等的相互交流。互动对每个幼儿的身心发展，特别是社会性发展具有重要作用。从一定程度上说，互动的有效与否、质量好坏直接关系到幼儿园教育的质量，更关系到幼儿的健康成长。

师幼互动是幼儿园互动的一个重要组成部分。通过师幼互动，教师与幼儿分享了信息、知识、心情以及梦想，同时也见证并分享了彼此的成长。良好的师幼互动对于教师和幼儿都具有非常重要的意义。对教师而言，这将促进其工作的有效进行，调节其工作和生活的情绪情感状态，提高其工作和生活的自信心和自豪感，最终提高其自身素质，促进其专业发展。对于幼儿来说，则可

---

① 但菲. 幼儿社会性发展与教育活动设计[M]. 北京: 高等教育出版社, 2008: 177.

以有效地促进其社会性发展，培养其良好的情绪情感，发展其良好的个性和品格，最终促进其身心健康发展。而这一切将构成一个相互促进、不断循环的系统。在这个系统中，每一个成分既相对独立，又相互关联，它们的动态发展，将最终构成良好的师幼关系，为幼儿幸福的幼儿园生活奠定基础。

然而，并非所有的师幼互动都是良好的互动。当教师的地位在幼儿之上，教师表现出作为教育者的权威时，当教师没有观察、领会到幼儿所想表达的东西时，师幼互动便表现出了不平等甚至压迫的现象。一般来说，集体教学中的师幼互动比较正式，教师和幼儿的地位更容易因为教学的内容、课堂的纪律、管理的规则而表现出教师的教与幼儿的学、权威与服从的不平等的关系。即使是自由活动，如果教师把握不当的话，也会在幼儿出现"违规"的情况时教训幼儿甚至惩罚幼儿。此时，师幼互动便变得不平等，也对幼儿的发展不利。

孩子们在根据老师确定的主题"好吃的水果"进行画画。老师走到东东面前问东东在画什么。东东说："苹果。"老师觉得很奇怪："你上次不是已经画苹果了吗？""可是今天我还想画苹果。""有那么多的好吃的水果，你都不画，为什么要画苹果呢？""我就是喜欢苹果。""你已经画过苹果了，今天画香蕉呀，橙子呀，都可以的。"东东不说话了，继续画他的苹果，老师在旁催促："快画呀！你总不能老画苹果吧！"

东东并没有违反教师的要求，依然是按照她的要求画好吃的水果，只是画的是"老水果"（之前已经画过的）。教师觉得他老是画苹果不大好，建议东东画其他的水果，因为好吃的水果很多，而且"你以前画过苹果了"。在此，教师的意愿和东东的意愿产生了冲突，最后因为东东不想画其他的事物，还是坚持做自己想做的事情，继续画苹果，教师便在旁边催促，并批评他"你总不能老画苹果吧"。

在这里，教师的意愿有她的道理，因为东东已经画过苹果了，她希望他能画不一样的事物，发展不一样的技巧。而东东内心很喜欢苹果，另外也有可能他不大会画其他的水果，因为画苹果的方法是他很熟悉的。教师这时或者可以引导："哦，你画的是苹果，这是什么时候吃的水果呀？除了苹果，你还喜欢吃什么水果呢？"东东或许会说其他的水果，此时，教师可以提供引导和帮助："你想不想要在苹果旁边加上一种其他的水果？我们可以一起选择一种颜色来表现。"这样，东东或许会愿意去尝试画其他的水果，他也就能够在做自己想做的事情的基础上，同时也达到一定的发展目标。当然，也有可能东东并不愿意被教师打断，而是继续画他的苹果。那教师可以先放下，慢慢等待，到了合适的时机再给予引导。案例中教师直接否定了东东的愿望，只要求东东画她规定的主题，东东显然难以接受这样的安排。

我们提倡民主平等的师幼互动与交流，这意味着：

• 双方主体平等。教师不因为自己是成人、是教育者而居高临下地对待幼儿。教师与幼儿是"我—你"的关系。

• 更多互动由幼儿发起。

• 互动中充满了理解的倾听与情感的分享。

六、以游戏为基本活动的原则

在幼儿园，我们常常看到一种现象，几个孩子在一起，玩得不亦乐乎，一个扮演爸爸，一个扮演妈妈，一个扮演孩子，另外还有一个是客人。孩子生病了，妈妈会给他喝药、念书，或让他躺着休息。孩子们深深地进入了自己的角色里。如果这时候来了一个客人，他们会热情地招呼他坐下，给他倒水、削水果……

还有几个孩子，在玩捉迷藏、玩解放军的战斗、玩陀螺比赛……

当然，我们还会常常看到一种现象，那就是两个孩子因为在游戏中发生冲突，一个哭了，一个在极力辩解……

一个小小孩想加入哥哥姐姐的游戏，哥哥姐姐有可能对她说："哎，你还小，不懂玩，去去去。"或者"你可以来做啦啦队，给我们加油。"当然，有的哥哥姐姐也有可能主动邀请小小孩做点什么……

的确，自古以来，孩子们便以各种各样的方式在进行游戏。游戏成为每个幼儿的生活方式和学习方式，成为童年文化的重要表现。喜欢游戏，是每个幼儿的天性。幼儿在游戏中创造、想象，在游戏中体验各种各样的角色，也在游戏中发展了自己。简言之，游戏对幼儿的身体和动作发展、认知发展、社会性发展、情感发展、语言发展、个性形成、学习品质的获得等方面均具有重要的作用。因此，游戏在幼儿园教育中也应该发挥其应有的作用，以游戏为基本活动来组织教学、建构课程。

正因为游戏在幼儿的发展中扮演了重要作用，教师在工作中应该正确认识幼儿的游戏，让游戏促进幼儿的有意义的学习。有意义的学习是综合性的学习。幼儿依靠本身已有的生活经验和知识经验来学习、理解当前的事物与现象，在有意义的场景中积极建构新旧生活经验、知识经验之间的联系。于是，已有的生活经验与知识经验成为他习得新的生活经验与知识经验的必要基础，并与后者形成一种内在的关联。这种关联使得幼儿的新旧生活经验、知识经验之间保持连续的、一致的内容关系，且不断在游戏活动中获得发展。有意义的学习是幼儿在主动的参与中，不断讨论、交流、计划、建构的过程，也是其经验得到扩展的过程。如一个主题活动的不断深入的过程，就是一个有意义的学习过程。

请看下面的例子。

老师准备了几种不同种类的纸，有牛皮纸、白纸、油光纸、彩色皱纹纸等，供幼儿自取折小船玩，先吃完点心的幼儿先取。结果，彩色的纸先被拿完了，后来的幼儿只好拿剩下的难看的牛皮纸。小船折好了，幼儿要求到水池那里去放小船玩。老师也同意了。各种各样的小船放到了水里，这时幼儿惊奇地发现漂亮的纸船一一沉到水里去了，唯有最难看的牛皮纸折成的小船还浮在水面上。老师不失时机地组织幼儿讨论为什么会发生这种现象。幼儿开始研究各种纸的质地，以及不同质地的纸的耐水性强弱的原因。新的、不是老师预先计划的课程就这样在游戏中自然生成了。[①]

如此，幼儿在玩纸、折纸船、放纸船的过程中，逐渐生成了新的游戏与课程。教师先是提供了一定的材料，让幼儿自由探索，在幼儿发现了问题时，教师适时地介入，让幼儿的游戏有了新的内容与方向，并生成了很多新的内容，形成了新的课程。这样的游戏无疑促进了幼儿有意义的学习和体验。

因此，在教育中要多以游戏的方式来组织活动，鼓励和支持幼儿游戏，让游戏与教学、与生活自然地结合在一起，同时还要在日常的交往中多采用游戏的方式。

总之，游戏是幼儿园的基本活动，教师要按照幼儿的年龄阶段特点、当时的情境，充分尊重幼儿喜欢游戏的天性，用各种各样的游戏来帮助幼儿获得更

---

① 刘焱. 儿童游戏通论[M]. 北京：北京师范大学出版社，2008：427.

好的发展。

除了以上这些原则，幼儿园教育还要遵循一些最基本的原则，如保教结合的原则。因为下一章会有论述，此处不再赘述。

陈鹤琴的"活教育"思想①

1."活教育"的三大纲领

活教育的目的：做人、做中国人、做现代的中国人。

活教育的课程：大自然、大社会，都是活教材。

活教育的方法：做中教、做中学、做中求进步。

2."活教育"的十七项原则

（1）凡是儿童自己能够做的，应当让他自己做。

（2）凡是儿童自己能够想的，应该让他自己想。

（3）你要儿童怎么做，就应当教儿童怎么学。

（4）鼓励儿童去发现他自己的世界。

（5）积极的鼓励，胜于消极的制裁。

（6）大自然大社会是我们的活教材。

（7）比较教学法。

（8）用比赛的方法来增进学习的效率。

（9）积极的暗示，胜于消极的命令。

（10）替代教学法。

（11）注意环境、利用环境。

（12）分组学习、共同研究。

（13）教学游戏化。

（14）教学故事化。

（15）教师教教师。

（16）儿童教儿童。

---

① 陈秀云，陈一飞.陈鹤琴全集(第五卷)[M].南京：江苏教育出版社，2008.

（17）精密观察。

一个幼儿教师的成长历程可能是这样的——来自津守真的记录①

最初两年：置身教育实践，全身心感受孩子，感受教育。第二年有可能出现感觉停滞的危机，但经过对教育的再认识之后，又会充满教育活力。

第三、第四年：在寻常的日子里追寻孩子的思想，可能是和孩子以同一个方向前进，也可能是从相反的方向在孩子的世界里前进。生活每时每刻都处于变化之中。

第五、第六年：懂得让"现实"充实起来，与每一个孩子生活在当下。有可能会经历身体生病，但更了解了教育的专业性和合作性。

第七、第八年：在教育工作中思考成长。对教育及一些问题能够进行更深入的思考，很多时候还是具有哲学意味的思考。每一天都过得非常有意义。

第九、第十年：在游戏中表现愿望和烦恼，不知不觉成为一个拉着过去前进的人。

第十一、第十二年：获得更多教育的智慧，在实践中不断反思，懂得克服身体的惰性，实行融合教育，与孩子一起梦想。

此时的教师已经是拥有深层次视野的教师了。

❓ 思考题

1. 什么是以幼儿为本的教育？
2. 如何理解幼儿全面和谐发展的教育目标？
3. 幼儿教育应遵循的一般原则有哪些？如何在教育中实施这些原则？

---

① 津守真. 幼儿工作者的视野：置身教育实践的记录[M]. 上海：华东师范大学出版社，2009.

第三章

专业知识：教师发展的基本条件

在20世纪60年代以前，史坦顿（Jessie Stanton，1968）对育儿学校的老师进行了这样的描述：她应具有相当的教育程度，她应该有心理学及医学的博士学位，最好还有社会学的基础。另外，她也应该是经验丰富的木工、水泥工、水电工，还应该是训练良好的音乐家及诗人……这样到了83岁时，她就可以当老师了！用这样的标准去要求教师，显然是对教师的过高要求，但这段话给我们的启示是：作为幼儿教师，不仅仅需要具备与专业相关的知识，还需要有广博的科学文化知识。

美国斯坦福大学丽莲·凯茨博士认为专业的基本要素之一，是对恪守执业标准或行事准则的承诺，这些行为准则规范专业人员在常见的困境中的行动，由此"专业"包括三方面的内容：在工作上能运用高级缜密的知识，会依据该知识做判断，并能采用专业行为的准则。在这三方面的内容中，高级缜密的专业知识是幼儿教师作为专业人员的必备和先决条件，它决定着教师在工作中能否运用专业知识判断并处理各种事件，并形成相应的专业能力。对幼儿教师来说，专业知识包括幼儿发展知识、幼儿保育与教育的知识以及通俗性知识。

本章我们将围绕三个主题进行讨论。

• 什么是幼儿发展知识？

• 做好幼儿保育和幼儿教育需要具备哪些知识？

• 通俗性知识指什么？

第一节　幼儿发展知识

　　幼儿发展知识是关于幼儿生理和心理发展与保护的知识，具体包括幼儿生理与心理发展的相关知识，幼儿生存、发展和保护的有关法律法规及政策。对幼儿教师来说，掌握幼儿发展的知识，是幼儿教师顺利开展教育教学工作的基本前提，更是根本保证。

一、幼儿身心发展知识

　　幼儿的发展主要包括身体和心理两大方面的发展，指的是幼儿成长过程中身体和心理方面有规律地进行的量变与质变的过程。

（一）身体的发育

　　进入幼儿期，儿童身体的各个方面，无论是结构还是机能上，都得到了进一步的发展。其中，身高和体重是儿童身体发育的重要指标，它们标志着各器官和组织的发育。《3—6岁儿童学习与发展指南》对不同年龄段幼儿的身高和体重的"健康"标准作出了如下要求。

3—4岁				4—5岁				5—6岁			
男孩		女孩		男孩		女孩		男孩		女孩	
身高	体重	身高	体重	身高	体重	身高	体重	身高	体重	身高	体重
94.9 | 111.7 厘米	12.7 | 21.2 千克	94.1 | 111.3 厘米	12.3 | 21.5 千克	100.7 | 119.2 厘米	14.1 | 24.2 千克	99.9 | 118.9 厘米	13.7 | 24.9 千克	106.1 | 125.8 厘米	15.9 | 27.1 千克	104.9 | 125.4 厘米	15.3 | 27.8 千克

　　3岁以后，儿童身高、体重的增长速度比婴儿期有所下降。幼儿的身高平均每年增加4—5厘米，体重平均每年增加1.5—2.5千克。由于生活条件的不同，同年龄儿童在身体发育上有一定的差异，但处在一定年龄常模范畴内。偏高和偏低都不好，只有达到一定的标准，才处于健康的状态。

幼儿身体其他各系统发育的速度也各不相同。

幼儿的骨骼发育主要是软骨组织多，骨组织内水分和有机物较多，无机盐较少，因此，骨的硬度小，富于弹性，易弯曲变形。幼儿的胸骨未完全接合，脊柱未定型，因此要注意坐立姿势。幼儿时期也是骨化过程旺盛时期，髌软骨生长迅速，因此要注意增加骨细胞的营养，体育锻炼要适量，过量负荷，则会使骨化过程提前而影响长高。

3岁以后，幼儿大肌肉群较小肌肉群有了较大的发育。由于大肌肉的发展，幼儿可以做各种动作。幼儿的小肌肉发育较迟，5—7岁才开始发展，通过各种训练，如绘画、编织等可以使幼儿的小肌肉得到一定的锻炼，从而促进幼儿精细动作的发展。

幼儿的心脏重量小于成人，心脏容量小，但是由于新陈代谢旺盛和生长发育的需要，所以心率却比成人高，3岁时心率约为100次/分钟。因此，不应让幼儿做过分剧烈的运动，以免过分地加重心脏负担。

另外，幼儿的身体对外界气候变化的适应能力差，抵抗力低，所以容易患呼吸道疾病，因此，应科学地护理幼儿，注意呼吸道的卫生，多到户外活动。

幼儿园发生过这样一件事。

小班下学期了，为了让孩子练习使用剪刀，黄老师很费心思地到幼儿园附近的超市要来了宣传单。她想，宣传单上的物品色彩绚丽，相对独立分开，给孩子练习剪最合适不过了。讲清楚要求后，黄老师发了剪刀和宣传纸，刚过5分钟，有的小朋友就把宣传单剪得乱七八糟，有的拿宣传单折成了纸飞机，有的干脆用手把自己喜欢的图案撕了下来。黄老师见了，很生气，收掉孩子们的剪刀、纸，让孩子们坐好，开始了苦口婆心的教育，教育孩子做事要认真……

小班下学期的幼儿小肌肉的发展还不完善，使用剪刀时只能沿直线剪，中班的幼儿可以按轮廓剪下物品，但仅限于由直线构成的简单图形。如果黄老师提供的超市宣传单上的物品为圆形或其他图形，则对于小班的幼儿难度太大。由此可见，黄老师对幼儿小肌肉发展相关知识的掌握不够准确，以至于组织的教育活动失败。

（二）动作的发展

动作发展是个体身心发展的重要方面。儿童的心理是在积极的活动中，在跟周围事物积极交往中能动地发展的。儿童各种动作的发展是儿童活动发展的直接前提。儿童动作的发展是在神经中枢的控制下进行的，因此儿童动作的发展与神经系统的发展密切相关，并与身体的发展有着类似的发展规律，比如从整体动作到分化动作，从头部动作到脚部动作，从大肌肉动作到小肌肉动作，从无意识动作到有意识动作。

"牵一发而动全身"最适合用来形容幼儿最初的动作，因为他们最初的动作是全身性的、笼统的和未分化的。之后，这种泛化性（泛化性反应，也就是说刺激其某一部位，会引起全身性的反应）的全身动作才逐渐分化为局部的、准确的、专门化的动作。"身体上的每一块骨头都能够动起来"，就是所谓的整体动作到分化动作规律。至于头部动作到脚部动作，顾名思义，说的是幼儿最先发展起来的动作是头部动作，然后自上而下，学会俯身、翻身、坐、爬、站，最后才会走路。人通常会通过大肌肉动作（如抬头、挺胸、翻身、端坐、爬行、站立、行走、抛投、推拉、跑、跳、钻等）和小肌肉动作（如抓握、捏拿、揉搓、垒高、穿珠、剪贴等）两类动作，幼儿最初的动作是全身性的，也影响到了大小肌肉的发展顺序：大肌肉动作的发展早于小肌肉动作的发展，表现为躯体的动作比手脚动作发展早，手指动作发展最迟。而"从无意识动作到有意识动作"，说的是幼儿最初的动作是无意识的，当他做出各种各样的动作时，他既没有任何目的，也不知道自己在做什么。以后，他逐渐出现有目的的动作，6个月以后，才开始意识到自己所做的动作。

在记录幼儿生长发育过程的纪录片《我们的宝贝》中，刚出生十几分钟的宝宝被爸爸用一只大手托着头，一只大手托住背，抱在了怀中。爸爸开心地对着宝宝伸出舌头，吐了又吐。反复了几次后，小家伙也对着爸爸吐出了自己的舌头。

显然，孩子的这一动作是无意动作，他既不知道吐舌头意味着什么，也不知道自己为什么对爸爸吐舌头。虽然是无意的动作，但是对幼儿的发展非常重要，既运动了幼儿的机体，也为幼儿与他人、世界的互动提供了可能。

1岁以后，幼儿逐渐成为了自己身体的"主人"，逐渐熟练掌握走路、跳跃、攀登、投掷、踢球、滚大球、上下楼梯、能拿着或推着重物走等大肌肉协调性动作，身体的耐力、动作的灵活性和坚持性都有了很大的发展。同时，小肌肉动作也在发展着。串珠、搭积木、涂画、敲打、扣扣子、捡豆豆、逐页翻书、穿衣脱裤，这些动作难度越来越小，动作也越来越熟练。当然，这些动作是一环接着一环发展的，一般在4岁以后才能非常熟练、自如。

（三）幼儿心理的发展

幼儿心理的发展主要指认知（包括感知觉、言语、记忆、思维、想象等）、情绪、情感、意志和个性等方面的发展。幼儿的心理发展跟身体的发展是密切相关的。

随着身体各系统机能的发展，幼儿已能独立平衡地走、跑、跳，可以自由行动，在日常生活中有了初步独立能力。由于语言的发展，幼儿能和别人顺利交往，活动范围日益扩大，和周围的人们形成了更为广泛复杂的联系，这些因素促进了幼儿心理的发展。

幼儿在与人们交往的过程中，不仅开始逐步认识人们的社会生活，而且也萌发了像成人那样参加社会实践活动的愿望，但是幼儿受到知识、经验、能力、体力等的限制，不能真正同成人一样参加社会活动，因此渴望独立地参加社会实践活动与从事独立活动的经验及能力之间产生了矛盾，这种矛盾的逐步解决，也就推动了儿童心理不断向前发展。

在整个幼儿期，幼儿的心理发展具有三个特点。

第一，各种心理过程带有明显的具体形象性和不随意性，抽象概括性和随意性只是刚刚开始发展。

幼儿由于知识经验的贫乏以及言语发展的不充分，主要是通过感知、依靠直观表象来认识外界事物的。虽然幼儿也在不断地形成一般表象和初级的概念，已能对事物进行初步的分析、综合、抽象、概括，有了初步的逻辑思维，但是幼儿这时的逻辑思维水平是很低的，还不能摆脱知觉印象的束缚，具有很强的直观形象性。例如幼儿一般不能给事物下抽象的定义，而只能下功用性的定义；幼儿掌握数概念、进行计算，都需要直观形象或表象的支持等。

第二，幼儿期是个性开始形成的时期。

个性是一个人比较稳定的、具有倾向性的各种心理特点或品质的独特结合。个性是在个体各种心理过程、各种心理成分发生发展的基础上形成的。正如第一章所谈到的，2岁前，幼儿的个性还没有明确地表现出来；2岁左右，幼儿个性心理的各成分已经出现，但这时幼儿的心理活动是零散的、片段的，还没有形成有稳定的倾向性的个性系统；到了幼儿期，个性的各种结构成分，特别是自我意识和性格、能力等个性心理特征已经初步发展起来。

幼儿在不同的年龄阶段表现出不同的心理发展特点。儿童在2岁以后，对这个世界的好奇心不断高涨，强烈的好奇心、求知欲使得他们不停地问这问那。他们不仅增长了很多本领，还具有了自己的"小小思想"。他们逐渐掌握了大部分的基本生活技能，也可自己照顾自己，而且还可以很好地通过"说"来表达自己的想法和与人交流。3岁左右，自主意识慢慢开始发展，越来越喜欢表达自己了，越来越喜欢依据自己的想法做事，因为这样会让他们觉得自己"长大"了。但是，对于他们来说，想做的与能做的事情之间常常会出现矛盾，于是他们会在现有的能力与需要发展的能力之间挣扎、抗争，而他们的自我控制能力有限，所以往往不知道要做哪一种选择。他们有时候非常乖巧，有时候非常调皮。他们动起来似乎有用不完的精力，安静的时候又能专注地玩很长时间。很多时候，需要教师帮助他们做出一定的选择，宽容仁慈地对待他们，也给他们一定的活动范围和空间。由于他们此时自我评价能力很低，心理极容易受到挫折，一味地批评带给他们的更多的是心理阴影，长大以后得到的更多的是自卑。

第三，幼儿心理发展具有阶段性和不平衡性。

国内外研究表明，儿童的身心发展除了具有方向性和顺序性，还具有阶段性和不平衡性，是一个复杂的矛盾斗争的过程。儿童在教育和环境的影响下，从出生到成熟主要经历婴儿期（0—3岁）、幼儿期（3—6岁）和学龄期（6、7—16、17岁）三大阶段，而每个大阶段又可以分为若干个小阶段，如幼儿期可根据幼儿的年龄特征分为幼儿初期（小班）、幼儿中期（中班）和幼儿晚期（大班）。幼儿在不同的阶段具有不同的身心发展水平，其中主要的活动形式，标志着该阶段的特征。

比如小班的幼儿从婴儿期步入幼儿期，其思维仍带有直觉行动性，动作发展快，认识很大程度上仍依赖于动作，不会计划自己的行动，只能先做后说，或者边做边说；行为具有强烈的情绪性，容易激动，依恋性强，认识受外界事物和自己的情绪支配；独立性差，爱模仿，模仿既是他们的学习动机，也是他们学习他人经验的过程；想象力丰富，常在游戏中沉迷于想象的情景，把假想的事情当作真实。

早餐后的自选区域活动期间，彤彤（3岁5个月）坐到了美术区的桌子旁。老师本周在美术区预设的是圆形的添画，如圆形的太阳、圆形的棒棒糖、圆形的车轮等。彤彤拿起蜡笔，先画了一个圆形。"你想画什么啊，彤彤？"李老师走过去问。"我想画一个……"彤彤顿了一下，用蜡笔在画纸上涂了起来。"我想画一个棒棒糖。"她边涂边说。

从上述案例可以看出，彤彤在涂画之前并没有明确的目标，而是边涂画边思考，主要依靠涂画的动作进行思维，最后决定画一个棒棒糖。

中班的幼儿处于幼儿期承上启下的阶段，相对于小班幼儿而言有着突出的年龄特征：特别活泼好动，爱玩游戏而且会玩游戏，非常喜欢模仿并且模仿出色，处于典型的游戏年龄阶段，是角色游戏的高峰期[①]；注意力和语言学习能力得到很大的提高；思维处于典型的具体形象思维阶段，虽然语言能力发展了，但是仍需要依靠具体的实物和生活经验来认识和理解事物。

大班的幼儿处于幼儿期的晚期，即从游戏阶段向学习阶段转折的一个时期，其心理特点开始接近小学低龄儿童。最突出的是自我意识的发展，自理能力、控制能力明显提高；情绪情感的稳定性增强，合作意识和规则意识也逐渐形成；好学爱问，有强烈的求知欲望；思维仍然是具体形象的，但是抽象概括能力开始发展，能根据周围事物的属性进行简单的概括和分类，能初步理解周围世界的因果关系。

幼儿在不同的阶段有着一般的心理发展特点，但是阶段与阶段之间，其实并没有明显的界限，往往具有一定程度的交叉和重合。而对于同一个个体而言，发展具有不平衡性，这主要体现在心理各个成分的发展速度是不完全一致的。每一种心理机能都有自己的发展规律，都存在一个很好的发展时机，即"关键期"。关键期是指个体发展过程中环境影响能起最大作用的时期。[②]在关键期中，只要能为幼儿提供适当的条件，就能有效地促进该方面的发展。比如2—3岁是幼儿口头语言发展的关键期，4岁是图形知觉发展的关键期，2—4岁是秩序发展的关键期。

---

① 陈帼眉，冯晓霞，庞丽娟. 学前儿童发展心理学[M]. 北京：北京师范大学出版社，2003：86.
② 王萍. 学前教育学[M]. 长春：东北师范大学出版社，2011：23.

二、幼儿生存、发展和保护的有关法律法规

幼儿生存、发展和保护的法律法规以及政策规定，是为了保护幼儿生存和发展的基本权利。它可以指引幼儿教师按照国家的法规的要求开展教育活动，起着规范教师的教育行为、内化教师的思想意识的作用，同时也保障了幼儿各种权利的实现。

通过学习和理解幼儿生存、发展和保护的法律法规以及政策规定，教师可以获得有关幼儿的生存、发展和保护的法律知识，优化自身的知识结构，规范、约束自己在日常生活中的行为，从而推动自己的专业化发展。

作为幼儿教育工作者，我们不能够把学习和理解幼儿生存、发展和保护的法律法规以及政策规定看作走形式。幼儿生存、发展和保护的法律法规以及政策规定着幼儿教师日常教育行为。在一日生活中，不管幼儿在做什么，我们需要关注他们的行为是否有安全隐患、是否有所提高，我们的处理方式是否侵犯了幼儿的人权、是否是对幼儿负责等，我们判断的标准很多时候是根据幼儿生存、发展和保护的法律法规。目前关于幼儿生存、发展和保护的法律法规主要有联合国《儿童权利公约》《中华人民共和国宪法》《中华人民共和国未成年人保护法》等。

（一）联合国的《儿童权利公约》

1989年11月20日联合国大会通过了《儿童权利公约》，强调儿童生存、发展和受教育的权利。1990年1月我国成为第一批签约国之一。《儿童权利公约》的精神反映了国际社会对儿童权利的最新认识，是第一部有关保障儿童权利且具有法律约束力的国际性规定，也是目前世界上最广为接受的儿童权利公约之一。

在《儿童权利公约》开始生效的1990年9月30日，联合国在纽约召开了儿童问题世界首脑会议。该会议重申了"儿童至上"的原则，并认为只有在"一切为了儿童"的新道德观被普遍接受时，"结束大量存在的儿童死亡及营养不良的状况，并为所有儿童的生存和正常发展提供必要的保护"的总目标才能实现。

! 小贴士

　　《儿童权利公约》共有 54 项条款。根据《儿童权利公约》，凡 18 周岁以下者均为儿童，除非各国或地区法律有不同的界定。《儿童权利公约》规定了世界各地所有儿童应该享有的数十种权利，其中包括最基本的生存权、全面发展权、受保护权和全面参与家庭、文化和社会生活的权利，并强调每一位儿童的权利必须受到重视和保护，而这些权利必须依据公约的指导原则去实践。《儿童权利公约》主要包括四大原则和四大权利。

　　四大原则

　　• 无歧视原则——每一个儿童都平等地享有《儿童权利公约》规定的全部权利。

　　• 儿童最大利益原则——任何事情凡是涉及儿童的必须以儿童最大利益为出发点。

　　• 尊重儿童基本权利原则——尊重儿童生存和发展的权利。

　　• 尊重儿童观点的原则——任何事情只要涉及儿童，应当听取儿童的意见。

　　四大权利

　　• 生存权利——包括生命权、健康权和医疗保健获得权。

　　• 受保护权利——保护儿童受适当照料与保护，免受歧视、虐待及疏忽照料等。

　　• 发展权利——保障儿童成长过程中的各种需要得到满足。

　　• 参与权利——儿童有参与家庭、文化和社会生活的权利。

　　《儿童权利公约》反映了"儿童是独立的平等的个体""一切为了儿童"的现代儿童观。每一位幼儿，无论国籍、种族，无论是有钱的或贫穷的、正常的或是残疾的，都平等地享有《儿童权利公约》规定的权利。各国、各政府及家庭必须肩负起应有的责任，确保儿童的权益。

（二）我国关于儿童发展的法律法规

　　在我国，《中华人民共和国宪法》《中华人民共和国婚姻法》等国家法律中也规定了儿童享有的基本权利，包括存权、被抚养权、继承权等。如《中华人民共和国宪法》明确规定"国家培养青年、少年、儿童在品德、智力、体质等方面全面发展""儿童受国家保护""禁止虐待儿童"。

根据国际公约"儿童至上"的基本精神，我国制定了专门的、与儿童生存发展权利相关的法律法规，主要有《中华人民共和国未成年人保护法》《中华人民共和国教育法》《中华人民共和国母婴保健法》《幼儿园管理条例》《幼儿园工作规程》《幼儿园教育指导纲要（试行）》等。这一系列法律法规的颁布使我国儿童权益的保障进一步有法可依，有章可循。虽然各法律法规与政策对于儿童的生存发展权利的具体规定不一，但其中的主要内容和基本精神都反映着社会法规形态的儿童发展观。

第一，坚持"以幼儿发展为本"的原则，尊重幼儿的身心发展规律和特点，尊重幼儿的个别差异性，尊重、爱护幼儿，维护每一名幼儿的人权和人格尊严，严禁虐待、歧视、体罚和变相体罚、侮辱幼儿人格等损害幼儿身心健康的行为；重视幼儿的自主发展，确保幼儿的主体地位，同时充分发挥成人的引导作用，让幼儿获得最好的发展。

第二，坚持"保育"和"教育"相结合的原则，对幼儿实施体、智、德、美诸方面全面发展的教育，促进其身心和谐发展。重视幼儿的人身安全，采取相应的措施保证幼儿的安全并有意识地增强幼儿的自我保护意识和能力，增强幼儿的体质，注重培养幼儿良好的生活习惯、卫生习惯、学习兴趣和良好的品行。

第三，加强家、园、社区的责任感和合作意识，全方位保护幼儿的身心健康，并努力创设良好的环境，促进幼儿富有个性的全面的发展。

延伸阅读

蒙台梭利提出的儿童发展敏感期①

在教育史上，意大利教育家蒙台梭利非常重视早期教育的重要性。她认为儿童在早期发展阶段有几个所谓的"敏感期"。

1.语言敏感期（0—6岁）：婴儿开始注视大人说话的嘴形，并发出咿呀学

① 李利. 蒙台梭利解读儿童敏感期[M]. 北京: 化学工业出版社，2011: 1.

语声时，就开始了他的语言敏感期。

2.秩序敏感期（2—4岁）：孩子需要一个有秩序的环境来帮助他认识事物、熟悉环境。一旦他所熟悉的环境消失，他会无所适从。

3.感官敏感期（0—6岁）：孩子从出生起，就会借着听觉、视觉、味觉、触觉等感官来熟悉环境，了解事物。

4.对细微事物感兴趣的敏感期（1.5—4岁）：孩子对泥土里的小昆虫或衣服上的细小图案等开始产生兴趣，这时正是培养孩子具有综理密微的习性的好时机。

5.动作敏感期（0—6岁）：在孩子活泼好动的时期，父母应充分让孩子运动，使其肢体动作正确、熟练，并帮助左、右脑均衡开发。

6.社会化发展敏感期（2.5—6岁）：两岁半的孩子逐渐脱离以自我为中心，而对结交朋友、群体活动有明显倾向。

7.书写敏感期（3.5—4.5岁）：这个时候的孩子突然很喜欢拿着笔涂涂画画，甚至"假装"在写什么。这时，他已经进入书写敏感期了。

8.阅读敏感期（4.5—5.5岁）：孩子在这一敏感期内得到充分的学习，其书写、阅读能力就会自然产生。

9.文化敏感期（6—9岁）：孩子出现想探究事物的强烈需求。因此，这时期"孩子的心智就像一块肥沃的土地，准备接受大量的文化播种"。

第二节　幼儿保育与教育的知识

幼儿园是对幼儿实施保育和教育的机构。在幼儿园不仅有教育的问题，保育也同等重要，两者是相互渗透、相互联系的。检验一所幼儿园的质量，不仅要检验其教育质量，而且要检验其保育质量。

对幼儿教师来说，掌握幼儿保育与教育的相关知识，是开展适宜的、有效的幼儿教育教学工作的基本保障。

一、幼儿园的保育

"保育工作有保育员呢，我们只要和保育员沟通、配合好，在保育员忙不过来的时候，比如孩子进餐时，帮她们拖拖地，督促吃得慢的孩子吃快些就好了。"谈起保育工作时，有的教师这样说。

这位教师认识到了保育与教育应该结合，认识到了教师也应该同时兼顾保育工作，但没能认识保教结合的深层含义，没能明确教师在保育工作中应该担当何种角色、了解哪些保育知识。其实，幼儿园保育，指的是为了保护幼儿生理、心理健康，增强幼儿体质、促进幼儿生长发育而进行的体格锻炼、预防疾病、执行科学作息制度和保健卫生制度等内容的活动。为做好幼儿园保育工作，教师应掌握一定的保育知识。

（一）保证幼儿在园安全的知识

幼儿时期是人生发展的重要时期，但是由于幼儿身体发展和心理发展都还不成熟，如果在活动中防范措施不到位，幼儿参加各种活动时就有可能有危险，因此，教师首先需要掌握安全防范知识。如晨间检查时注意孩子携带来园的物品是否安全，一日生活中注重幼儿活动场所的安全检查、教玩具的安全性检查，活动安排中避免孩子的拥挤推搡，活动安排上注重动静交替等都是幼儿安全防范的重要内容。此外，教师还应掌握一定的急救知识，如异物入体、烫伤、骨折、出血、抽风的急救办法。

六一儿童节的节目表演就要举行了。为了让孩子们熟悉舞台方位，老师们都喜欢带孩子到舞蹈室彩排，于是幼儿园安排了每个班进舞蹈室彩排的时间段。小二班的张老师带孩子到了舞蹈室时，小三班才排队走出舞蹈室。为了争取排练时间，张老师请小朋友站队形，自己就去放音乐了。练习了两遍之后，张老师请孩子们坐在原地休息，她给孩子讲第二天演出的要求。突然，后排传来孩子的哭声，张老师过去一看，嘟嘟手指着鼻子大哭。张老师堵住孩子的一侧鼻孔，让她用力擤鼻涕，一颗圆圆的小珠子从孩子鼻子里跳了出来。经询问，张老师才知道，小珠子是嘟嘟从舞蹈室的地上捡起来的。

幼儿园安全无小事，如果张老师在幼儿活动之前，对幼儿的活动场所事先进行全面的检查，就会极大地减小安全隐患。所幸张老师有处理异物进入鼻腔的正确知识，才避免了更大的伤害。所以，教师应具有安全防范意识和安全防护知识。

（二）观察与判断幼儿身体状况的知识

幼儿身体的生长发育还不完善，是传染性疾病的易感人群。而幼儿生病后，对自己身体不适的判断与描述也不是很准确。因此，教师对幼儿身体情况的观察与判断就显得极其重要。

教师要掌握一些基本的关于幼儿身体健康状况的知识。比如发烧是幼儿易出现的流感症状之一。孩子情绪低落、反常，食欲不振时，教师可判断一下孩子是否出现了发烧现象，判断方法有：用手摸孩子的额头，用额头贴孩子的额头，用眼皮碰孩子的额头。用这样的方法可以初步判断出孩子是否发烧。当然，要测量出准确的体温，还要用体温计。幼儿园通常采用腋下体温计。幼儿正常的腋下体温为36℃—37.4℃，37.5℃—38℃为低热，38.1℃—39℃为中度发热，39℃以上为高热，但腋温易受干扰，应在孩子哭闹、进食、运动半小时后再测量。

（三）减少幼儿意外伤害的知识

幼儿在"去自我中心"的过程中，对周围世界充满了好奇，不断地去探索、发现，但在探索的过程中，对危险的判断不足，易发生意外事件。一旦发生意外事件，亟须教师第一时间采取有效措施，以免造成无可挽回的后果。如上面的案例中提到的鼻腔异物事件易发生在小班孩子中。一旦有异物入鼻，千万不要试图掏出或夹出异物，这样很容易把异物捅到鼻腔深处，如若落入气管，非常危险。正确的做法是：提醒幼儿不哭闹，立即用一手压住未入异物的鼻孔，让幼儿用力擤鼻涕，将异物擤出。因此，教师应掌握一定的急救处理知识，如异物入体、烫伤、骨折、出血、抽风的急救办法。

去自我中心化（de-egocentric）

皮亚杰认为，在儿童思维发展的各个阶段中，每一次的自我中心化现象都会带来其对立面即相应的去自我中心化过程，二者相互依存、相互斗争，在对立统一中不断向前发展，最后去自我中心化战胜自我中心化。

（四）促进幼儿身心健康的知识

目前，我们的保育观念已从传统的"保护身体发育"扩展到"促进幼儿个性发展和社会适应能力的提高"，从"安全保护与卫生"扩展到"实施教育过程中生理、心理和社会保健"。因此幼儿园的保育工作主要包含幼儿的身体和心理两个方面。

身体保育，是指对幼儿身体及其机能的保护、照顾与促进。它既包括对幼儿的身体进行保护和照顾，使其不受伤害，能正常发育，同时，也包括采取各种保健手段与措施，以促进幼儿身体机能的发展和完善。例如当外界气温变冷时，幼儿教师应及时地为幼儿添加衣服，防止幼儿受凉，这就是对幼儿的身体进行保护和照顾的过程。

心理保育，是指对幼儿心理及其能力的保护与增进。它既包括对幼儿的心理加以保护，使其不受伤害，能正常发育，同时，也包括对幼儿心理能力进行适当的培养。例如当幼儿在活动中受到挫折而表现出伤心或退缩时，幼儿教师应该表现出对幼儿的关心和理解，这可以保护幼儿的心理不受伤害。同时，幼儿教师还应该帮助幼儿学习调节自己的情绪，使情绪能逐渐稳定下来，并积极地鼓励幼儿，使幼儿能愉快地、充满信心地投入到新的活动中去。这就是对幼儿进行积极的心理保育。

幼儿的身体与心理之间是相互关联的，在对幼儿进行保育的过程中，还应该考虑身体保育和心理保育的有机结合，不能顾此失彼。只有将这两者有机地结合起来，才能真正有效地维护和增进幼儿的健康。例如在幼儿进餐的过程中，幼儿教师要同时考虑到幼儿身体和心理两个方面的保育。幼儿园为幼儿提供营养丰富、搭配合理的膳食，这是对幼儿身体保育的重要内容，幼儿教师应尽可能引导每个幼儿都吃完一定量的食物，以满足身体生长发育的需要。但是，如果为了完成这项任务而采取消极的办法，逼迫幼儿吃，则会使幼儿对进餐过程产生消极的情绪，这不但会影响幼儿机体对食物的消化与吸收，甚至会逐渐导致幼儿产生神经性厌食。

二、幼儿园的教育

幼儿园是对幼儿实施体、智、德、美诸方面全面发展的教育以促进其身心和谐发展的重要场所。

《幼儿园教育指导纲要（试行）》明确指出，幼儿园教育应尊重幼儿身心发展的规律和学习特点，充分关注幼儿的经验，引导幼儿在生活和活动中生动、活泼、主动地学习。同时，幼儿园教育应重视幼儿的个别差异，为每一个幼儿提供发挥潜能并在已有水平上得到进一步发展的机会和条件。为了适应幼儿的多方面发展，幼儿园教育的内容是广泛的、启蒙性的，可按照幼儿学习活动的范畴相对划分为健康、社会、科学、语言和艺术五个方面，还可按其他方式作不同的划分。各方面的内容都应发展幼儿的知识、技能、能力、情感、态度等。

（一）基于幼儿发展的幼儿园教育本质

从幼儿园教育的目标、任务和原则出发，幼儿园教育的本质在于其启蒙性，这种启蒙教育与其他教育的最大区别不在于让孩子学到多少具体的知识，而在于让孩子学习如何获取知识和经验，获得个性的全面发展。要理解什么是幼儿园教育，幼儿园教师必须充分认识到以下几点。

首先，对幼儿进行的教育，应当是"快乐教育"。幼儿阶段属于非义务教育阶段，幼儿的学习主要应当在积极的活动中感知和体验周围环境，是自然的而非强制性的学习。这种学习要求教师必须尊重幼儿身心发展的规律与特点，懂得利用并创造一定的条件去激发幼儿学习与活动的积极性，培养他们对学习过程本身的兴趣与好感，促使他们主动与周围环境相互作用。

其次，幼儿园的教育必须是面向全体幼儿，同时又注重个体差异的。每一个幼儿都是活生生的人，有自己的需要、兴趣和愿望，有自己的主观意志，是自身发展与学习的主体。因此，教师必须打破传统的"容器观"，不能把儿童当作接受知识的被动的容器，不能把教师的任务当成是往这个容器灌输知识，而是要让我们的教育要求、教育内容和方法尽可能适应每一个儿童的发展特点，使学习过程对于儿童有一定的挑战性，并让他们在学习过程中产生自主感和成就感。

第三，幼儿园的教育必须改变以上课为主的学习模式，承认幼儿学习方式的多样性，充分认识游戏在幼儿园教育教学中的重要价值和作用。

（二）幼儿园教育的内容具有广泛性与综合性

从《幼儿园教师专业标准》《小学教师专业标准》和《中学教师专业标准》这三个标准的对比解读来看，幼儿园教育与中小学教育的最大区别，在于幼儿教育更强调知识的广泛性与综合性。

对于幼儿来说，接受幼儿园教育并不是为了获取多少具体的知识，更为重要的是要掌握基本的活动方式，养成健康的生活方式、良好的行为习惯、积极的适应社会生活的态度和良好的性格品质以及对学习的求知欲望等。因此，幼儿园的课程内容应该涉及人生发展最基本的所有问题，重点在于帮助幼儿学知、学做、学生活、学学习。这决定了幼儿教育的内容是广泛的。

为此，《幼儿园教育指导纲要（试行）》将幼儿园的课程内容分为健康、语言、社会、科学和艺术五大领域，并对这五大领域的目标及内容作了详尽的要求。虽然这五大领域的具体目标和内容各有侧重，但都是为了幼儿身心的全面发展。因此，体、智、德、美诸方面的教育应该是互相渗透、有机结合的。教师要根据本班幼儿的年龄特点，合理地综合组织各方面的教育内容，并渗透于幼儿一日生活的各项活动中，充分发挥各种教育手段的交互作用，以促进幼儿各方面的全面发展。

首先，教育活动内容应当根据教育目标、幼儿的实际水平和兴趣确定，以循序渐进为原则，有计划地选择和组织。

其次，教育活动的组织应当灵活地运用集体、小组和个别活动等形式，为每个幼儿提供充分参与的机会，满足幼儿多方面发展的需要。

再次，教育活动的过程应注重幼儿的主动探索、操作实践、合作交流和表达表现。

（三）幼儿园课程要基于幼儿的生活经验和兴趣需要

由于幼儿对客观世界的认识还处于懵懂的阶段，认识事物依赖的是感知、操作和体验，具有具体形象性，因此，幼儿认识的内容应该是幼儿周围生活中常见的、具体形象的、浅显易懂的。幼儿的学习是在原有生活经验的基础上，通过与环境相互作用而从中获取新的经验。活动性、生活化是幼儿园课程的基本特点。

夏天到了，孩子每次在洗手的时候总是放开水龙头，用小手去接水来玩。为了满足孩子对水的好奇心，中班的王老师设计组织了科学活动"水的秘密"，让孩子感受水是无色透明的、是流动的。活动中，孩子的兴趣极其浓厚，操作的目的性极强。这次活动让孩子把在生活中积累的对水的认识和经验迁移到活动操作中，并满足了对水的好奇心和探索欲望，明白了水的特性。接下来的日子里，孩子洗手时仍会谈论起他们在"水的秘密"中的探索，但更知道节约用水了。

可见，王老师很好地抓住了教育契机，基于幼儿的生活经验和兴趣需要开展教育活动，同时给孩子接触大自然中物体的机会，很好地达到了教育目的。

许多儿童教育家比如杜威、福禄贝尔、陈鹤琴等都主张让幼儿在生活中、在活动中、在接触自然和社会中学习。《幼儿园教育指导纲要（试行）》也一再强调教育内容的选择要贴近幼儿的生活，选择幼儿感兴趣的事物和问题，要尊重幼儿的意愿、满足幼儿的需要，而在课程内容的组织上，则要求寓教育于一日活动之中，使幼儿园的生活教育化。

因此，幼儿园教师不管是在教育内容的选择上，还是在教育活动的组织和开展上，都应该基于幼儿的生活经验和兴趣需要，重视一日生活对幼儿发展的重要作用，树立"幼儿园一日活动皆课程"的观念，建立必要、合理的生活常规，科学安排幼儿一日生活，将教育灵活地渗透于幼儿一日生活的各个环节，让幼儿在活动中获得成长。

（四）幼儿园教育以游戏为基本活动

游戏是幼儿最主要的活动方式，是幼儿反映现实生活的一种特殊方式。喜爱游戏是幼儿的天性。在游戏中，幼儿在自己假想的情境中自由地从事自己向往的各种活动，模拟现实生活的种种场景，充分体验其中的乐趣。在这个过程中，幼儿充分调动了自己的各种感官以及情绪情感、思维、注意、记忆等心理机能，在获得精神乐趣的同时，也获得身心各方面的发展。可以说，幼儿是在游戏中学习和发展的，游戏是幼儿认识世界的一种有效手段。

因此，幼儿园应当将游戏作为对幼儿进行全面发展教育的重要形式，一方面应当因地制宜创设游戏条件，提供丰富、适宜、多功能的游戏材料，保证充足的游戏时间，开展多种游戏；另一方面应当根据幼儿的年龄特点指导游戏，鼓励和支持幼儿根据自身兴趣、需要和经验水平，自主选择游戏内容、游戏材料和伙伴，使幼儿在游戏中获得积极的情绪体验。

（五）家、园、社区环境都是幼儿园重要的教育资源

在幼儿的生存和发展的过程中，环境不仅是他们赖以生存的基础，而且是他们进行全部活动并在活动中获得发展的必不可少的条件。在幼儿园的教育活动中，环境作为一种"隐性课程"，对幼儿的发展有着重要的意义。

《幼儿园教育指导纲要（试行）》明确指出："环境是重要的教育资源，应通过环境的创设和利用，有效地促进幼儿的发展。"根据终身教育的理念，幼儿园环境有广义和狭义之分。广义的幼儿园环境，是指幼儿园教育赖以进行的一切条件的总和，它既包含人的因素，又包含物的因素；既包括幼儿园内的小环境，又包括与幼儿园教育相关的园外的家庭、社会、自然的大环境。狭义的环境仅指幼儿园内部环境，包括物质环境和精神环境，其中物质环境主要包括活动空间的布置、活动场地的美化装饰、活动材料的投放；而精神环境主要指幼儿园的人际关系及一般的心理气氛等，包括师幼、幼幼、师师间的关系。

幼儿的认知、情感和探究活动始终来源于和环境的相互作用，可以说，幼儿是在与周围环境的相互作用中主动建构自己的知识的。

在幼儿园中，环境的质量直接影响到幼儿园教育活动的心理氛围和幼儿参与活动的主动性和积极性，影响到幼儿园教育活动的质量和幼儿身心的健康。因此，幼儿园教师应该懂得合理利用室内外环境，创设开放的、多样的区域活动空间，提供丰富的玩具、操作材料和幼儿读物，支持幼儿自主选择和主动学习，激发幼儿学习的兴趣与探究的愿望。

同时，幼儿园应当充分利用家庭和社区有利条件，丰富和拓展幼儿园的教

育资源。

三、什么是保育与教育相结合

"保教合一"是我国幼儿教育的一大特色，是幼儿园一贯坚持的原则。"保"就是保护幼儿的健康，"教"即幼儿园的教育教学，这是按照体、智、德、美的要求，有目的、有计划地对幼儿进行全面发展的教育。什么是"保教合一"？《幼儿园工作规程》明确指出：幼儿园是对三周岁以上学龄前幼儿实施保育和教育的机构，是基础教育的有机组成部分，是学校教育制度的基础阶段。在此基础上，幼儿园的任务是：实行保育与教育相结合的原则，对幼儿实施体、智、德、美诸方面全面发展的教育，促进其身心和谐发展。

保教工作是幼儿园的基本任务，但在幼儿园里，保育和教育工作往往由于工作主管人员分属不同，互相脱节，传统的保育工作是幼儿体检、生活作息、膳食营养、锻炼与安全、环境卫生、疾病防治等。《幼儿园工作规程》虽提出保教结合的原则，但在实际工作中教师"重教轻保"，只关注课程教学和教材教法，忽略了幼儿身体、心理和社会方面的保健。其实，随着社会的发展，保育的观念已从传统的"保护身体发育"扩展到"促进幼儿个性发展和社会适应能力的提高"，从"安全保护与卫生"扩展到"实施教育过程中生理、心理和社会保健"。根据健康新概念的诠释，幼儿园工作既要保证儿童的身体健康，又要保证其心理健康，这就要求保育与教育真正地结合在一起，大力贯彻保教结合的精神，同时保教结合也是幼儿园区别于其他类型的教育机构的特征。

因此，根据当今社会与人才发展的实际需求，幼儿园不仅要做好传统的保育工作，更要重视保育与教育的相互作用，将保育和教育真正有机结合起来。保育和教育相结合，这也是幼儿健康成长不可缺少又不可分割的条件。《幼儿园工作规程》的相关规定，指明了保教结合在幼儿园中意味着如下三点。

（一）在幼儿园工作目标上要体现保教结合

在幼儿园教育目标上，要重视幼儿身体正常发育和技能的协调发展，增强幼儿的体质，培养良好的生活习惯、卫生习惯和参加体育活动的兴趣；要重视发展幼儿的智力，培养正确运用感官和语言交往的基本能力，增进对环境的认识，培养有益的兴趣和求知欲望，培养初步的动手能力；要培养幼儿诚实、自信、好问、友爱、勇敢、爱护公物、克服困难、讲礼貌、守纪律等良好的品行和活泼开朗的性格，以及初步感受美和表现美的情趣和能力。

（二）在幼儿园工作内容上要体现保教结合

幼儿园的教育内容贯穿于幼儿的一日生活。幼儿一日生活应动静交替，注重幼儿的实践活动，具体地讲，就是有组织的集体活动应与幼儿自己选择的活动内容相结合，生活护理、生活习惯培养应与教学活动相结合，充分发挥保育和教育两个方面的作用。如"天气变冷，教师为幼儿增添衣服"这一行为是教师主动护理的保育行为。如果教师在此基础上，引导幼儿关注天冷时身体的感觉，关注天气预报并了解气温变化与穿衣的关系、与健康的关系等，这就在"保"中结合了"教"，增强了幼儿的自我保护意识，并促进幼儿将自我保护意识转化为自我保护的主动行为。

（三）在人员配置上要体现保教结合

虽然幼儿园的专任教师和保育员各有工作上的明确分工，但保育幼儿的健康是教师的首要任务，是教师的工作职责。作为教师，必须树立保育幼儿的意识，具备保育幼儿的能力。教师在工作中应科学合理地设计和组织一日活动，促进幼儿身心健康。同时，教师不仅应率先做好保育工作，还要给保育员做出正确示范，指导保育员细致做好保育工作。这是因为很多保育员没有接受过正规培训，需要带班教师的具体指导；另外，保育员除了做好照料幼儿生活护理工作外，也要在教师的指导下配合教师做好幼儿的教育工作。也就是我们常说的，教师的教育工作要包含保育的内容，保育员在侧重"保"的工作同时，也要注重"教"。

第三节　通俗性知识

一名专业的幼儿教育老师，除了具备幼儿发展知识、安全与保育知识外，还必须掌握其他的通俗性知识。幼儿教师面对的是一群身心发展都具有巨大可能性的学生，也是一群身心具有巨大可塑性的学生，他们对周围世界充满了好奇心和探索欲望。幼儿教师只有具备广泛的通俗性知识，才能更加胜任幼儿教师的工作。幼儿教师需要掌握的通俗性知识有自然科学与人文知识、艺术欣赏与表现知识、现代化信息技术知识。

一、自然科学与人文知识

自然科学知识所包括的内容非常广泛，"上至天文，下至地理"是对科学知识的最好概括。自然科学知识包括物理学、化学、生物学、地理学的基础知识，如物理学中的力学、光学、电磁学，化学中的空气、水溶液，生物学中的生物体构造、营养、呼吸、生物的进化及环境的关系，地理学中的宇宙、地壳、矿物岩石、土壤及气象观测知识。自然科学知识与幼儿园科学教育领域的知识既有联系，也有区别。掌握幼儿园科学教育领域知识的目的是让教师正确地认识科学教育的目的、内容与方法，通过这些知识，发展幼儿进行科学探究的能力。而掌握自然科学知识是要求教师在进行科学领域教学时，避免错误地认识周围的世界。比如在进行大班科学活动"会变的水"时，教师首先应该了解的物理知识是：自然界的水有三种状态，分别是固态、气态、液态；水的三态之间是可以相互转换的，条件是温度的变化，比如水在0℃以下会结冰，遇热会成水蒸气，水蒸气遇冷凝结为液体。尽管在幼儿园的科学教育目标里面不出现相关科学概念，但是教师自己要掌握这样的物理知识，这样才能进行教学，拟定活动目标，制定活动过程。

人文知识是人类关于人文领域（主要是精神生活领域）的基本知识，如历史知识、文学知识、政治知识、法律知识、艺术知识、哲学知识、宗教知识、道德知识、语言知识等。这些知识与我们的日常生活息息相关。

二、艺术欣赏与表现知识

艺术欣赏是一种以艺术作品为对象的审美活动，也是一种通过艺术形象去认识客观世界的思维活动，它以人与艺术的审美关系为主，是美学领域的一个重要组成部分。

艺术欣赏的产生，是艺术作品和读者、听众、观众之间建立起一定联系，这是一种相互作用而构成的有机关系，就如"每个人心中都有一个哈姆雷特"一样。作为艺术欣赏的作品，应该是好的、优秀的。越是优秀的艺术作品，其艺术描写越生动、越深刻，艺术形象越鲜明、越典型，就越能引起人们的欣赏兴趣，促使欣赏者更进一步地升华其创造性；反之，艺术作品虚假失真、毫无新意、抽象死板、面目可憎，人们就会避而远之。作为艺术作品的读者、观众、听众，必须能听、说、嗅、看、摸，在经过后天的训练培养后具有较强的审美感受力、想象力、理解力和判断力，具有良好的艺术修养和文化素养，具有健康的思想意识和正确的审美观。

一般来说，艺术欣赏的特点，主要表现在以下几个方面。①包含欣赏者的感情。艺术欣赏活动是由作品本身生动的艺术形象刺激欣赏者的情绪引起的。人们无论欣赏什么艺术作品，都富有自己强烈的主观感情色彩。这是艺术欣赏最突出的特点。②充满联想和想象。艺术欣赏是一种积极的、主动的精神活动。面对艺术作品，欣赏者往往是用自己的生活经验和感情记忆，按照自己的审美习惯和愿望，通过联想与想象，对作品的形象加以补充和完善，使艺术形象更具体、更丰富，并且使他们活起来。③具有较强的个体差异性。艺术欣赏个体或群体的民族文化背景、社会历史时代背景、教养、个性、艺术欣赏经验、生活经历以及年龄和心境等方面的差异，导致了艺术欣赏的结构具有个体差异性。这些差异可以表现在主观感受、体验、联想、想象、领悟、理解和欣赏结果方面。

幼儿教师应对以上艺术欣赏特点有所把握，以便在幼儿审美艺术教育中游刃有余，顺利地引导幼儿进行艺术教育。比如音乐欣赏活动"猴子学样"，这节活动来源于艺术节的舞曲。设计此次活动的教师由于平时注意积累，有一定的艺术储备，对艺术有着自己独到的见解，于是根据音乐进行了编排，将幼儿年龄特点和音乐的表达相结合，通过学猴子招引同伴、爬树、思考等动作，让幼儿在模仿与创造的过程里，体验音乐的韵律和节奏，使得音乐既符合幼儿年龄特点，又表现出了艺术的美感，让幼儿受到艺术熏陶，也享受了快乐。

可见，教师掌握了基本的艺术欣赏与表现知识，既可以提高自身的修养，又能提高工作的能力，尤其有利于保护幼儿的自尊心、自信心，提高他们审美的情趣。一个教师讲述了这样一个故事。

美术活动中，幼儿在画他们喜欢的小鸟，并为他们的小鸟建造一个乐园。宇宇画了一只火烈鸟，还在旁边画了假山、水、树木，但是整个画面都用灰色。老师注意到宇宇在画的右上角还有一轮太阳，但是没有涂颜色，只用灰色笔画了外沿的边。老师心想："这个太阳怎么是白色的呀？如果能画上红色，该多好！"转念一想，先不问吧，还是让宇宇自己来解释一下。

结果，宇宇告诉老师："这些天有沙尘暴，太阳都变成白色的了！"老师听了一震，原来宇宇对生活世界有非常深刻的感受力，善于观察自然界的事物，他的白色太阳是他对这个世界观察的事实。

上述例子可以看出，教师懂得审美，懂得艺术欣赏，为进行艺术活动乃至全部的教育活动提供了基础保障。同时，教师的艺术素养也有助于提高幼儿的艺术欣赏与表现能力，从而拓展师幼双方对美的欣赏、对美的表现。

三、现代信息技术知识

进入21世纪之后，现代信息技术迅速发展和广泛应用，对我们的工作、生活、学习和交流方式产生了越来越深的影响。同时，素质教育的全面实施和教育信息化的快速推进，以多媒体技术和网络技术为代表的信息技术，对教育产生了前所未有的影响，并逐渐成为服务于教育事业的一项重要技术。它体现在教育过程的许多方面，已经对传统教育产生了巨大冲击。例如，远程教育给学习者带来了方便、快捷的资源共享和学习交流平台，大大地提高了学习者的学习效率和学习兴趣；又如近些年来不断发展与完善的虚拟实验，为学习者解决了实验与实践的难题，使他们能身临其境地参与到各种实验环境中。信息技术能打破时间、空间的限制，为学习者积极、主动和创造地学习提供良好的平台，能够高效地辅助教师工作。

现代信息技术以计算机技术、通信技术与传感技术为主导，这三者是信息技术中最基本的、也是最精华的核心部分。除此之外，信息技术还包括信息存储技术、显示技术、复印技术、声像技术、视听技术以及人工技能等。依据现在的发展状况，未来的信息技术会朝着如下方向发展：信息加工和处理与信息研究向着主动化和智能化发展，信息检索与存取向高速化与计算机化方向发展，各类信息技术趋向综合化与一体化。

作为一名幼儿教师，掌握一定的基本的现代信息技术，有助于教学活动的顺利开展。就"认识动物特征"这个活动来说，如果使用幻灯片演示，能将动物的特征更好地表现出来。比如认识兔子时，为了吸引幼儿的注意，调动幼儿积极性，可以先出示兔子的一部分——兔耳朵——让幼儿猜，然后点击幻灯片将耳朵藏起来，同时出示红眼睛，如果猜出来了可以点击出现整只兔子，让幼儿整体观察。兔子出现的时候可以做成生动的动画效果———一蹦一跳出来，还摇摇短尾巴。这样能吸引幼儿，让幼儿在兴趣中学习，很容易就掌握了兔子的特征。

随着无纸化办公在幼儿园的推进，教师的备课、反思、工作计划、总结等常需在电脑上操作，如在对班级幼儿信息管理、各种幼儿数据的处理时，电子表格为教师们提供无限的便捷。教师同时应掌握音频、图片处理技术，这在幼儿早操、节目表演的编排中是不可或缺的。

？思考题

1. 如果要成为一名专业的幼儿教师，应该具备哪些知识？
2. 幼儿的心理发展有哪些特点？
3. 简述幼儿园教育为什么要"保育和教育相结合"。

第四章

专业能力：提升教师工作的基本保证

幼儿教育是一项系统而庞大的工程，它要求幼儿教师不但要具有了解和评价幼儿的能力，还要具有了解促进幼儿发展的各种因素并合理加以利用或调控以促进幼儿全面发展的能力。

那么，具体来说，幼儿园教师应该具备哪些能力呢？教育部于2011年9月颁布了《幼儿园教师专业标准（试行）》，对幼儿园教师所需具备的教育教学能力提出了明确的要求，特别强调幼儿园教师要具有观察了解幼儿、掌握不同年龄幼儿身心发展特点和个体差异的能力，要具有环境的创设与利用、一日生活的组织与保育、游戏的支持与引导、对儿童的激励与评价等基本专业能力。除了教育教学能力外，《幼儿园教师专业标准（试行）》中还提出幼儿园教师要具有不断进行专业化学习、实践、反思与提高的意识与能力，这既是现代社会发展、教育改革对教师的必然要求，也是促进幼儿更好成长的必然要求。

本章我们将围绕三个主题进行讨论。

• 如何观察幼儿?
• 如何组织幼儿园教育活动?
• 如何有效地进行评价与反思?

第一节　观察儿童的能力

观察能力是区分教师专业化发展水平的重要指标。研究表明，新手教师和专家型教师的一个重要区别即在于是否具有观察意识和观察能力。专家型教师不会冲动地作出教学决策，而是客观冷静、全面深入地观察和倾听幼儿，然后依据观察到的信息理性地作出判断和行动。

有人曾把幼儿比喻成"一部难懂的作品"，而要想读懂这部作品，最主要的方法之一就是观察幼儿，观察幼儿是教育实践的出发点。由此可以看出观察是幼儿教师日常教育行为的有机组成部分，是幼儿教师必不可少的能力之一。在一日生活中，不管幼儿在做什么，教师的视线一直在追随着他们，接收来自他们的一切信息。通过观察，教师了解幼儿的兴趣和实际的需要；通过观察，教师发现幼儿存在的问题；通过观察，教师了解儿当前的发展达到一个怎样的水平，从而设计引导他们继续向前发展的各种活动；通过观察，能让教师快乐地体味每个幼儿的独特之处。

观察的技能不是与生俱来的，很少有人是天生的观察者。观察儿童是任何人都能学会的一种技能，也是一名幼教工作者必须具备的一种技能。为了了解幼儿园教师对观察的看法，我们对幼儿园教师进行了随机访谈，以下是幼儿园教师对于观察幼儿的一些感想。

"工作中，我们无时不在看着孩子，这就是观察呀。"

"我们为什么非要观察呢？"

"我也想观察幼儿，但是观察什么呢？"

"我会观察，但我不会作分析记录，总是一句话也说不出来。"

……

由此可见，教师在观察幼儿时主要存在以下几个方面的困惑：一是不知道为什么观察；二是知道要观察，但是不知道观察什么、应该怎么去观察，观察表面化；三是对于自己观察到的现象不知道应该如何记录，记录的内容流于形式。

一、观察幼儿的目的

观察是理解幼儿的关键所在，观察幼儿的基本目的在于加深成人对幼儿发展的了解和理解，更加清醒地意识到幼儿的个体需要，帮助我们分享他们的成绩，体验他们积极的情感，发现他们的困惑，以便对他们作出整体性的评价。

（一）观察是深入了解幼儿的最佳途径

观察是在一个具体的情景下进行的，教师关注的是活生生的幼儿身上究竟发生了哪些活生生的学习过程，这样就可以具体了解幼儿，深入地理解幼儿的某一个学习过程，看到被理论所忽略的但又很有价值的有关幼儿学习的具体信息和生动细节。观察可以帮助教师深入地了解幼儿的真实发展水平以及他们的兴趣和需要，了解不同幼儿在发展水平、能力、经验等方面的差异。只要教师细心观察，就能在活动中发现幼儿是如何与同伴与环境材料相互作用的，学了新的内容后有什么发展变化，每个幼儿的学习方式有什么不同，等等。

（二）观察是对幼儿实施有效指导的前提

教师对于幼儿的作用，在于仔细地观察幼儿，适时地帮助幼儿获得有益的经验。教师只有通过观察去了解幼儿，才能根据幼儿的具体情况来确定下一步的教学目标，并有针对性地提供支持和有效的指导。我们看以下两个观察案例。

一天饭后，几个幼儿来到了语言角，萱萱拿起一张小兔子的图片看了看说："你看，这是一只兔子。"浩浩说："它在吃青草呢。"欣欣说："还有小乌龟，真好玩。"这时，浩浩想把小兔子竖起来，想让它吃青草，可试了几次都失败了，就走开了。萱萱又拿起来尝试了几次也不行，也走开了。

第二天饭后，浩浩又一次来到语言角，高兴地说："嘿，快来呀！小动物站起来了。"萱萱、欣欣马上跑过来，拿起立在桌面上的小鸡："叽叽叽，小鸡在吃草呢。"浩浩拿出立体的"草"的图片说："小鸡在草地上吃虫子呢。一天，天气真好，小鸡和鸡妈妈来到草坪上吃虫子，碰到了大白鹅，说……"然后浩浩用眼睛看了看张老师，张老师提示他："它们对大白鹅说了什么呀？"欣欣拿着大白鹅，边让它点头边说："你好！"接着，萱萱拿起一个小白兔头饰戴在头上，并问别的小朋友："你们当什么呀？"浩浩模仿大象的声音说："我当大象。"

以上的观察案例说明了教师观察幼儿和没有观察幼儿给幼儿提供的支持材料是不一样的，以至于两次活动的效果也是截然不同的。通过第一次语言角的观察，教师了解到幼儿的发展水平和活动的困难，了解到最后幼儿离开活动区的主要原因是活动区所提供的材料都是平面的，可操作性差。因此，教师把活动区的材料调整为立体式的，并且增加了种类。在第二次语言角的活动中，幼儿的兴趣增加，已经初步学会运用各种材料比较连续地讲述，活动持续了15分钟。由此可见，观察幼儿、了解幼儿，是教师对幼儿进行有效指导的必要前提。

（三）观察是形成和理解幼儿教育观的基础

教师观察记录幼儿的学习过程，实际上就是教师运用头脑中已有的知识和经验解释幼儿学习和教育活动的过程。教师通过观察加深了对幼儿的理解。通过观察所记录的系统信息，教师可以重新听、重新看、重新理解和发现幼儿，使教师对幼儿的理解自然得到丰富和修订。过去，教师一直在等待一个权威的理论来告诉我们幼儿是怎么样的，幼儿是怎么学习的，而观察能让教师自己去"看"幼儿，真正了解幼儿，促进教师积极主动的思考，从而使教师逐渐地建立起正确的儿童观和儿童教育观。

（四）观察和记录对家长和幼儿自身也有着极大的价值

通过观察记录使幼儿的学习过程变得清晰可见，可以使家长了解、关注幼儿在幼儿园中的学习情况，加深对幼儿各方面发展状况的了解；通过了解幼儿的学习活动，家长还可以参与进来，和教师一起分享幼儿在幼儿园的学习经验，共同探讨促进幼儿发展的话题。同时，还可以通过观察记录反思我们的家庭教育，帮助家长逐渐树立正确的儿童教育观。

另一方面，观察记录的系统资料也可以和幼儿一起分享，教师可以让幼儿看看保存的照片、图片等，或者把文字记录念给幼儿听，让幼儿从中感受到教师对他们活动的关注，并可以切身感受到自身努力的价值，从而以更浓厚的兴趣和更大的自信投入到以后的学习和生活中。

二、观察幼儿的方法

在教育实践中，如何观察幼儿，是作为一名观察者首先要明白的问题，常用的观察方法主要有以下几种。

（一）环视法

这是一种观察群体的方法，适合于集体教育活动的场合，即教师对班里的幼儿平均分配时间，在相等的时间内对每个幼儿轮流进行观察。教师通过观察，可以了解班级的整体动态和教学效果。一般在教育活动开始或者快结束的时候选用较多，教师在观察时处于主动的地位。

（二）跟踪法

这是一种观察个体的方法，即定人不定地点。教师可以事先确定一两个幼儿作为自己的观察对象，被观察的幼儿走到哪里，教师就跟随到哪里。这种观察法适合于了解某几个幼儿的整体活动水平以及存在的问题。运用这种观察方法时，教师不必边走边记录，因为这样既影响观察的效果，也会引起幼儿的不安，可在整体观察后再把观察的情况详细地记录下来。同时注意目光不要一直凝视着幼儿，以免让幼儿产生心理压力。

（三）定点法

主要是指教师固定在某一地点进行观察，见到什么观察什么，只要是来此地点活动的幼儿都可以成为观察的对象。这种观察方法较适合于教师了解某一个活动区幼儿活动的情况，比如某个活动区内幼儿的活动水平、幼儿使用活动材料的情况、幼儿的交往情况和幼儿游戏情节的发展等。一般在活动的过程中使用这种方法。

总之，不管运用哪种观察方法，都要注意计划性与生成性相结合、全面性和个别性相结合，即每次观察都要有目的、有计划，但幼儿是活动的主人，他们不会为了方便教师观察而刻意去做活动，有时计划好的观察目的，可是却没有相关的活动现象出现，因此，教师必须随时调整自己的观察目的。全面性和个别性相结合主要是指教师每次都要兼顾全体与个别，对每个幼儿的情况都做到心中有数，同时也要有重点地观察个别幼儿的活动情况，做到点面结合。

三、观察的主要内容

在幼儿活动的过程中，主要围绕"人"和"物"两个方面进行观察，可以说幼儿园里幼儿无时无刻的活动都是观察的内容。通常，教师观察的主要内容有以下几个方面。

（一）日常生活活动

在日常生活活动中观察幼儿，主要包括入园、离园、喝水、盥洗、进餐、如厕等，从幼儿在日常生活中的细微表现了解他们的行为习惯、生活技能等。

观察对象：贝贝（四岁两个月）

贝贝是从别的幼儿园刚转来的。早上爸爸妈妈一起送她来上幼儿园，她哭得鼻涕一把泪一把，不想上幼儿园。张老师过来抱抱她，和她到图书角看绘本，一会儿她不再哭了。李老师把饭提过来之后，贝贝说："老师，我不饿。"张老师说："那好吧。"过了一会儿，贝贝看到别的小朋友都在吃就说："老师，我也想吃饭。"老师就盛了半碗饭给她，她用四个手指和大拇指对握拿着勺子向碗里挖了几下，饭就撒了一桌子，没有多少能吃到嘴巴里。后来自己发现了，就说："老师帮我擦擦。"老师擦过之后，她又说："勺子不行，我要用筷子。"张老师又拿了筷子给她，并站在她的旁边指导她。刚把筷子握到手里，一不小心就把碗碰倒了，饭全撒了出来。

从上述观察案例我们可以看到，通过观察贝贝的进餐环节，了解到贝贝自己不会吃饭，不会用勺子，也不会用筷子，还没有具备基本的生活自理能力，为教师接下来有意识地引导贝贝提高手的动作的协调性和生活自理能力提供了依据。

（二）游戏活动

游戏活动则侧重于观察幼儿游戏的过程（游戏中相应的语言、表情、动作、交往）、幼儿与材料之间的相互作用、幼儿与幼儿之间如何通过材料进行交往，幼儿如何运用不同的技能解决活动中所遇到的问题等。

（三）户外活动

在户外活动时，教师主要侧重于观察幼儿的动作发展能力和社会交往能力。比如幼儿在户外玩大型玩具时，可以观察幼儿大肌肉的力量、耐力、动作的灵敏性和协调性等。另外户外活动时，幼儿的社会交往需要最强，特别是混龄班户外活动时，更能观察到幼儿的社会交往水平。

你和你的同事正在户外观察同一组幼儿的游戏。你发现，虽然观察的是同样的对象，可是同一情境中却发现了不同的现象。你关注的是某个幼儿正在合作开展游戏，而你的同事关注的是某个幼儿自己骑三轮车的时间太长，没有与同伴分享。

为什么你们不是以相同的方式或内容解释所看到的信息呢？

在观察中，人们会存在这样一种倾向，即只看到自己想看到的事物，而且只看到自己知道的事物，这是很正常的，因为受已有的关于儿童的知识以及自身的先见和态度的影响，人们一定会从同一情境中发现不同的现象。这不会影响我们更有效地观察幼儿，相反，观察者如果能够认识到自身存在的无法避免的先见，能够尽可能地排除先见，保持开放的思想，集中观察焦点，运用更有效的观察技能，就更有可能作出有理有据的判断。

既然观察是幼儿教师的必备技能之一，那么教师应该怎么进行观察记录呢？看看下面这个观察记录表，试着说一说观察记录应当包括哪些基本信息。

观察记录表

观察者姓名		观察日期		观察时间	
幼儿姓名		幼儿年龄		幼儿性别	
观察目的					
涉及的幼儿和成人人数					
观察记录					
评析					

由上表可见，进行幼儿的观察记录时，通常应当包含以下基本信息。

观察的日期——时间是一个关键变量，知道前一次观察是在什么时间进行的，对于后续的评价工作非常重要。

观察者的姓名——要说明是谁实施的观察，以备万一需要跟进时使用。

被观察幼儿的姓名——一般为了尊重幼儿的隐私，只要求记录幼儿姓名的第一个字母或代号即可。

幼儿的年龄和性别——这样就能将幼儿发展状况与普遍认可的发展进行比较和评价。

观察的起止时间——便于了解幼儿的活动或事件持续了多长时间。

观察的目的——表达观察者观察的目的。

涉及的成人和幼儿的数目——提供观察的总体背景，有助于分析和评价观察数据。

观察记录——客观真实地记录下幼儿活动或发生的事件。

四、观察应该遵循的原则

除了了解观察记录应当包括哪些基本信息外，在观察记录幼儿的时候我们还应该遵循以下的原则。

（一）观察应该遵循客观性的原则

观察是教师运用自己头脑中已有的知识和经验解释幼儿学习和活动的过程，因此记录的内容不可避免地带有主观色彩，但教师的主观性也不是随心所欲的。教师在观察记录的时候不应该先入为主，不能凭借着以往和幼儿接触时的经验来判断和记录；教师在观察记录时要尽量记全，尽量避免漏记某些非常关键的行为，否则可能导致最终错误的分析；在对幼儿的行为进行描述时也不能急于用教育的目标和自己的期待给幼儿贴上标签，否则记录的东西就没有了意义。

以下是一位幼儿园教师对思思吹墨画活动的两次观察记录。

观察对象：思思（五岁三个月）[1]

观察一

思思舀了一点墨，吹墨。之后又舀了一点墨加上去，继续吹墨。他一边吹

---

① 本案例节选自朱家雄教授主编的瑞吉欧与中国幼儿教育改革丛书之《解读童心》，上海百家出版社2004年版.

一边不时地加墨，后来他还边转动纸边吹……

观察二

思思在纸上滴了一滴墨，俯身下去，用嘴靠近墨汁开始吹起来。可是，他一连吹了几下墨汁都没有动。

思思似乎意识到了墨汁之所以没有动，是因为墨汁太少，就从旁边盛墨水的小瓶里又舀了一小勺，小心翼翼地加在原来的墨上。

这下墨汁开始被吹动了。思思一边不停地加墨，一边嘴唇抿拢，吹出短而有力的气。这个方法很有效，不一会儿，墨汁就被吹成了细长的梅枝状。

或许是因为心急，思思只顾着嘴跟着墨的滚动，而没有注意到所吹的气流与纸张之间的角度。由于纸张与气流的方向垂直，无论思思怎么吹，墨汁仍然只在原地颤动。

为了使"梅花"继续"生长"，思思下意识地把头往后挪，用这种方法调整气流与纸张之间的角度，试图找到最佳的位置，而且，他还尝试不断地改变嘴与墨汁之间的距离。经过了一番尝试，墨汁果然流得更顺畅了。

过了一会儿，思思开始转动纸张，改变纸张的方向，想用这种方法使墨汁向不同方向流动，以形成四处生长的梅枝……

观察一是教师对幼儿思思吹制水墨画的粗略的观察和简单的记录，观察二中教师则是详尽地观察记录了思思吹画的整个过程。显而易见，观察二中教师更多地关注了幼儿行为的细节，包括了幼儿在吹画过程中遇到的具体问题及解决策略，以及幼儿的每一个行为所产生的结果，这样就可以较全面地了解幼儿在吹画时的整个思考过程。因此，要做到对幼儿细节的观察，就要求教师对幼儿正在做的事情和幼儿之间的互动及交谈进行更仔细的观察，需要教师具有极大的耐心，长时间地对幼儿进行观察。

（二）观察之前应该具有明确的观察目的

观察主要是通过眼睛、耳朵等感官去收集资料。人人都有眼睛，有眼睛就会观察；人人都有耳朵，有耳朵就会聆听。但观察记录并不是将眼睛看到的、耳朵听到的所有的信息都记录下来，教师如何选择观察的内容呢？最主要的依据就是要根据观察的目的，即在观察之前教师应该明确想了解什么问题，应该站在什么角度去观察。例如有教师想了解班上（小班）幼儿角色游戏的整体发展水平，以便评价给幼儿投放的材料是否能促进幼儿的发展，就对幼儿的角色游戏进行了观察，记录的结果如下。

角色游戏时间，"医院"里非常热闹，好多孩子都围着医生要打针。其中，毛毛搂着轩轩的脖子，对着医生大声喊："这是我的儿子，给我儿子打一针吧！"医生倩倩在摆弄自己的听诊器，医生茜茜拿着一根棉棒和一个手电筒，还有一个医生潼潼自顾自玩着小针筒。毛毛喊了好多遍"给我儿子打针"，却一直没有医生理他们。毛毛去旁边的架子上找啊找，找到一根玩具胡萝卜，说："有了，儿子，我给你打针吧！"说着用胡萝卜当针管给轩轩打了一针，拔出针后还用手揉揉。打完针后，毛毛又去篮子里找啊找，找到了一个小碗，然后对轩轩说："儿子，不痛了，不痛了，喝点水吧，喝点水就好了……"[①]

从上述的记录片段，我们可以清楚地看到，班上幼儿游戏发展的水平基本上还处于平行游戏阶段，合作、分享等意识较薄弱。当毛毛要求打针时，医生没有理会他，自己玩着自己的医疗玩具。但个别幼儿的替代能力和情节性有了很大的发展，毛毛能将胡萝卜当针筒给轩轩打针，并且还能还原生活经验："儿子，不痛了……喝点水就好了！"从这个片段，我们可以知道，教师应该在活动区更多地投入低结构化的材料，让幼儿有更多的替代行为，同时要注意材料投放的层次性，满足不同幼儿的发展需求。

（三）观察幼儿应在自然真实的情境下进行

观察幼儿的目的是为了了解幼儿在自然情境下的表现，为教师改进教育教学工作提供依据。如果幼儿的反应不是平时状态下的自然行为，那么观察的结果就不具有代表性。同时，观察幼儿的行为大多时候是在幼儿学习、生活活动的过程中，如果我们的观察活动干扰了幼儿的学习和生活，就会对幼儿的发展产生不利的因素。因此，教师在对幼儿进行观察时，应尽可能避免与幼儿直接交流意见或参与活动，对幼儿的行为不要做评价，尽量使观察活动在自然真实的情境下进行。

---

① 案例来源于安吉教育网 (http://www.ajedu.com/Article_Show.asp?ArticleID=63740).

第二节　组织教育活动的能力

《幼儿园工作规程》和《幼儿园教育指导纲要（试行）》都明确指出，幼儿园的教育活动是指教师以多种形式有目的和有计划地引导幼儿生动、活泼、主动活动的过程。

根据教育活动的性质，可以将教育活动分为以教师为中心的教育活动和以幼儿为中心的教育活动；从教育活动的结构，可以分为学科领域结构的教育活动和主题结构的教育活动；从幼儿园教育活动的特征出发，可以将教育活动分为生活活动、游戏活动和学习活动三大类。生活活动、游戏活动和学习活动是一日活动中教师每天都要面对的内容，因此，本节将从生活活动、学习活动和游戏活动三个方面来探讨教师组织教育活动的能力。

一、组织生活活动的能力

幼儿园日常生活活动是指幼儿一日活动中的生活环节和每天都要进行的日程活动，其活动包括晨检接待、盥洗、如厕、饮水、进餐、睡眠、离园等。这些活动不仅是幼儿一日生活之必需，也是幼儿积累经验、学习生活技能、发展独立性之必需。

《幼儿园教师专业标准（试行）》明确指出要"注重保教结合"，不仅将一日生活的组织与保育作为重要的专业领域要求，而且对教师提出了多项具体的要求：能合理安排和组织一日生活的各个环节，科学照料幼儿的日常生活，将教育灵活地渗透到幼儿一日生活中；能充分利用一日生活中的各种教育契机，对幼儿进行随机教育，以将保教结合原则落到实处。由此可见，幼儿一日生活被放在了教育的首位，对幼儿进行一日生活的教育是幼儿园教育的基础。

作为一名幼儿园教师，安排幼儿的一日生活是每日都面临的工作。每个人都不可回避。科学、合理、有效地安排幼儿园一日生活对幼儿园教师来说是一项艰巨而复杂的工作。那么，组织幼儿的生活活动应该具有哪几个方面的能力呢？

（一）建立合理的生活常规的能力

合理的生活常规是幼儿顺利开展活动、愉快度过幼儿园集体生活的基础。在生活活动的组织过程中，过多的限制或者放任自流的行为都是不适宜的。研究表明，许多幼儿园一日生活中的规则条目可以用"内容具体、种类繁多、要求严格"[①]加以概括，其中生活常规占很大的比例。这使得教师在日常生活中要花费大量的精力来纠正幼儿不合常规的行为，但效果并不理想。制定生活常规的目的是使幼儿达到自我约束而不感到外在压力，自由自在又不扰乱集体秩序。因此，在这一目标的指引下，幼儿园日常生活组织要从实际出发，建立必要、合理的常规，坚持一贯性、一致性和灵活性的原则，培养儿童的良好习惯和初步的生活自理能力。教师应该分析生活常规的合理性，取消一些不必要的规定，比如要求幼儿排队上厕所，在规定的时间喝水，幼儿拿到食物后要等教师下令后才可以吃等。

（二）将教育灵活地渗透到一日生活之中的能力

教师在组织幼儿的日常生活活动的时候，要充分发掘和利用生活活动的教育价值，使幼儿的日常生活活动成为教育的有机组成部分。下面是幼儿园里的一个情景。

户外活动后，幼儿都争着去取水喝，你推我挤，小杰一不小心摔倒在地，头刚好碰到教室的门柱上，马上鼓起了一个小青包，痛得大哭起来。配班的张老师赶紧把小杰带去看医生，而陈老师则抓住了这个机会对幼儿进行安全教育。陈老师问幼儿："小杰的头是怎么碰到门柱上的？""还有哪些会发生碰撞的事故？""都会对我们的身体造成什么伤害？""我们应该怎么预防呢？"幼儿这时都非常认真、积极地思考事故可能带来的危害以及小朋友应该怎么预防。

由于意外事故的残忍性以及幼儿喜欢模仿的特点，安全生活教育一般都采

---

① 刘晶波. 师幼互动行为研究——我在幼儿园里看到了什么[M]. 南京：南京师范大学出版社，1999：122.

用正面的示范，至于事故的原因和恶果只能用语言间接地告诉幼儿，很难引起幼儿的重视，而当发生在幼儿周围的意外事故的主角是幼儿熟悉的同伴时，幼儿则比较了解意外事故的后果，这时开展教育就容易让幼儿引以为戒。在上述案例中，因为相互推挤，致使小杰摔倒，头上起了一个小青包，幼儿看到了后果，以及小杰疼痛时痛苦的表情，就会对摔伤的后果有更清晰的认识，教师若能抓住这个生活活动的环节对幼儿进行教育，就会收到较好的效果。

（三）处理好照顾幼儿生活和发展幼儿独立性关系的能力

在组织幼儿园生活活动的过程中，教师应该处理好照顾幼儿的生活和发展幼儿的独立性的关系。首先，教师应该合理安排幼儿的生活，为其提供安全、有序、温馨的生活环境，帮助幼儿完成各种生活活动，促进幼儿的身心健康。同时，如《3—6岁儿童学习与发展指南》所要求，"鼓励幼儿做力所能及的事情，对幼儿的尝试与努力给予肯定，不因做不好或者做得慢而包办代替。指导幼儿学习和掌握生活自理的基本方法，如穿脱衣服和鞋袜、洗手洗脸、擦鼻涕、擦屁股的正确方法。提供给幼儿生活自理的条件"，让幼儿在自我服务的基础上学会为他人服务。

（四）把握过渡环节，巧妙地实施教育的能力

幼儿园一日生活的基本环节包括入园、晨间活动、盥洗、如厕、进餐与点心、户外活动、午睡与自我整理、离园等环节。但各个环节之间如何衔接过渡呢？幼儿园教师讲述了这样一个案例。

幼儿在进餐前需要保持愉快的情绪，避免剧烈的运动，因此陈老师选择了餐桌前开展的较安静的徒手游戏，如经典童话故事欣赏、幼儿童话故事表演、木头人音乐游戏、"泡泡糖"智力游戏等。这些游戏不需要教师过多参与，游戏过程由大家推选的一位幼儿进行组织，体现了游戏的自主性。

而餐后考虑到幼儿刚吃饱，既要促进其消化又要避免因剧烈运动造成幼儿身体的不适，陈老师就利用走廊的空间组织户外建构活动、走廊模特秀。如楼梯上的阅读活动，楼梯下的按摩区、植物角，走廊角色游戏"七彩幼儿园"、走廊合作游戏"挑毛线"、走廊童话故事表演等。这些活动均由幼儿自由选择、组合，有效地促进了幼儿合作、创造能力的发展。

在进餐这个环节，进餐前，保育员老师要去厨房取饭，幼儿要做准备工作，中间有一段时间。进餐之后，由于每个幼儿的吃饭速度不一样，也有一段时间。为了减少不必要的等待时间，可以安排他们先进行活动。案例中，陈老师抓住了进餐这个环节前、后两个时间段的特点组织幼儿进行游戏。餐前幼儿需要保持愉快的情绪，避免剧烈的运动，因此陈老师选择了餐桌前开展的较安静的徒手游戏，而餐后幼儿刚吃饱，既要促进其消化又要避免因剧烈运动造成幼儿身体的不适，选择了户外建构活动、走廊模特秀等区域活动。丰富多彩的游戏活动，既优化了过渡环节的秩序，又满足了幼儿多方面发展的需要。

二、组织学习活动的能力

什么是幼儿园的学习活动？《上海市学前教育课程指南》中提出，学习活动主要是指"讨论、阅读、听赏、制作、表演、实地参观、收集信息等活动，旨在激发幼儿主动探索、积极体验，使幼儿在认知能力和态度上不断进步，为后续学习打下基础"。组织学习活动是一个复杂的过程，不仅要求教师具有正确的理念，还要求教师具有综合的教育教学的能力，下面我们通过一个案例来探讨教师组织学习活动需要具备哪些方面的能力。

秋天的花园里到处飘落树叶，在午后散步的时间，幼儿一边兴奋地踩着落叶，一边讨论着。慧慧说："这棵树的叶子好大呀，可以当成一把伞。"扬扬一脸困惑地说："这棵树上的叶子怎么有的是红色的，有的是黄色的，有的又是绿色的呢？"成成说："这棵树上怎么只有叶子没有花呢？"这时何老师启发幼儿说："我们来一起研究树叶，怎么样？"

活动开始之前，何老师给幼儿提了几个问题："有的树叶为什么到了秋天还不变黄？""有的树为什么到了秋天就没有了树叶？""叶子的样子为什么不一样呢？""仙人掌的叶子长在什么地方呢？"……带着这些问题，何老师把幼儿带到了幼儿园附近的公园里，并发给了每个幼儿一张记录卡，把自己观察到的树叶的样子记录下来。在观察的过程中，幼儿又发现了一些新问题。玉儿说："我看到很多树叶上都有一根细细的东西是什么呢？"扬扬说："是花纹。"欣欣小朋友说："树叶怎么会有花纹，我不同意。"何老师说："那我们一起回去查查资料吧。"

回到幼儿园后，教师把幼儿观察记录表格在展示板上展示，让幼儿之间相互交流自己观察到的树叶，并提供了有关植物叶子的图书。在和老师一起查阅图书的过程中，幼儿逐步明白了树叶上一根根的细纹叫作叶脉，叶子下面的小尾巴叫作叶柄……后来，还有几个问题没有解决，比如："有的树叶为什么到了秋天还不变黄？""有的树为什么到了秋天就没有了树叶？"何老师说："这个问题老师也很感兴趣，我们想办法去寻找答案吧，也可以问问爸爸妈妈。"第二天，何老师就组织了一次"常绿树和落叶树"的教育活动，有的幼儿从爸爸妈妈那里找到了答案，有的通过再次到花园里观察树叶找到了答案，有的在书上找到了答案，"常绿树虽然有时也会落叶子，但是它们不会同一时间一起落……"幼儿都非常高兴。

从以上案例，我们可以看到教师要组织好一次幼儿的学习教育活动，应该具备以下几个方面的能力。

（一）捕捉幼儿的兴趣和需要的能力

根据葛契尔（Getzels）的定义："兴趣是个人由生活经验中组织、累积、培养成的特殊气质，会促使个人寻找自己喜欢做的东西，从事喜欢做的活动，寻求特别的技能、知识与目标，以获得注意和学习。凡是能培养或增强此特质的活动，便是具有教育性的活动。"[①]由定义可知，幼儿是否对活动感兴趣，或者是否能通过活动培养幼儿对某种活动、某种东西的兴趣，是衡量活动是否具有教育性的关键条件。在案例中，何老师敏锐地捕捉到幼儿当前的兴趣和需要，根据幼儿的兴趣确定了活动的主题，自然而然地调动了幼儿学习的积极性和求知欲。

（二）引导幼儿进行观察和记录的能力

观察是幼儿认识世界、取得直接经验的重要途径。通过观察，幼儿可以亲自感知事物的形态，感受人与事物之间的亲密关系，引导幼儿把观察到的现象记录下来，能促进幼儿更细致地观察与更认真地思考，使他们将零散的知识

---

① 丽莲·凯兹. 与幼儿教师对话——迈向专业成长之路[M]. 廖凤瑞，译. 南京：南京师范大学出版社，2004：90.

经验系统化，从而在一次次的记录中调整自己的认识，为最终形成概念奠定基础。《3—6岁儿童学习和发展指南》中也指出，教师要"有意识地引导幼儿观察周围事物，学习观察的基本方法，培养观察与分类能力。鼓励幼儿用绘画、照相、做标本等办法记录观察和探究的过程与结果，注意要让记录有意义，通过记录帮助幼儿丰富观察经验、建立事物之间的联系和分享发现"。在上述案例中，教师确定了学习的主题后，没有马上开展学习活动，而是带幼儿先到公园里去观察各种各样的树叶，并把树叶的样子记录下来，促使幼儿积累了更多的关于树叶的经验，为以后深入开展活动奠定了一定的基础。

（三）设计具有启发性的问题，引发幼儿思考的能力

设计具有启发性的问题是教学活动的一种基本的策略。具有启发性的问题，能引发幼儿的认知冲突。不断地启发和引导幼儿经过思考来回答问题，能激发幼儿学习的积极性和主动性，从而潜移默化地引导幼儿进行知识同化或顺应，并建立起新的知识框架。在上述案例中，何老师在带幼儿到公园观察树叶之前，就对幼儿提出了有启发性的问题，使幼儿的观察记录是有目的的，他们带着问题在实践中不断地探索、不断地思考，寻找问题的答案。

（四）把学习的主动权交给幼儿的能力

幼儿是学习的主体，幼儿是在主动的和真实的活动中，通过自己的感知、操作、体验和交流来进行学习的。因此，在组织学习活动中，教师要积极地创造机会和条件，让幼儿充分地进行感知、探索、操作，与人交往，从事身体运动，思考解决问题，进行表达等。教师不能取代幼儿的活动或者过多干预幼儿的活动，以保证幼儿在活动中的主体地位。在上述案例中，何老师始终把幼儿当成活动的主体，从活动主题的确定，到去花园里观察树叶、记录树叶的样子，再到回来之后幼儿之间的交流，最后到一起收集资料、一起想办法解决问题，整个活动的过程中，幼儿都是活动的主人，教师故意比幼儿的需要慢一拍，有意识地控制想直接告诉幼儿答案的冲动，让幼儿有独立思考与创造性解决问题的机会。

（五）引导幼儿梳理获得的感性经验并使之系统化的能力

幼儿在探索、发现的过程中获得的经验毕竟是零散的、不系统的，教师要善于引导幼儿梳理获得的感性经验并使之系统化。这样更有利于幼儿后期的学习。在上述案例中，教师善于从幼儿的发现、小组争论中捕捉到有价值的信息并加以整合和概括，抓住其中的关键经验加以提升，将有一定意义的、带有共性的问题，通过集体教学的形式解决，最终使幼儿明白了"常绿树虽然有时也会落叶子，但是它们不会同一时间一起落"。

组织幼儿学习活动是一个非常复杂的过程，以上的阐述只是通过一个案例来说明教师组织学习活动所需具备的能力，还远不能说明所有的能力。这里只是给教师组织幼儿的学习活动提供参考和借鉴。

三、组织游戏活动的能力

游戏是幼儿园的基本活动，幼儿的学习和发展离不开游戏。对于教师来说，幼儿园教师和其他任何阶段的教师在能力方面的最大区别就是组织游戏活动的能力。因此，组织游戏活动的能力是幼儿园教师最主要的能力之一，也是幼儿园教师专业地位的最主要的体现。那么，如何组织幼儿的游戏活动呢？教师可以从以下几个方面进行努力。

（一）保护幼儿游戏的自主性的能力

幼儿是独立的人，他们有自己的兴趣和需要，教师要尊重幼儿游戏的兴趣和需要，不要把自己的想法、计划、意志强加给幼儿，也不能因为幼儿的游戏不符合自己的想法、经验和生活实际就给予否定，甚至强行禁止。玩什么主题的游戏，角色怎么安排，游戏怎么发展都由幼儿自己决定。教师要做的就是了解幼儿游戏的愿望和想法，并积极帮助幼儿实现他们的愿望和想法。另外，幼儿阶段主要以具体形象思维为主，他们在开展游戏之前往往还缺乏周密的计划和安排，往往是边游戏边思考，往往会出现停顿或者间断的现象，教师要学会等待，给予幼儿足够的时间进行思考、想象，发展游戏的情节。教师也不要要求所有的幼儿在同一时间内玩同一种游戏，而应当给幼儿自主选择的机会。

（二）合理参加游戏的能力

教师在观察幼儿游戏的基础上，应该参与幼儿的游戏。教师在参与幼儿游戏的过程中可以近距离地了解幼儿的游戏发展水平，可以更多地看到幼儿所遇到的问题和解决问题的方法，从而更有可能根据幼儿的反应、兴趣和发展水平来提供反馈。同时，教师的参与可以使幼儿获得心理上的支持，幼儿会觉得教师非常重视他们的游戏，感到他们的游戏是有价值的。教师在什么样的情况下参与幼儿的游戏是比较适宜的呢？此部分内容可以参考第五章的第三节。

（三）根据幼儿年龄特点指导幼儿游戏的能力

从幼儿能力发展来看，各年龄班幼儿在游戏方面的表现是不尽相同的，因此，在组织时各有重点。小班处于平行游戏阶段，主要满足于操纵、摆弄物品，"别人有的玩具我也要有"，对相同物品的要求较多，因此，小班游戏的指导要点在幼儿使用物品上。随着认知能力的发展、生活经验的丰富，中班幼儿游戏情节较小班丰富，处于角色的归属感阶段，虽然选择了一个角色，但想做多个角色的事情，想与人交往但尚无交往技能，是冲突的多发期，因此，中班游戏除了为幼儿创设各种游戏的条件外，重点应在帮助幼儿解决交往冲突上。到了大班，随着生活范围的进一步扩大及能力的增强，幼儿不断产生新主题，运用已有经验在现有基础上去创新，这一时期重点应关注幼儿之间的交往、合作、分享和解决矛盾等。

另外，幼儿年龄越小，自由游戏的比例应越大。随着幼儿年龄的增长，幼儿会对那些有规则的、竞争性的游戏感兴趣，因此，幼儿年龄增大，这类游戏的比例就应增强。

（四）根据不同类型游戏的特点指导幼儿游戏的能力

由于不同类型的游戏有着不同的特点，因此，教师对游戏的指导还要考虑到游戏的种类。比如，角色游戏和结构游戏都是幼儿对生活的反映，但各有侧重，因此，教师应该引导幼儿了解社会生活，积累相关经验。另外，两者在提供游戏的材料、场地布置和指导策略方面也不相同。角色游戏主要以间接指导为主，帮助幼儿组织和开展游戏，而结构游戏则需要教给幼儿进行组合、插、镶嵌、编织、旋转等基本技能。再比如，角色游戏和表演游戏都需要角色扮演，角色游戏的角色来源于幼儿的现实生活，而表演游戏的角色一般来源于文学作品，教师的指导要点和指导方法应有所不同，角色游戏侧重于丰富幼儿的现实生活，而表演游戏侧重于选择适合幼儿表演的作品，帮助幼儿熟悉作品，充分理解作品的内容。

延伸阅读

幼儿生活卫生习惯的培养目标[①]

1.知道餐前、便后、外出回家要洗手，会正确洗手；

2.知道正确刷牙的方法，养成早晚刷牙和进餐后漱口的习惯；

3.愉快乐意地对待临睡前的洗脚和洗屁股，愿意洗澡和洗头；

4.知道去厕所大、小便，知道不使大、小便排在便池外，养成定时大便的习惯；

5.学习便后擦屁股，女孩注意由前向后擦；

6.学习不对着别人咳嗽、打喷嚏，学习用手捂住嘴咳嗽、打喷嚏；

7.知道不随地吐痰，不乱扔垃圾；

8.知道保持衣服的整洁，不用衣袖擦嘴和鼻涕，不用衣袖擦汗；

9.不使用别人的餐具、口杯，不吃别人吃过的东西，不吃小摊上没有卫生包装的食品；

10.学习正确的吃饭姿势，吃饭时知道端碗或扶碗，端碗时两肘不撑在桌面上；

11.吃饭时嘴里不发出大的响声，不随意撒饭菜；

12.吃饭时，不将骨头和刺吐在地上或桌上；

13.进餐时，会正确使用餐巾；

14.用餐后，会将桌面上的残渣收拾干净，尽量保持地面的清洁。

---

① 史慧中. 谈幼儿的素质教育[M]. 北京: 科学普及出版社, 1994.

第三节 反思与评价的能力

一、反思的能力

苏霍姆林斯基曾说："善于分析自己劳动的教师才能成为一名优秀的有经验的教师。"叶澜教授也曾指出："一个教师写一辈子教案不一定成为名师，如果一个教师写三年反思就有可能成为名师。"新颁布的《幼儿园教师专业标准（试行）》在"基本理念"和"专业能力"中均提出了对教师反思与自主发展的要求，还明确指出幼儿园教师在教育工作中应"主动收集分析相关信息，并不断进行反思，改进保教工作"，同时应制定个人专业发展规划，通过不断学习、实践、反思，不断提高自身专业素质，从而为幼儿教育质量的提升和幼儿一生的健康发展打下基础。

反思是幼儿教师日常教育教学实践中必备的能力之一，通过对新教师的访谈发现教师具有以下几个方面的困惑。

设计好教育活动不就行了，为什么非要进行反思呢？

经常要求写反思，哪有那么多可反思的内容呀？

我以为反思只可以写不足和问题，原来反思还可以写经验和方法。

感觉写反思挺盲目的，不知道从哪里入手，也不知道怎么思考。

……

（一）反思的意义

"反思"是我们日常生活中常用到的一个概念，它一般是指个体结合现实情境，对既有观点、事实重新作深入思考以挖掘新内容的行为。

在教师应该具备的各种能力中，反思能力不仅对教学工作而且对教师的发展具有非常重要的意义。因为在教学过程中，教师所面对的是具有不同特点、不同兴趣、不同需要的幼儿。针对什么样的幼儿进行什么样的教育是教师首先需要反思的问题。另一方面，由于教学过程本身是不确定的，教师很难在备课的时候将所有的问题都预测到，所以，在教学过程中，教师就需要根据现场情况灵活应变。那么，在活动的过程中，哪些做得比较好？哪些做得不够好？哪些可以做得更好一些？或者是哪个环节可以用其他的方法处理更好一些？……这些都需要教师在教学活动结束之后进行反思。这种反思不仅有助于教师积累经验，在以后的教学中解决同类问题，而且还可以帮助教师提高自己的教学能力。

由此可见，反思不仅是对教育过程的审视与思考，还包括对教学中的经验和教训的记录。

（二）反思的写法

反思的写法一般情况下可以分为三个部分进行。

1.陈述活动：在这个部分教师要真实、准确、客观地对幼儿的活动或者问题进行叙述，不带有教师的主观判断，不要轻易地对幼儿下结论，比如"没有礼貌""多动症"等。

2.理论分析：针对陈述部分的现象，教师可以结合具体的教育教学理论进行分析，如幼儿的活动水平、活动材料、交往水平、教师作用、教学过程的设计及实施等，步步深入，逐步得出结论。

3.效果与感悟：针对所叙述的问题和理论分析的结果，制定出解决问题的对策，并进一步展示效果，升华感悟。

总之，反思是理论与情感的有机结合，应该尽量做到实践性、真实性和科学性相结合。

（三）反思的形式

幼儿在幼儿园生活中有多少事就有多少可教育的点，也就有多少可反思的内容。反思的内容很多，主要可从以下几个方面入手。

1.教育教学活动反思

指的是教师组织一项活动结束后，有针对性地对活动的设计和过程进行回顾和总结，思考自己在教育理念、目标制定、活动过程、教学策略等方面的经验、教训与感悟，以及幼儿在活动过程中存在的问题等。记录方式可长可短，但它要体现以后的设想，操作性要强。下面是一位教师的教学活动后记。

大班晨间小游戏活动反思①

开展晨间小游戏需要考虑很多方面，主要以安静的自主游戏为主。我设置了六个小游戏，内容分别是挑小棒、转陀螺、预报天气、照顾动植物、玩毛线、撒雪花片。在晨间小游戏的开展过程中，我针对出现的具体情况，进行了反思。

一是在转陀螺中，由于游戏材料比较单一，没有适时增加有挑战性的材料，所以影响了幼儿热情，限制了幼儿的想象力和创造力，失去了很多激发幼儿探索的机会。二是当"气象员"不知道温度是多少时，我就说："我们来看看温度计上面的线，一小格表示一度，数数红线占了几格。"孩子们马上就知道了今天的温度，幼儿也理解了数在实际生活中的应用。

通过观察和反思，我意识到要不断丰富游戏内容，增加游戏材料投放的难度，有效地促进游戏深入。

从这一活动后记中可以发现教师对自己工作的及时记录和反思。在教育活动结束后，教师对活动过程进行了反思，指出在转陀螺的活动中由于游戏材料比较单一，限制了幼儿的想象力和创造力，以后要增加游戏材料投放的难度等；在"小小气象员"的活动中，恰当的语言指导，帮助幼儿知道了当天的温度，理解了数在实际生活中的应用。由此可见，教师的反思环节有助于帮助教师以记录促思考，以思考促发展。

2.反思日记

教师在一天或一段时间的工作结束后，对自己的教育教学工作有些心得体会，可以通过日记的形式记录下来，并阐述自己的认识和思考。反思日记通常是用随笔的形式，书写格式比较随意。可以是工作中事件的记录和思考，也可以是对别人工作事件的记录及自己的看法。

3. 教育叙事案例反思

案例是教师教育教学中真实典型的事件，它含有具体的问题和丰富的信息，为教师的反思提供了真实的素材。案例的来源可以是教师自己的教育事件，也可以是其他教师的典型事件。根据案例所提供的信息，教师从研究的角度分析原因，寻找适宜的教育策略，形成理性的思考；通过分析记录的过程，

---

① 案例来源于安吉教育网（http://www.ajedu.com/Article_Show.asp? ArticleID =64120）.

改变和调整自己的行为，提升自己的专业能力。以下是一位教师的反思。

幼儿前书写教育活动——整体感知文字（中二班）

开展前书写教育活动时，教师和幼儿再次阅读幼儿用书《七彩虾》，教师用PPT给幼儿打出了漂亮的海底画面，并同时呈现文字"水""鱼"，让幼儿在头脑中再现美丽的画面。然后教师出示了字卡"水"和"鱼"，让幼儿在图书中找出相应的文字，幼儿找得非常快，非常准确。教师告诉幼儿："今天邵老师带领大家玩一个新游戏——摸文字。"教师给幼儿每人发了一张画有非常漂亮的海底世界的图片，图片上粘有用硬纸板做成的镂空文字"水"。幼儿看到后，感到非常惊喜，迫不及待地想知道这新玩意是干什么用的……

教师："我们学习过了诗歌《七彩虾》，我们的海底非常美丽，现在我们一起来摸摸'水''鱼'这两个字宝宝好不好？""请小朋友拿出你的右手，伸出你的食指，和邵老师一起来摸。"幼儿很兴奋，一边触摸文字"水"，一边跟着教师读出各个笔画的名称。我看到他们个个神情专注，表现出了极大的兴趣。他们的小手在砂纸粗糙表面的指引下，跟着教师的触摸顺序，准确地描着文字的运行轨迹。

以下是教师的反思。

触摸文字是幼儿在感知文字、进行与书写相关的运动。

在各种各样的感觉记忆中，肌肉感觉是最具优势的。幼儿的感知觉就能通过这种直接的肌肉触觉练习建立起来。幼儿触摸文字"水"的时候，他们的眼睛不仅在仔细地看文字，他们的小手也在文字凹槽的指引下运行着文字形成的轨迹，感知文字的笔画结构，这对幼儿来说是一项非常好玩的游戏。触摸的过程不仅培养了幼儿对文字的一种美好情感，而且，通过感觉的协调强化了幼儿对文字的印象，丰富了幼儿对文字的感知，形成了幼儿对文字的一种肌肉记忆，为书写文字作了间接的运动神经方面的准备。

在上述案例中，教师在组织了前书写活动"整体感知文字"后，对活动的过程和教师的指导策略进行反思，并结合相关的理论感悟到"触摸文字是幼儿在感知文字、进行与书写相关的运动"，形成了自己的理性思考，是教师提升自己的专业能力的主要手段之一。

二、评价的能力

评价即判断事物价值的过程。幼儿、教师和教育活动是幼儿园的三大主要因素，因此，幼儿园教育评价主要包括幼儿发展评价、教师行为评价和幼儿园教育活动评价等。本节主要讨论幼儿发展评价和幼儿园教育活动评价。

（一）评价的意义

教师通过评价幼儿在不同问题情境中的行为表现，倾听并记录幼儿的具体反应，可以判断幼儿的认知发展水平和心智发展特点，并寻找适当的教育契机，有效地为促进幼儿建构新的经验提供有价值的依据。也可以是以教育目标作为评价标准，来判断达到目标要求的程度。

1.评价幼儿使教师对组织和指导幼儿的教育活动有更明确的目标

教师既要促进幼儿在原有的水平上得到经验的提升，又不能操之过急，包办代替。那么应该如何把握呢？解决这个问题的最主要的方法就是通过观察，评价幼儿目前的发展水平。正如苏联教育家阿莫那什维利所说的那样："唯一的尺度就是我们的直觉。它是建立在对每一个幼儿深入研究的基础之上的。"每个幼儿的现有水平和"下一步"都不相同，只有去发现、评价这些差异，教育才可能建立在科学的基础之上，否则教育将无的放矢。

幼儿园里发生过这样两个情境。

情境一

幼儿今天吃的水果是山竹。幼1：这个叫"小猪"（"山竹"的谐音）；幼2：（皱眉）我感冒了不能吃这个；幼3：小蝌蚪，游啊游，小蝌蚪……（一口没吃，把山竹剥成一瓣一瓣放在手里玩）；幼4：哈哈，真好玩（把山竹肉贴在脑门上）。新教师过来了说："你们怎么都没有吃？好了，吃水果时不要说话，赶快吃完。"说完转身走了，幼儿依然没有吃。

情境二

户外活动时间，有几个幼儿围在一起谈论着什么，一直持续了好几分钟都没有散开。赵老师走了过去，原来是牛牛尿裤子了，几个幼儿你一言我一语地嘲笑着牛牛。有的说："你怎么尿裤子了？"有的说："真臭！"看到赵老师，几个幼儿齐声说："牛牛尿裤子了！"只见牛牛满脸通红地低着头……赵老师赶紧到休息室找了一条裤子给牛牛换上，摸摸牛牛的头说："没事的，去玩吧。"牛牛脸上尴尬的表情没有了，一转身笑着又跑去玩了。

以上两个教育情境说明了教师有没有深入评价幼儿行为是导致教学效果差异的最主要的原因。在情境一中，面对四个不同的幼儿，教师只看到他们行为本身和行为的表面现象，没有进行深入分析，没有评价幼儿行为背后真正的意图和动机，"转身就走了，幼儿依然没有吃"。情境二中，赵老师看到牛牛满脸通红地低着头，马上评价出牛牛当时心情（害羞又怕教师指责），赶紧给牛牛又换了一条裤子，并摸摸牛牛的头说："没事的，去玩吧。"正是因为赵老师正确地判断牛牛当时的心情，帮牛牛解围，鼓励安慰牛牛，最后牛牛笑着又去玩了。

针对情境一中的四个幼儿，我们可以来对他们的行为做一下评价：幼儿1应该是爱搞小幽默的孩子；幼儿2显然是找借口不想吃；幼儿3和幼儿4可能是贪玩。教师只有评价出四个幼儿不吃水果的真正原因，才能根据原因选择相适应的指导策略，如语言鼓励、采取游戏口吻、使用顺应策略等。

幼儿教师要有眼观六路、耳听八方的敏锐洞察力，用心去体会幼儿的心情、态度、活动动机，客观评价幼儿的活动水平，以便确定哪个幼儿需要及时帮助，哪个幼儿需要鼓励，哪个正在思考问题不能打断等。

2.评价可以及时发现活动中的问题和经验，便于制订下一步的活动计划

通过评价幼儿的发展和评价教育活动，可以及时发现在教育活动中存在的问题，教师可以针对这些问题调整教学计划，制定下一步的教学目标、创设教育环境、选择教育内容。幼儿园发生了一件这样的事情。

在以往上阅读课的时候，岑老师总是首先朗诵绘本，给幼儿做示范，然后让全班幼儿一起按照教师的示范去朗诵。教师朗诵时很投入，没有办法把注意力放在幼儿的身上。教师朗诵过之后，有些幼儿还是不明白故事的情节，岑老师就得帮助幼儿一遍又一遍地朗读，帮了这个，再帮那个，其余什么都做不了。后来经过观察分析，岑老师发现了班上幼儿阅读能力的发展水平存在着很大的差异，于是通过分析比较，岑老师对班里幼儿阅读能力的发展水平做出了评价，将其分为三个层次，下次上阅读课的时候，教师不再要求全班幼儿都按照教师的示范去朗诵，布置任务时按照幼儿不同的发展水平提出要求，基本做到任务的难度略高于幼儿现有水平。调整活动之后，班上的幼儿基本上都能完成教师布置的任务了。

由上述案例可以看出，教师通过评价，发现了各个幼儿的阅读水平以及自己在指导幼儿阅读时存在的问题，以此为依据调整了指导阅读活动的策略，将班上幼儿的阅读水平分为了三个层次，布置任务时按照幼儿不同的发展水平提出不同的要求，这样调整之后，班上的幼儿基本上都能完成教师布置的任务了。由此看出，正确评价幼儿，是制订下一步教学计划的依据之一。

（二）评价的内容

通过对幼儿进行评价，可以了解幼儿活动的水平、活动状况以及活动过程中存在的问题，做出有效的指导，促进幼儿的发展。那么在幼儿活动的过程中具体评价什么内容呢？下面我们以一位教师观察幼儿游戏之后进行的评价为例，来讨论幼儿活动评价的主要内容。[①]

今天我观察了中二班的建构游戏——开心乐园，并做了一系列记录。

一、环境的创设

（一）材料的提供。首先材料基本都是竹木系列，体现了我园的本土特色和朴素的资源观。其次，每种材料都十分安全。

（二）场地的准备。活动在幼儿园塑胶场地进行，场地空间面积大，游戏材料均置于场地四周，便于幼儿取放材料。

（三）时间的安排。从进入场地到游戏结束总共35分钟，正好符合本年龄段幼儿的要求。

二、幼儿的行为

整体情况：进入场地后，幼儿三两结伴开始搭建了。有的用单梯搭了"空中轨道"，搭好后马上玩了起来；有的用轮胎搭公路，搭好后也开始在上面走，而且还邀请了过路的小朋友来走；有的用双梯搭山洞和隧道；有的在铺设火车轨道……每个人都在自己搭建的乐园里玩得不亦乐乎，非常投入，红扑扑的小脸上洋溢着由衷的欢笑。下面是我记录的一个小组的建构活动以及作出的相关分析。

案例：搭跷跷板

遇到问题：用砖块当跷跷板中间的底座不行，小朋友坐上去翘不起来。这

---

① 案例来源于安吉教育网（http://www.ajedu.com/Article_Print.asp?ArticleID=73927）.

时一个女孩子说："我们请张仁来帮忙，他上次搭过的。"（评价：懂得遇到困难借助别人的已有经验来获得帮助。）

一个小朋友找到张仁："张仁，我们的跷跷板翘不起来，请你帮我们弄一下。"（评价：正确使用礼貌用语，表达语句完整。）

张仁放下手中的轮胎，走过来看了下说："这个砖头太矮了，弄高一点就能翘起来了。"（评价：找到问题所在和解决的策略。）

说着张仁就弯下腰把砖块抽出来，四处看了看，然后跑过去推了一个轮胎过来放在单梯下面，又叫两个小朋友再去推两个轮胎过来。（评价：张仁认真负责。）

最后大家齐心协力一起把三个轮胎叠在一起，然后把单梯架在上面，跷跷板终于能翘起来啦！（评价：具有初步的合作意识。）

对幼儿的评价：在今天的游戏中，我发现中二班的小朋友在游戏时的自主性较强，在游戏活动中很有自己的见解，遇到问题时能找到妥善的处理办法，能力较强，体现了幼儿自身语言素质、游戏习惯以及社会性合作交往能力。

从上述案例可以看出，教师对幼儿的活动进行评价，可以从以下几个方面入手。

一是幼儿的认知发展水平和社会发展水平：幼儿的语言发展水平怎样，是否具有良好的倾听和表达能力，幼儿在活动中的人际交往和社会适应能力怎么样等。

二是活动的主题：幼儿活动的主题是什么，活动的主题是教师安排的还是幼儿自主选择的，在活动的过程中是否生成新的主题，新的主题是怎么产生的等。

三是幼儿的兴趣与态度：幼儿是否对活动感兴趣，幼儿在活动的过程中是否有愉悦的体验等。

四是活动的材料：幼儿对活动材料是否感兴趣；活动材料在数量和种类方面是否能满足幼儿发展的需要；活动材料的投放是否具有层次性，满足不同幼儿的发展需求；幼儿在活动的过程中是否有争抢玩具的现象；幼儿对新材料的出现有什么反应等。

五是活动的时间：活动持续的时间是多少，是否符合幼儿身心发展的规律；活动的开始、过程和结束各占多长时间；幼儿活动的时间是否满足幼儿的需要。

六是活动的场地与空间的安排：活动的场地安排是否合理，区域与区域之间是否有明显的通道，有没有过于拥挤或者浪费的地方等。

（三）评价幼儿的方法

既然评价是幼儿教师必须具备的能力之一，那么，在日常的教育实践中如何对幼儿进行发展评价呢？在幼儿发展评价中，最主要的评价方法应以教师的观测为主。因为幼儿的发展表现往往在其日常外显行为中，与年龄较大的儿童相比，幼儿的语言表达能力有限，对幼儿发展的评价，应以幼儿在活动中自然呈现的可观测到的外部行为为主。

1.通过观察进行评价

观察法是指在自然条件下，有目的、有计划地对观察对象或者行为进行考察、记录、分析的一种方法。这是在幼儿发展评价中最主要的评价方法。它包括教师的日常观察和定期观察两种方式。

观察法是评价幼儿的主要方法之一，"通过观察，了解幼儿的表现，并基于这些表现真正了解幼儿的发展水平，它应该使所有的参与者——教师、幼儿和家长受益——因为它详细、客观、积极地概括了幼儿各个方面的发展"[1]。

在一次小班体育活动"小青蛙跳跳跳"中，活动的目标之一是学习双脚并拢向前跳。在活动的过程中，老师组织幼儿双脚并拢，跳过画在地上的一片接一片的荷叶。老师通过观察幼儿跳时是双脚并拢还是单脚跨过，跳过去之后是站得稳还是站不稳，跳过一片荷叶是接着跳呢还是重新调整一下再跳，跳过之后落地的声音是轻还是重等，来评价幼儿跳跃能力的发展水平。

由此可见，教师通过观察幼儿跳跃动作的各个细节，就可评价幼儿双脚跳跃能力的发展水平。观察不要求教师具有很高的技能，就能很容易地评价幼儿的发展水平。

2.通过记录分析进行评价

记录分析法是教师有目的地安排某种情境出现，引发幼儿的行为反应，观

---

① Oralie McAfee and Deborah. J. Leong. Assesing and Guiding Young Children's Development and Learning[M]. Boston, MA:Allyn&Bacon, 2002：237.

察和记录结果，从而对幼儿某些发展情况作出判断。那么，教师在教育实践中应该怎么做记录分析呢？我们看以下的案例。

观察对象：宇宇（四岁六个月）

当老师宣布小朋友可以去选择自己想玩的游戏后，她快速地跑到娃娃家里，伸手从台上抱起了一个娃娃，并拿了一个小纸片放在娃娃的嘴旁边。这时我问她："你今天玩什么游戏？放在娃娃嘴边的是什么东西呢？"她很得意地说："吸管，我喂娃娃吃药，她嗓子发炎了，我是医生。"回答完我的问题，她就开始在活动室里走来走去，接着走到一筐拼插玩具边，用几个塑料条搭成了一条腰带的形状，并束在自己的腰间，双手叉腰转了几圈。过了一会儿，她走到肯德基的柜台前，没有说一句话，自己动手拿起了汉堡包，张开嘴假装吃了一下，又放了回去。接着又拿了另外一个，做了同样的动作，这样的动作她重复了五次，然后在活动室里走来走去，直到游戏时间结束。

分析：从这名幼儿的一系列的游戏行为中可以分析以下几个方面的情况。

（1）游戏活动前，幼儿已经具有了玩某种游戏的动机和意图。因而，当教师宣布可以游戏时，幼儿快速地跑到娃娃家里，选择了娃娃、吸管等医生的标志物。

（2）能较合理地选择与自己的游戏主题相关的游戏材料，并会主动找替代物来替代游戏中的"用品"，比如小纸片代替喂药的吸管，塑料胶条代替腰带。

（3）游戏中缺少与他人合作、交往的行为。如当她来到肯德基吃饭时，肯德基里有服务员和收银员，她没有和他们说一句话，就自己吃了起来，这时她的行为表现已完全不符合游戏中"医生"这一角色了。

从上述案例中，我们可以看出教师是如何根据观察的记录来评价幼儿游戏的发展水平的，教师分析评价别的活动时可以参考。

3.通过谈话进行评价

主要是通过与幼儿进行当面交谈来获取信息。通过谈话对幼儿评价一般具有一定的目的性，比如我们看到了幼儿的某些情况，预计可能还有其他的情况要发生，或者想了解幼儿出现某种情况背后的原因等。运用谈话法对幼儿进行评价，需要教师根据自己想了解的问题事先设计好谈话题目，然后尽量在自然的环境下根据事先设计好的题目与幼儿进行交谈，根据交谈的关键信息对幼儿的某个方面作出评价。

4. 通过作品进行评价

幼儿的图画、手工、书面文字等作品不仅是幼儿行为的结果，也是幼儿认知发展和创作能力的真实反映，通过对这些作品以及作品创作过程的解读，我们可以从中了解幼儿的发展水平、学习的过程等。通过作品进行评价，还应该包括教师、幼儿同伴对该作品的评价，教师对幼儿活动过程的观察，有关谈话和测试等记录。

? 思考题

1. 在教育实践中，幼儿教师应该如何观察记录幼儿？
2. 观察一个幼儿园生活活动，并做记录。
3. 谈谈组织一个幼儿园学习活动，需要具备哪些方面的能力。
4. 为什么要对幼儿进行评价？评价包括哪些方面的内容？

第五章

角色体验：将理论运用于实践

　　教师和幼儿是教育活动中两大永恒的主题，教师对于幼儿的影响和作用，是不言而喻的。虽然儿童天生具有主动学习的能力，但是儿童出生的时候并没有获得独立的生活能力，需要靠成人精心的照料，需要靠后天环境的影响，需要靠自身以成人为榜样去学习并不断练习，成人的作用就如同"催化剂"，引导儿童的兴趣，满足他们的需要，激发他们求知的欲望，促使他们快乐地成长。因此，成人对儿童的发展具有重要的影响作用，他不仅是儿童日常交往的重要对象，而且不同于儿童与其同伴的交往，成人是较为成熟的、有一定经验和能力的个体，具有较好的知识经验、社会交往能力、问题解决能力等，因此，他能给儿童的发展一定的指导、示范、帮助与促进。

　　那么，教师在幼儿成长的过程中应当充当什么角色呢？

　　古人韩愈在很早以前就论述了教师的角色，称"师者，所以传道授业解惑也"。在现今新型的教育活动中，教师的角色面临着新的挑战，教师身上所承载的文化传承任务不是靠灌输，而是与幼儿分享，不再居高临下，而是平等对话；幼儿不再作为知识的接受者，被动地听从教师的指令，而是带着自己的兴趣、需要，直接与周围的环境进行互动，直接与教师进行对话。这就要求教师从教学的中心、权威转变成儿童学习的辅助者、支持者，能够激起儿童学习的积极性和主动性，使儿童自己形成有关的知识体系，使儿童能够从自己内部对学习过程进行控制和评价。

　　马拉古奇曾经说过："我们需要教师有时是指导者，有时是设计者，有时是衬托者，有时是促进者。教师应该既亲切又严格，既严谨又浪漫，是感情丰富的观众，有时鼓掌，有时沉默，有时质疑，有时激动喝彩。"①但不管教师扮演什么角色，都是为了促进幼儿的发展。

《幼儿园教育指导纲要（试行）》中明确提出："幼儿园的教育活动，是教师以多种形式有目的、有计划地引导幼儿生动、活泼、主动活动的教育过程。""教师应成为幼儿学习活动的支持者、合作者、引导者。"因此，本章我们将围绕三个主题进行讨论。

- 教师如何对幼儿的发展提供支持？
- 教师如何引导幼儿进行学习？
- 教师如何在活动中与幼儿合作？

第一节　教师是幼儿发展的支持者

在教育过程中，教师首先是幼儿发展的支持者。教师支持者的角色主要表现在为幼儿的发展提供物质上和心理上的支持。物质上的支持包括创设丰富的物质环境，为幼儿与物质环境互动提供前提和基础。心理上的支持首先是指教师对幼儿的关怀、尊重和接纳的态度，对幼儿自发的活动和发现的支持、肯定和鼓励。教师只有为幼儿创设了丰富的物质环境和宽松的心理环境，幼儿才能进一步学习、实践和探究。

一、物质环境的支持

陈鹤琴指出："小孩子玩，很少空着手玩的。必须有许多玩具的东西来帮助才能玩得起来，才能满足玩的欲望……玩固然重要，玩具更为重要。"这说明材料与幼儿的活动有着密切的关系。

---

① Carolyn Edwards，Lella Gandini，George Forman. 儿童的一百种语文：瑞吉欧·艾密莉亚教育取向——进一步的回响[M]. 罗雅芬，等译. 台北：心理出版社，2000.

幼儿的发展是在与环境的相互作用中实现的，创设适宜、丰富的环境对于幼儿的发展十分重要。因为幼儿阶段主要是行动思维和具体形象思维，他们通过操作和摆弄具体的材料发展智力和情感。因此，为幼儿创设丰富的、适宜的物质环境，幼儿在环境中可以自主选择和使用物质环境就是教育的基础，甚至是教育的本身。

《幼儿园教育指导纲要（试行）》中对环境做了专门的论述："环境是重要的教育资源，应通过环境的创设和利用，有效地促进幼儿的发展。""幼儿园的空间、设施、活动材料和常规要求等应有利于引发、支持幼儿的游戏和各种探索活动，有利于引发、支持幼儿与周围环境之间积极的相互作用。""幼儿从小就有一种材料寻觅趋向。幼儿从能看清周围事物的那天开始就没有停止过对周围物质材料的寻觅，他们正是在与不断丰富的物质材料的互动中不断发展的。"[1]因此，从根本上说，给幼儿创设良好的学习情境，就是跟幼儿一起共同发现和建构与幼儿发展相适宜的学习材料。

运用什么样的材料，决定了幼儿将进行怎么样的学习，也在一定程度上决定了幼儿的发展。我们看下面三个娃娃家的场景。

娃娃家一

一张床，一张小桌子，两条小凳子，一个布娃娃，桌子上有缩小版的燃气灶、锅、碗、瓢、盆以及各种塑料制的蔬菜。

游戏开始了，五个幼儿来到娃娃家里，有的抱娃娃，有的喂娃娃吃饭，有的在桌子上摆弄塑料蔬菜，有的处于无所事事的状态，不到十分钟的时间，五个幼儿都离开了……

娃娃家二

除了具有娃娃家里的东西外，还用废旧纸箱制作了微波炉、电视机、冰箱之类的家用电器，还有一辆小推车和一个给娃娃洗澡的澡盆。

活动开始了，四个幼儿来到娃娃家里，有的抱娃娃，有的打开电视机坐在凳子上看电视，另外两个幼儿说："天太热了，还是给娃娃洗澡吧……"说着就把娃娃抱过来放在澡盆里。洗了大概一分钟，其中一名幼儿说："我们去买菜吧。"两个人推着小推车就离开了，没有再回到娃娃家。又过了大概五分

---

① 虞永平. 学前课程与幸福童年[M]. 北京：教育科学出版社，2012.

钟，剩下的两个幼儿也离开了。

娃娃家三

一张床，一张小桌子，两条小凳子，一个布娃娃，桌子上有缩小版的燃气灶、锅、碗、瓢、盆。盆里放着碎纸片、树叶、青草、石子、木棒、橡皮泥等。

活动开始了，五个幼儿来到娃娃家，一个幼儿抢先抱起了娃娃，说："别哭了，别哭了，我给你做点饭吧。"于是，拿起盆里的橡皮泥用木棒擀起来，一会儿又把碎纸片包在里面，放在锅里翻来翻去，最后盛到盘子里，放到桌子上，说："吃饺子吧，好好吃呀……"另外几名幼儿也忙得不亦乐乎，有的做面条，有的做糕点，幼儿自主地切割着、翻炒着、盛放着……

以上三个场景都是在娃娃家里进行的，三个场景里教师提供的材料支持不一样，幼儿的活动兴趣和持续的时间也截然不同。场景一里，教师提供给幼儿的是跟家庭生活相关的成品材料，五个幼儿要么处于无事可做的状态，要么在"家"做一些单调的工作，动作比较单一，持续不到十分钟就离开了。场景二里，教师提供给幼儿的材料比场景一里多了一辆小推车、一个澡盆和一些家用电器，幼儿就可以拓展游戏的情节，可以进行一些跟其他区域相联系的活动，比如推着小推车去买菜，但也是一些现成的物品，幼儿没有可以操作的余地，两名幼儿出去后就没有再回来娃娃家，显然是对外面的活动更感兴趣。场景三里教师给幼儿提供的材料除娃娃家的一些必需品之外，还提供了碎纸片、树叶、青草、石子、木棒和橡皮泥等一些半成品材料，幼儿可以根据自己的生活经验和想象力，进行包饺子、做面条、做蛋糕、煲汤等，可以搓擀、切割、翻炒、盛放等。

由此可见，幼儿活动开展的情况主要依赖于外在的物质环境的支持，幼儿活动的行为受到材料本身所预示的功能的影响。不同的物质环境暗示着幼儿不同的活动方式，影响着活动情节的发展和活动者角色的行为。那么，教师如何为幼儿提供适宜的物质环境的支持呢？

（一）教师可多为幼儿提供操作性较强的半成品材料

幼儿的思维特点决定了幼儿是在与环境的互动中学习的，幼儿通过操作、摆弄具体的材料，进行想象和创造，提升能力，积累经验，发展智力和情感。因此，在活动的准备过程中，教师要多为幼儿提供操作性较强的半成品材料。

有时我们以为只要为幼儿创设了一种环境，幼儿就可以根据自己的生活经验进行活动了，而实际上，这只是为幼儿的活动创设了一种氛围。要想保持幼儿活动的持续性，就不能缺少可供幼儿动手操作的材料，否则，幼儿就会像在娃娃家一里面的幼儿一样，陷入一种无所事事的状态。

成品的材料，虽然外形逼真，但是功能比较固定，给幼儿留下的想象和创造的空间较小，幼儿只能根据其功能进行单一的动作，不能根据自己的想象进行象征性的创造。而半成品的材料，尤其是一些废旧的物品，如纸箱、鞋盒、包装盒、树叶、木棒、瓶子和石子等，可以进行废物的再利用，操作性比较强，也能充当很多替代物，具有灵活、多用的特点，适合幼儿进行象征性地创造、发展游戏的情节、拓展游戏的主题等。

另外，操作性较强的材料，也可以提高幼儿的交往能力。幼儿只有在动手操作材料的过程中，才更加明确自己的角色，才产生与别的幼儿交往、合作的需要。因此，在角色扮演的过程中，幼儿操作材料是进行交往的重要条件。比如在娃娃家一中，要解决幼儿无所事事的状态，最好的办法就是增加可以让幼儿动手操作的材料。

有的学者研究了不同操作材料对幼儿发展的不同影响。

表 不同操作材料对幼儿发展的不同影响[①]

当孩子这么做时	他 / 她学到的是
拍打旋转吊饰，使它晃动	因果关系
滚球	动作
把图案放入拼板内	形状、大小、颜色之类的概念
把塑料珠子串在一起	手眼协调能力
把积木从架子上拿下来搭建	独立
用颜料在纸上涂鸦	空间关系
将水与干的颜料混合	科学概念
在面团上戳洞	因果关系
撕纸做拼贴图	手眼协调能力
学会使用糨糊	为自己的成就感到自豪

① 艾米·劳拉·多伯罗，等.托幼班创造性课程[M].李永怡，黄淑芬，译.南京：南京师范大学出版社，2005.

（二）环境材料的创设要符合幼儿的年龄特征和发展需求

幼儿园环境的创设要符合幼儿的年龄特征及身心健康的发展需要，促进每个幼儿全面、和谐地发展。从一般的年龄特征来看，小班、中班、大班幼儿在身心发展特点上的差异是非常明显的，其发展所需要的环境材料也是不同的。因此，教师要根据幼儿不同的年龄特征为其提供适宜的教育环境材料。比如根据幼儿的年龄特点，小班可以没有建构区，但一定要有娃娃家，大班幼儿则一定要有建构区等。同样是娃娃家游戏，小班幼儿的角色游戏多是一些模仿动作，处于平行游戏阶段，那么给小班幼儿就应该提供数量较多的主题玩具，而且要一式多份。而大班幼儿知识经验较为丰富，对社会生活的反映范围扩大了，内容也丰富了，所需的多是一些富有创造性的或者能一物多用的材料，比如树叶、木棒、包装盒等。同时，还要考虑班上幼儿目前的兴趣，比如目前本班幼儿正对收集废旧的材料做衣服有兴趣，那么，班上就可以设置一个"时装屋"。

另外，即使是同一个年龄班的幼儿，在能力、学习方式等方面都存在很大的差异。因此，教师在投放材料时要考虑到材料的层次性，让幼儿通过不同材料达到各自的发展。在投放材料时，教师要考虑材料对于幼儿的不同意义，不能做统一的要求。下面是一位教师组织的一次科学活动。

今天是科学活动课，活动的主题是有趣的测量。活动开始时张老师首先提了两个问题以唤起幼儿的生活经验："小朋友，你知道你多高吗？""你知道是怎么测量出来的吗？"幼儿一下子打开了话匣子，说着各自的生活经验。张老师听过之后接着说："今天张老师带来了一些物品，想请大家都忙量一量。"张老师一一展示了要测量的物品，有尺寸相差很大的物品，也有尺寸仅有细微差别的物体。然后张老师说："我给大家提供了几种不同的测量工作，有直尺，有没有任何刻度的绳子，有粗略刻度的尺子，还有每条长度10厘米的纸条。大家可以自由选择要测量的物品和测量工具进行测量。"张老师又给每个幼儿发了一张记录卡，让幼儿测量之后记录下来。

活动中，教师考虑到幼儿之间不同的发展水平，有的认识数字，有的不认识数字，有的认识刻度，有的不认识刻度，给幼儿提供了不同的测量工具和不同的测量对象，幼儿可以根据自己的发展水平和兴趣进行自由选择，这样，所有幼儿都在自己的最近发展区内得到了较大的发展。另外，发展较好的幼儿，还能成为其他幼儿的榜样，为其他幼儿的发展提供支架。

（三）环境的创设要与教育目标相一致

幼儿园环境材料的创设要与幼儿园的教育目标和某一次教育活动的目标相一致。首先，教师在幼儿创设环境时必须要有目标意识，要有利于幼儿体、智、德、美等各个方面的发展。如创设环境时偏重智力发展，而忽视社会性、情感、态度等方面的发展就不行。如果室内的活动区都是供幼儿独自活动的内容，如看书、穿珠子、搭积木等，而没有幼儿可以相互交往的区域和相应的活动环境，对于幼儿的社会性发展就非常不利。

其次，幼儿园环境的创设要随着教育活动的主题而不断地变化，使幼儿园环境的创设成为课程的一部分，正像瑞吉欧学校中提出的"环境是幼儿的第三位老师"。有些幼儿园只在学期开始的时候或者上级检查的时候才创设班级环境，那么环境就形同虚设，起不到促进幼儿发展的作用。因此，创设环境时教育活动目标是依据，应将教育目标落实到月计划、周计划、日计划以及每一个具体的活动中。

另外，幼儿园环境的创设要随着幼儿兴趣的变化而不断地变化。环境材料的投放并不是越多越好，教师可以根据幼儿的游戏情况和兴趣分期分批地进行。比如在娃娃家里，当幼儿对做饭、做糕点渐渐失去兴趣时，教师可增加一些工具（如小锤子、小木板等），这样幼儿的兴趣就会自动地转向这些新材料，生发出一些与工具有关的修理、敲打等活动。当幼儿对某些材料不再触碰甚至熟视无睹时，更新材料就势在必行。

（四）把环境创设作为重要的活动过程

别把环境的创设当作准备，因为实际上它已经是活动本身。幼儿不仅仅是被动地接受环境的影响，他们也是环境的积极的影响者。在进行教育活动的过程中，教师可以让幼儿参与到材料的收集过程中。通过对材料的收集、选择，幼儿可以了解材料的属性、功能等。收集材料并不是教育活动准备的环节，幼儿已经在这个过程中建构了自己的经验，得到了发展。另外，在环境创设的过程中，幼儿的想法常常出乎成人的意料，再加上幼儿之间更有共同的语言，他们参与搜集材料、创设环境将更有创新性和童趣。一位幼儿园教师讲述了这样一个案例。

再过两周我们班就要开展"丰收的秋天"的教育活动了，为了事先给幼儿营造一种秋天的丰收的氛围，本想自己给幼儿创设环境，后来考虑到现在正是秋天收获的季节，带幼儿到田间地头亲自去体验一下不是很好吗？于是，我和另外两个带班老师带领班上二十多名幼儿来到幼儿园附近的田间，引导幼儿认识成熟的带着胡须的玉米棒、沉甸甸的大豆、黄灿灿的稻谷，还有藏在地下的花生。回来时农民伯伯还送给了幼儿一些作为礼物，幼儿非常开心。回幼儿园后，我和班上的幼儿一起把带回的礼物布置在活动区里，营造了一种浓浓的丰收的氛围。事实上，幼儿在田间体验和动手布置环境的过程中就开始建构关于秋天的经验。

二、情感的支持

作为教师，除了给幼儿提供物质环境的支持外，还应该给幼儿提供情感的支持，重视与幼儿之间的情感交流，建立起积极的情感支持环境，进行充分的情感沟通。教师的情感支持是教育行为最有效的催化剂，在积极的情感氛围中，无论是教师还是幼儿都更容易产生被支持的愉悦感，活动的动机更强，效果也更好。因此，教师需要淡化高高在上的观念，着力于春风化雨、润物无声的情感教育理念。

（一）认真地观察幼儿的情绪反应，给幼儿心灵以慰藉

教师要贴近幼儿，思考：幼儿在想什么？做什么？为什么这么想？为什么这么做？了解幼儿的真实感受和体验，才能帮助幼儿缓解压力，满足幼儿的心理安全需要，帮助幼儿消除焦虑这一许多心理问题的根源。

午睡的时间到了，可是玲玲还是不愿意睡觉，手里拿着她的魔方在摆弄来摆弄去。老师轻轻走到玲玲身边问："玲玲，你不想睡觉吗？"玲玲点点头说："我中午睡不着。"教师说："那好吧，小声一点，别打扰到别人就行。"

在午睡的活动中，教师没有统一要求，硬让孩子闭着眼睛，而是根据玲玲睡不着午觉的特点，对她降低了要求。自我为中心是学前儿童的心理特点，所以我们在活动中要引导幼儿思考别人会怎么想，这样做别人会不会心里难受，

我这样做大家会不会欢迎我。当幼儿尝试着为别人着想时，他的人际关系就会得到改善，就会避免一些心理问题的出现。在活动中引导幼儿进行换位思考，有助于幼儿建立融洽的人际关系。

（二）注意创设安全、温馨、关怀的心理氛围

教师应该尽可能地跟每一位幼儿进行交谈，不要只跟自己喜欢的几个幼儿交谈，交谈的过程中，耐心倾听他们的心声，尊重他们的想法。如果需要教师帮助，要热情地对幼儿伸出援助之手。尽量在开学初就能记住每个幼儿的名字，让他们觉得很亲切，感受到教师是关心他们的。尽量延长在户外活动的时间，和幼儿一起做游戏，走近幼儿的生活，让幼儿产生安全感和愉快的情绪。

（三）教师要注意自己的言行举止，为幼儿营造宽松和谐的氛围

教师对所有幼儿要平等对待，因为教师对待幼儿的态度和评价直接会影响到其他幼儿的态度和行为，所以，教师不要在幼儿面前表现出偏爱或讨厌某一个孩子。教师在和幼儿的交往中，要注意语气温和，不要对幼儿大声呵斥，要使用礼貌用语，让幼儿感受到亲切和受尊重。

教师要切忌对幼儿态度生硬、没有耐心，经常表现出不耐烦的样子，这样使幼儿缺乏心理安全感，特别有的教师经常会说："你再不听老师的话，中四班不要你了，送到小班去……"幼儿园教师曾经讲述了这样一个案例。

一句"亲爱的"温暖你我他[1]

盥洗环节，孩子们长长的队伍正好把我的办公室门给挡住了。于是我走到了门口，对着那正门的孩子说了句："亲爱的，让我一下好吗？"正好那孩子是慧慧。"好的，亲爱的老师！"只见慧慧向后退了退，然后转身自豪地告诉后面的小朋友说："刚才老师叫我亲爱的哎！"等我喝了口水，走到门口，原本打算就站那等孩子们喝好水，并观察下他们喝水的情况。这时，慧慧连忙往后退了一步，双手一摆说："亲爱的，你从我这走！"看到她那可爱的模样，我大笑。听到她立即模仿了一句"亲爱的"，即使作为老师的我心里也暖暖的。于是我走了出来，并对她道谢："谢谢亲爱的！"我们常常直呼孩子的姓

---

[1] 案例来源于安吉教育网（http://www.ajedu.com/Article_Show.asp?ArticleID=64401）.

名，偶尔呼唤一声小名，他们都会觉得特别亲切，特别开心。多给孩子一些甜蜜的称呼，让我们彼此走得更近，让他们觉得幼儿园就是一个温馨的家，老师就是妈妈！

幼儿的心灵是敏感的，他们能够敏锐地察觉到周围人对自己的态度是否友善和亲近，从而产生愉快或者抵触的情绪。案例中，老师一句简单的"亲爱的"让慧慧在其他孩子们面前异常骄傲和自豪，而从其他孩子们羡慕的眼光中，也可以发现他们也希望老师这么叫他们。当慧慧感到一句"亲爱的"可以让自己这么温馨时，立即现学现用，对教师也这么说了！原来师幼之间可以如此简单地拉近彼此的距离。所以，教师不要吝啬自己的热情和爱心。

延伸阅读

学前儿童心理健康的标志[①]

1.动作发展正常。动作发展与脑的形态及功能的发育密切相关，学前儿童躯体动作和手指精细动作的发展水平处于正常范围是心理健康的基本条件。

2.认知发展正常。一定的认知能力是学前儿童生活与学习的重要条件，虽然学前儿童的认知发展存在个体差异，但若某个儿童的认知水平明显地低于同龄儿童，且不在正常范围内，那么该儿童的认知能力是低下的，心理也是不健康的。

3.情绪积极向上。积极的情绪状态反映了中枢神经系统功能的协调性，亦表明个体的身心处于良好的平衡状态。学前儿童的情绪具有很大的冲动性和易变性，但随着年龄的增长，情绪的自我调节能力有所增强，稳定性逐渐提高，并开始学习合理地发泄消极的情绪。

4.人际关系融洽。学前儿童之间的交往是维持心理健康的重要条件，也是获得心理健康的必要途径。心理健康是学前儿童乐于与人交往，能与同伴合作，游戏中能够谦让。

5.性格特征良好。心理健康的学前儿童，一般具有热情、勇敢、自信、主动、合作等性格特征，而心理不健康的学前儿童常常具有冷漠、胆怯、自卑、被动、孤僻等性格特征。

---

① 此处参考顾荣芳.学前儿童健康教育论[M].南京：凤凰出版传媒集团，2009.

6.没有严重的心理问题。学前儿童不健康的心理往往以各种行为方式表现出来，诸如吮吸手指、遗尿、口吃、多动等。心理健康的学前儿童应没有严重的或复杂的心理卫生问题。

第二节　教师是幼儿学习的引导者

按照维果斯基的观点，幼儿的发展除了要依据其本身内在心理机能的成熟，还必须依靠外界的帮助和提升。成人在幼儿现有水平上给予支持、帮助和引导，恰似为幼儿的进一步发展提供了很好的支架。瑞吉欧学校的教师把这种特点的学习过程比喻为在教师和幼儿之间传递的一只球。幼儿在活动中的表现就好比一只球抛给了教师，教师根据幼儿的表现来增设材料、提供帮助等，就好比把球又抛回给幼儿，这样，教师和幼儿一方的反应引起另一方的反馈，如此循环往复，引导幼儿逐渐积累经验。

教师在幼儿的学习活动过程中如何进行引导呢？这种引导也不是随意的，教师的引导要以有意识地促进幼儿在身体、认知、社会和情感等方面的发展为原则。

一、有目的地丰富幼儿的生活经验，扩大活动的内涵

幼儿的活动是幼儿生活的反映，其生活经验是幼儿活动的基础与源泉。在开展活动之前，教师应该根据所开展教育活动的目标，有针对性地丰富幼儿的生活经验。丰富了幼儿的生活经验能激发幼儿的兴趣，扩大活动的内涵，教育就成功了一半。

一位幼儿园老师讲述了这样一个案例。

在一次大班的饮食营养教育活动中，活动目标之一是了解常见蔬菜的营养价值，喜欢吃各种蔬菜。活动开始后，老师首先出示了几张预先做好的常见蔬菜的图片（黄瓜、芹菜、土豆、番茄等）问小朋友："这是什么蔬菜呀？"小朋友几乎是齐声回答："黄瓜……"老师接着出示一张西红柿的图片问小朋友："你们吃过西红柿吗？请小朋友想一想，西红柿都有什么营养价值呢？"

过了半分钟，只有少数小朋友回答："吃过。"老师可能觉得幼儿是不是不懂"营养价值"是什么意思，就接着引导说："那小朋友想一想吃了西红柿对小朋友有什么好处呢？"这次，有几个小朋友回答说："吃了之后小朋友可以长高、长大。""吃了之后身体好。"有几个小朋友已经开始走神，表现出百无聊赖的样子。活动进行到这里，老师就停下来了。

后来老师反思，这次教育活动的组织之所以没有成功，是因为幼儿并没有相关的生活经验，活动之前没有做好相关的工作……于是，第二次活动，老师就带着小朋友来到菜园里，小朋友甭提有多高兴了。老师一边走一边引导幼儿观察各种蔬菜，观察它的茎、叶、根、果实等的样子，讲解它的生长过程，对于有些可以即食的蔬菜，还拿给幼儿品尝，不能即食的老师就买回去拿给厨房的师傅加工，然后拿给幼儿品尝。自始至终，幼儿的积极性很高。

第二天，老师又开展了饮食营养的教育活动，还做了很多营养小人，让幼儿介绍常见蔬菜的样子、食用部位，以及让幼儿给常见蔬菜配对营养小人……幼儿的积极性大大提高了，收到了意想不到的效果。

在案例中，由于第一次活动时，幼儿对常见蔬菜的样子、生长状况等方面没有经验，以至于在活动开始时，幼儿表现出百无聊赖的样子，活动也变成了教师一个人的说教，幼儿没有真正进入活动中。

教师带领幼儿参观菜园之后，幼儿具备了相关的经验。在第二次开展活动中，幼儿的积极性和参与性大大提高了，幼儿能介绍常见蔬菜的生长情况、食用部位，甚至能给常见的蔬菜配对营养小人。由此可见，在活动之前丰富幼儿的生活经验、激发幼儿的兴趣，对于诱导幼儿进入活动、促进活动的顺利进行至关重要。

二、提供知识与技能上的必要协助

我们知道在幼儿的学习活动中，教师要为幼儿提供一定的机会，让幼儿主动探索，发现学习，自主建构生活和学习经验。但是，也不是事事都要让幼儿亲自去尝试、发现，什么经验都让幼儿自主去建构。幼儿的发现学习也是建立在幼儿具备一定的知识和技能的基础上的，如果幼儿不具备一定的知识与技能，幼儿将不知如何发现，如何探索。

幼儿园里发生了这样一个教育情境。

撕出各种各样的衣服

中班幼儿学习了绘本《爷爷一定有办法》。绘本中介绍了约瑟从小就和爷爷建立起深厚的感情，他相信爷爷一定有办法把旧东西变成新的东西。绘本中老爷爷能用巧思把孙子心爱的破毯子变成外套、背心、领带、手帕和纽扣等。学完之后，老师组织幼儿进行了一次拓展活动，想让幼儿根据绘本中的经验撕出各种各样的衣服，发展想象力，提高动手能力。老师为孩子准备了报纸。活动开始后，老师先和幼儿一起回忆了绘本的内容，幼儿对绘本的内容都非常熟悉，于是老师对幼儿说："今天杨老师给大家找来了报纸，我们也来学习约瑟的爷爷变衣服吧？"幼儿都说好，兴致非常高。老师说："那先请小朋友用报纸变一件外套吧。"两分钟过去了，没有一个幼儿变好，又过了两分钟，陆陆续续有五六个幼儿说变好了，老师赶紧把他们的作品贴在展示板上，并给予鼓励。看其余的小朋友还没有变好，老师和带班的教师都急了，两个人都下来帮忙，帮了这个帮那个，好不容易都差不多了，时间已经过去了很久。接下来，老师又让幼儿在外套的基础上变出马甲，也基本上是上述的情况，再到后来，幼儿都没有什么兴趣了，有的拿着报纸盖在脸上，有的把报纸握成团相互扔来扔去……

上述案例，是一个较为失败的例子。这次教育活动的问题出在了教师让幼儿用报纸撕出各种各样的衣服时，幼儿没有撕纸的经验和技能，教师在活动前也没有进行必要的技能示范与学习，以至于在活动的过程中遇到了困难，教师不停地帮了这个帮那个，到后来幼儿也没有了什么兴趣。

因此，在操作性的活动之前，教师应该给幼儿相应的知识、技能，以提高幼儿后期活动的质量。真正有质量的学习是教师把知识、技能和方法教给幼儿，让幼儿根据实际情况加以运用的活动。幼儿在操作、摆弄、交往中，通过练习、运用学到的东西，领悟其中的道理和要领，使教师所教的知识和技能真正变成自己的经验，而不是头脑里死记硬背、毫无意义的符号。

那么，什么样的知识教师可以直接教给幼儿呢？

（一）优秀的文化传统

对幼儿进行优秀文化传统的教育，使幼儿能在短时间内获得人类用漫长时间创造的大量精神财富，如古今中外的故事、科学家的发现、优秀的儿童文学作品等。

（二）行为规范、社会生活常识

必要的行为规范、行动规则、社会生活常识等，不需要幼儿自己去尝试，或不适合幼儿去尝试，甚至尝试是危险的，如电源的插孔不能摸，红灯亮时不能过马路，不跟陌生人走等。

（三）必需的知识或概念

教给幼儿必需的知识和概念，让幼儿能高效地获得比较系统的有条理的知识，如哺乳动物、家禽等知识。

（四）某些技能、技巧

需要教师介绍给全体幼儿，比如涂色的技巧、剪纸的技巧、物品的使用方法等。

三、帮助幼儿解决冲突及困难，使活动顺利进行

幼儿间发生冲突是幼儿在活动的过程中常见的一种情况，有时也是导致活动不能顺利开展的最主要的原因之一。幼儿间的冲突多发生在物品的分配或者活动机会的选择时。正确认识和对待幼儿的冲突是教师的主要职责之一。教师应当看到，幼儿间发生冲突并不是一件坏事，冲突本身及其解决是幼儿之间沟通的重要途径，也是幼儿社会性发展、认知发展的重要途径。引导幼儿正确对待冲突、学习冲突解决的重要策略，是幼儿教师的基本职责之一。

幼儿园里发生过这样一件事情。

户外活动时间，一位老师带着班上的幼儿正在进行活动，小琳突然跑到老师的身边告状："小恒不让我玩水枪！"班上只有两个水枪，幼儿常常为该谁玩而争来争去。

教师的话语在幼儿的心目中具有一定的权威，但两个幼儿发生争执时，小琳并没有和同伴协商，而是选择向教师反映，因为幼儿知道教师是最有权威

的，只要教师说一声"大家一起玩吧"，她就可以玩到水枪。她是想利用教师的权威来打破同伴之间的平衡，因此，教师不能轻易说这句话，因为这样下去告状的幼儿将会越来越多。但是，教师也不能置之不理，因为发生争执之后活动就此终止了，教师还要想办法解决争执，引导幼儿继续活动。那么这时教师应该如何引导幼儿呢？

（一）教师可以抓住幼儿之间的冲突，发展幼儿的社会性交往技能

比如这时教师可以引导小琳去和小恒进行协商，可以说："小恒，我很想玩一下这个水枪，如果你让我玩一下，下次我就给你玩我的奥特曼。"这可以发展幼儿之间的协商合作能力。教师也可以引导小琳观察小恒什么时候累了，再去和小恒协商，建议小琳别着急，先玩一会儿别的玩具，让幼儿逐渐明白玩玩具要学会轮流。另外，教师也可以利用幼儿之间的争执，引导幼儿增强抗挫折的能力。幼儿必须承认他不可能永远是赢家，必须学着接受失败与被拒绝。教师引导幼儿说："没关系的，也许等一下小恒就不想玩了，我们还有很多别的事情可以做呀！有……"

（二）教师可以抓住幼儿之间的冲突，培养幼儿的同情心和相互谦让的好习惯

比如同情心，如果小恒坚决不让小琳玩水枪，教师可以引导小恒说："小恒，小琳已经等了很久了，她很着急，你知道等那么久的滋味是很不好受的啊！"以这样的方式或许可以唤起小恒的同情心。但这时，教师必须明白，小恒是没有犯错的，教师在引导的时候需要注意语气和用词，不要责怪小恒，以免造成对小恒的伤害。

总之，教师切忌在解决纷争或冲突时大声呵斥，说："你们天天都为这个水枪争来争去，以后再不要玩了！""小恒，就你霸道，让别的小朋友玩一下怎么了？""你们再争，就不要出来玩了！"等等。

在解决幼儿冲突及纷争时，教师就事论事地协调只是其中的一个方面，还应该注意到平时对幼儿的培养和影响，比如，在平时"一贯地为幼儿提供合作、分享、互相尊重的机会或模仿的榜样；通过日常生活或多种活动让幼儿认

识到他人的行为举止、爱好或情感不一定都和自己的相同，应当相互尊重；让幼儿有机会体验争执而不解决问题所造成的失败或失望，学习简单而有用的对付冲突的策略，体验商量、沟通的价值；引导幼儿自己解决冲突，而不依靠成人等"[①]。

四、通过积极的应答、启发式的交谈，帮助幼儿提升认知经验

在活动中教师对幼儿积极地应答和富有启发性地提问非常重要，好的应答和提问，能启发幼儿独立思考，引导幼儿一步步深入探索，积极建构经验。

在集体活动中教师的应答首先应该是积极的，教师对幼儿恰当的应答不是简单的评价，而是进一步的指导和促进。其次应鼓励幼儿通过各种实践活动寻找问题的答案，鼓励不同的想法和不同的尝试（只要是安全许可的范围之内），鼓励差异，甚至允许幼儿出错，而不是强调整齐划一。如肯定正确的观点，进一步诱导追问，激发幼儿进一步思考，委婉地纠正幼儿明显的错误观点，引导幼儿朝着正确的方向思考。最后鼓励幼儿对已有的答案提出质疑和问题，与幼儿平等对话。此外，教师还要理解幼儿的内心感受，能够随机应变，当幼儿回答问题有困难时，教师应耐心等待并积极设法促成转机等。只有这样，才能保证教育活动真正成为幼儿独立自主发现、分析、解决问题的过程，只有这样教师才起到了对活动引导和促进的作用。

当建筑分队的队员们将建桥的工程完工后，大家一起准备去引水了。瞧！孩子们争先恐后地将打来的水灌入"小溪"里，有的用剖开的竹片连接起来引水，有的则直接用水桶拎来水倒入溪中……忙活了半天，水倒是弄了不少，可是也没看见小溪的水流通了。有的幼儿说："这里还没水呢。""快点，再加点，再加点。"……这时，我发现水流到了小溪的中间就再也流不下去了，但我只是在一旁静静观察孩子，3分钟过去了……5分钟过去了……

于是我招呼着大家："队员们，我发现一个问题，大家到这边来看看。"等到大家都来到后，我接着问："你们的水灌到这里为什么就流不下去了

---

① 李季湄. 幼儿教育学基础[M]. 北京：北京师范大学出版社，1999.

呢？"孩子们有的说："老师，我知道，是因为这里太高了，所以流不过去了！"我顺势便问："哦，大家觉得是这样吗？那我们该怎么办？""因为水是从高的地方流过来的。""应该把这里挖低一点！"几个孩子在旁边你一言我一语："哦！原来是这个问题，如果想让水从高的地方流下来，我们要把河挖低……"说着，孩子们便拿来了工具，准备试着将这里往深处挖一挖，"快看，水流下去了……"孩子们似乎看到了惊喜……[①]

如上案例中，当幼儿争先恐后地在小溪里灌水，一边在不停地灌水，而另一边又发现小溪的水还没有流通。这时教师采取的是先等待观察，在等待观察后教师发现幼儿并不能掌握水流不通的真正原因，于是，教师通过引导幼儿发现问题——追问为什么——启发幼儿讨论——试验，最终得出结论。在活动中教师通过启发性的提问，层层递进地引发幼儿思考，又通过有趣的试验进行验证，最终找到了答案。整个活动中，教师积极参与幼儿的活动，在活动中与幼儿一起思考、探索，在支持幼儿活动的同时又给予引导和帮助，使整个活动取得了良好的效果。

第三节　教师是幼儿活动的合作者

皮亚杰的儿童发展理论始终贯穿着一个思想，即教师要与儿童合作，做儿童的"合作伙伴"，幼儿教师要以"合作伙伴"的身份参与到幼儿的学习活动中，共同促进学习活动的不断延伸。《幼儿园教育指导纲要（试行）》中要求教师成为幼儿学习活动的合作者，淡化传统的"教师在上、幼儿在下"的师幼关系，变"填鸭式"的活动为合作的学习。

教师不仅是教育活动的引导者。教师具有双重身份，既要以平等的伙伴的身份出现，又要在参与过程中记得自己是一个教育者，并且给予引导和指导。教师以伙伴的身份参与幼儿的活动，才能在活动中发现幼儿感兴趣的事物和偶

---

① 案例来源于安吉教育网（http://www.ajedu.com/Article_Show.asp?ArticleID=63030）.

发事件中蕴含的教育价值，把握机会，积极引导。教师在参与活动的过程中，能近距离地了解幼儿，体验幼儿的感受，了解到他们所遇到的困难及处理问题的策略，能根据幼儿的兴趣、发展水平，提供有针对性的指导。教师参与活动的过程中，能根据活动的进程提供对幼儿来说具有挑战性的问题，促进幼儿思考，促进幼儿主动建构经验，在原有的基础上得到发展。

教师的参与不是指代替幼儿自身的学习，而是在幼儿的水平上参与幼儿的活动。教师通过合理参与，了解幼儿的活动水平，分享幼儿成功的乐趣，找出幼儿学习的困难，与幼儿共同解决困难，进行有针对性的引导和帮助。

在教师实践中，教师对于幼儿活动的指导存在着两种极端：一种是放任自流；另一种是高压控制，过多干预。有的教师如果看到幼儿没有按照自己的预期目标进行活动，马上纠正，将教育目标强加给幼儿，最后导致活动的终止。我们看下面的案例。

在区角活动时间，各个活动区内都在热火朝天地进行着活动。突然，老师听到搭建区传来热烈的喝彩声，走近一看，原来是三个男孩子在搭建积木，搭得很高很高。老师发现三个幼儿搭的积木，有些大的搭在了上面，小的搭在了下面，就说："你们能不能把大的积木搭在下面，小的搭在上面呢？"一边说着，一边想让幼儿按照积木的大小排序。三个搭建的幼儿继续尝试搭着，过了一会儿也都走开了，只有老师一个人还站在那里。

在上述案例中，教师并没有认真观察幼儿的活动，了解幼儿活动的意图，只是看到幼儿搭的积木没有按照自己预设的目标进行，就马上进行干预，想让幼儿根据物体的大小进行排序，打断了幼儿正在进行的活动，妨碍了活动的进一步发展。

研究表明，一方面，"如果教师以一种敏感的、响应的、支持的方式与儿童进行互动，那么教师参与就能提高游戏水平；而另一方面，如果教师对游戏进行操作控制，提供太多的结构性限制，或为教学目的而打断游戏，那么通常会损坏游戏"[①]。那么教师应该如何判断介入幼儿活动的时机呢？

---

① 常璐. 教师对幼儿游戏介入时机的研究[D]. 上海：华东师范大学，2006.

一、教师需要介入幼儿活动的情况

（一）当教师发现某个幼儿迟迟不能进入活动，或者既不玩玩具也没有伙伴时

比如在活动区活动时，如果教师发现有幼儿无所事事，教师可以向幼儿介绍一下活动区的活动，问问幼儿想玩什么。如果幼儿还不说，教师可以自己先进入活动区：下一块放到哪里呢？一旦幼儿动手了，教师就可以退为旁观者了，不时鼓励一下，并在合适的时候离开，让幼儿自己玩。如下面的案例。

有一次在玩医院的游戏中，幼儿忙得不亦乐乎，有的挂号，有的收费，有的带娃娃看病……老师发现班上新转来的月月一个人走到这里，走到那里，也没有其他的小朋友邀请月月进入游戏，月月显然是一个局外人。这时，老师迅速走上前说："李老师今天肚子有点不舒服，你陪我去医院看看医生吧？"月月欣然同意了。

上述案例中，教师通过扮演"病人"邀请月月陪同去看医生，很自然地把月月带入了游戏活动中。

（二）当活动遇到了困难，进行不下去的时候

在活动的过程中，幼儿经常会遇到一些困难，教师不要盲目介入，要先学会观察，让幼儿通过自己的努力来解决困难，但如果遇到的困难以幼儿自身的能力和经验水平解决不了，以至于活动进行不下去，教师就有必要介入活动。幼儿园里发生了这样一个场景。

幼儿在玩"影剧院"的活动时，几个幼儿发生了争执。康康说："我不当检票员！"洋洋说："我也不当检票员！"琪琪说："我才不当呢，那大家都不当就不要玩了……"原来，大家都觉得检票员检完票就没有事可做了，所以幼儿觉得没有意思，都不想扮演检票员。活动一下陷入了困境，几个幼儿都站在自己的位置，相互之间没有再交流。这时张老师就扮演了一位迟到的观众，说："里面那么黑，检票员带我找座位好吗？"于是，洋洋高兴地站起来，找到手电筒，说："我是检票员，我带你去找座位。"游戏继续进行。

由此可见，教师的介入丰富了角色的内容，解决了游戏的困境，增强了游戏的趣味性。

（三）当幼儿重复简单的活动且维持在较低水平时

在这种情况下教师有必要介入，通过增减材料、提出具有启发性的问题等引导幼儿进行高层次的活动，以增进幼儿社会性和认知的发展。

大班"奇妙的脚"活动中，老师首先向幼儿提出了问题："我们的脚都可以做什么呢？"有的幼儿说："用脚可以走，可以跑。"有的说："用脚可以跳高。"有的说："用脚可以骑车子。"有的说："用脚可以踢足球。"有的说："用脚可以跳藤圈。"有的说……基本上都是幼儿原有的经验。老师看幼儿基本上都在重复原有的经验，就进一步提问："小脚能作画吗？""小脚能写字吗？"这些具有挑战性的问题，使幼儿对脚的功能产生认知上的冲突，开始对脚的功能进行新的探索，构建有关脚的功能的新经验。最后，老师为了让幼儿和同伴合作建构有关脚的经验，提出："一个人用脚撕纸有难度，我们两个人一起好吗？"引导幼儿进一步进行合作建构，共同建构关于脚的新的功能。

在上述的案例中，当教师发现幼儿都在不断地重复关于脚的功能的原有经验时，给幼儿提出了富有启发性的问题："小脚能画画吗？""小脚能写字吗？"通过问题引起幼儿认知上的冲突，引发幼儿对脚的功能进行新的思考，构建关于脚功能的新经验。之后教师继续提出问题："一个人用脚撕纸有难度，我们两个人一起好吗？"又进一步把幼儿的认识活动引向了较高的层次。

（四）当教师介入能帮助幼儿获得新经验、提升活动水平时

在幼儿活动的过程中，随时可能出现学习新概念、构建新经验的机会，这些机会稍纵即逝，教师要充分把握这样的时机进入幼儿的活动，提出适当的问题，启发幼儿进行思考，和幼儿一起讨论解决问题的办法，最后促进经验的提升。通过这种方法，幼儿所获得的进步比正式的教学活动效果要好很多。

今天是"小小建筑师"的活动，建筑师们要建一座桥。活动开始后，小建筑师们自行分成三组，进行了商量、分工、合作。建筑师们忙得热火朝天，教师也没闲着，来到了建大桥的这一组。组长俊俊正忙活着钉桥柱，这时其中的一位幼儿拿来了一根竹片准备架在两边钉好的桥柱上，可是放上去又掉下来，放上去又掉下来……一连试了四次都没有放好。教师看幼儿表现出有些不

耐烦的样子，就说："咦，竹片怎么架不住了呀？"拿竹片的小朋友又看了看自己拿的竹片和两边的桥柱……这时一旁的俊俊注视着桥柱突然明白了什么："哦！我知道了，是桥柱的位置钉得太外面了……"说着便将其中一个桥柱顺势拔起，向中间钉了钉，使得两根桥柱间距缩小了一些。"可以了！"俊俊似乎对自己的调整信心十足，于是他便自信地将竹片架在了桥墩的两端。"可以了！可以了！"孩子们欢呼雀跃起来。

在合作游戏中，教师除了对幼儿提供基本的支持外，偶尔以合作者的身份提出问题，引发幼儿思考，和幼儿一起解决问题，共同分享解决问题时的喜悦，对于幼儿的发展来说是十分必要的。在上述"小小建筑师"的活动中，教师来到了建大桥这一组与幼儿一起活动。教师初到时并没有马上说话，也没有对幼儿的活动指手画脚，而是作为幼儿的合作者与参与者，发现了"竹片架不住"这一问题，并及时地引发了幼儿进行思考和探索，最后幼儿经过自己的思考和尝试，找到了竹片架不住的真正的原因，自己解决了活动中遇到的困难。

二、教师不宜介入幼儿活动的情况

（一）当幼儿的活动可以顺利进行，并且幼儿正在饶有兴趣地活动时

在一次自制图书活动中，老师示范了剪纸和用胶水装订图书的技能后，让幼儿自己设计图书并进行装订，然后开始巡回指导。老师一会儿走到这个幼儿身边说："你画的是什么呀？"一会儿又走到另一个幼儿身边说："这个像什么呀……"有的幼儿随便说一句："青蛙在旅行。"有的说："不知道。"

由此可见，教师的介入既没有启发幼儿的思维，也没有帮助幼儿提升经验，看起来是教师认认真真地在指导，实际却造成了对幼儿确确实实的干扰。因此，当幼儿对教师的介入置之不理时，教师应该马上退出，继续观察，而不要把自己的目的强加于幼儿。教师如果要介入幼儿的活动，最好等到活动的转换时间。

教师在幼儿不需要的时候不合时宜的介入，反而会影响幼儿的活动。有的时候教师的观念没有转变过来，总认为自己不教幼儿就不会，自己不指导游戏就进行不下去。教师应该知道教师的角色主要体现在如何支持幼儿的学习上，

如何满足幼儿自主选择、自主活动上。

（二）当幼儿不愿意教师介入活动时，教师应该尊重幼儿的意愿，不要强行进入游戏

比如幼儿在活动时，几个小伙伴之间配合默契，角色的分配也恰到好处，这时幼儿只希望和自己的几个小伙伴玩，不希望再有外人介入他们的角色，因为再有外人的介入就会影响他们的活动。这时教师就不要强行进入活动，做幼儿活动的观察者就可以了。

总之，幼儿教师的角色是多重的、变化的，在幼儿园教育活动中，幼儿教师要将这些多重的角色融为一体，才能在幼儿的生活和学习活动中承担更多的职责，对幼儿的生活和学习、身体和心理的良好发展产生全面而又深刻的影响。

延伸阅读

"瑞吉欧"学校中教师的作用①

瑞吉欧学校认为，在一个特定的教育情境中，"对于教师要做什么和怎么做往往没有最权威的和统一的答案，这一问题完全要看当前班上的具体儿童到底需要什么样的教师"。另外，教师也不断地对自己的作用提出质疑和改进。概括地说，瑞吉欧学校中教师的作用主要体现在以下几个方面。

一、给儿童的学习提供合适的环境和材料

瑞吉欧学校认为，环境是第三位教师。他们非常强调环境本身的教育作用，对环境的设计和安排非常细致，也强调材料的颜色、质地和类型的多样性和审美价值。

二、成为儿童学习和探索的合作伙伴

教师在方案活动中具有双重身份，既以平等的身份参与，又在参与过程中进行引导。教师和儿童一起在方案活动中深入和详细地探索儿童感兴趣的东西，并在此过程中有效地提供对儿童的能力有一定挑战意义的问题情境和解决问题的机会。

---

① 此处参考周欣."瑞吉欧"学校中教师的作用[J]. 早期教育，2001（8）.

三、仔细倾听和观察儿童

瑞吉欧学校认为，教师作用的核心是倾听。教师在儿童学习的过程中最好不要急于介入，教师可以先靠边站一会儿，给儿童的学习留点空间。

四、照料儿童和引导儿童发展

瑞吉欧学校中尽管教师没有预先计划好教育过程，但他们在教育过程中对儿童的反馈不是随机的，而要在支持和引导儿童的学习过程中有意识地促进儿童在身体、认知、社会和情感方面的发展。

五、给儿童树立一个良好的榜样

瑞吉欧学校认为，要培养儿童的民主参与意识、合作学习和解决矛盾的能力，成人首先要在这些行为上提供良好的榜样作用。如教师之间的公开讨论、批评和自我批评，可以给儿童和家长提供一个如何参与和合作的榜样，从而促进人与人之间开放和坦诚交流的气氛。

六、促进家长、学校和社区之间的联系

瑞吉欧学校成功的一个重要因素，是因为它有一个健全的、高效率的社区网络。这一网络中的各个系统、各方人员相互支持和影响。家长的参与体现在对学校的政策制定、课程的计划和评价及方案活动的组织方式方面提出意见。

? 思考题

1. 教师应如何为幼儿创设富有教育性的物质环境？

2. 在幼儿一日生活中，教师应如何为幼儿提供精神支持？

3. 在幼儿学习活动过程中，教师如何帮助幼儿提升认知经验？

4. 观察幼儿一日活动，谈谈哪些知识教师可以直接教给幼儿。

5. 在指导幼儿活动的过程中，教师应如何把握介入幼儿活动的时机？

第六章

课程建构：构筑幼儿的生活经验

我们已经知道，幼儿是在活动中进行学习、生活、工作的；幼儿教育要以幼儿为本，以游戏为基本活动；幼儿阶段的教育对幼儿一生的发展具有极其重要的基础意义，是其他阶段的教育无法取代的。幼儿园教育目标的实现、教育任务的完成，需要通过适宜的幼儿园课程、各种类型的教育活动。

因此，组织和实施幼儿园课程的过程便是促进幼儿在活动中获得有益学习经验的过程。幼儿在幼儿园参与的所有活动，都是课程的一部分。换言之，无论是游戏活动、生活活动、户外活动还是集体教学活动，都是幼儿园课程的有机组成部分。简言之，幼儿园课程是在幼儿已有经验的基础上，通过有计划、有目的地实施各种活动，最终提升、拓展幼儿的学习和生活经验，使其身心获得和谐发展。基础性、启蒙性、活动性、直接经验性是幼儿园课程的特点。

对于教师来说，在实施幼儿园课程时，最为关键的是把握好组织活动的三个环节：计划、实施、回顾与反思。

同时，还需要指出，幼儿园课程是针对幼儿特殊身心发展水平的课程，与小学课程有着本质的区别。因此，在课程实施中要注意幼儿园教育与小学教育的衔接。

本章我们将围绕三个主题进行讨论。

· 什么是幼儿园课程？

· 如何组织与实施幼儿园课程？

· 幼儿园课程与小学课程有何区别？

第一节　什么是幼儿园课程

在教育发展史上有一个有趣的现象，那就是，很多词本身就是复杂的社会现象，具有多种含义，如"教育"一词，我们能找到诸多相关的概念与定义；又如"课程"，也是一个拥有多种含义的词语。在历史上，有人把课程等同于教材，有人把课程等同于经验，也有人把课程等同于活动，更有人把课程等同于学科的分类。因此，幼儿园课程也受到这些因素的影响，拥有诸多不同的定义。目前，受到学界普遍认可的幼儿园课程定义是：幼儿园课程是实现幼儿园教育目的的手段，是帮助幼儿获得有益的学习经验，促进其身心全面和谐发展的各种活动的总和。[①]因此，对幼儿园课程概念的理解，需要把握以下三点。

一、幼儿园课程是"活动"

首先，理解幼儿园课程的第一个维度是：幼儿园课程是"活动"。也就是说，幼儿园课程的本质特点在于它的活动性。这意味着，幼儿在幼儿园学习、生活的形式并非通过类似小学生、中学生那样静坐听讲的上课方式，而是通过能够满足幼儿主动探究、投入体验的学习方式——活动。在活动中，幼儿是主动的、积极的、参与的。

把课程看作活动，是适应幼儿的天性的。幼儿天性好动，除了睡觉，他们一天都处于不停的活动之中。活动是幼儿学习、生活的方式，也是他们生命存在的形式。因此，活动最能够反映幼儿学习的本质和特点。与之相适应，"静坐听讲"就不是幼儿园课程的主要形式，因为"静坐听讲"是不适合活泼好动的幼儿的。正如杜威所说，"学校课程相连的真正中心，不在科学，不在语文，也不在地理，而是儿童本人的社会活动"。唱、跳、木工、烹饪、编织、园艺等，都是幼儿基本的活动，因此也是幼儿园课程的中心。

活动作为幼儿园课程的组织形式，意味着幼儿园课程要重视幼儿活动的过

---

① 李季湄. 幼儿教育学基础[M]. 北京: 北京师范大学出版社, 1999: 178.

程，关注幼儿在各种活动中的感受、兴趣、技能、认知、态度等方面的发展。关注过程，就是关注幼儿在活动过程中的感受与参与，关注幼儿的态度和兴趣，而不是某些抽象知识的获得。

把活动作为幼儿园课程的组织形式，意味着课程要遵循幼儿身心发展特点，让幼儿在各种各样的活动中，发展身体、认知、情感、社会性。它不能像中小学那样，实行精细的分科教学，因为幼儿还不能像中小学生那样静坐在教室里上课，也不能像中小学生那样通过做作业来加强各科知识的摄入与消化，而只能以幼儿生活为基础，以活动为形式，各种活动之间不是零散的、分化的，而是科学的、有机的、整合的。

在活动中，幼儿是主体，幼儿探究的环境、材料、知识、经验等是活动的对象。幼儿在幼儿园的活动是多种多样的，从晨间活动到餐点、游戏活动到集体教学活动、午睡活动到户外活动，等等，都是幼儿园课程中的活动。通过操作、游戏、互动，幼儿在活动中发挥了主体性，满足了探究的欲望，发展了经验，锻炼了身体。因此，幼儿是在活动中存在的。如果说"我思故我在"代表的是一种哲人对存在状态的思考，那么，幼儿的存在状态更确切的是："我活动故我在。"

幼儿园课程是活动，其必要性在于如下两点。

第一，幼儿是活动的主体。

幼儿是在活动中成长的。在他们充满兴致的活动中，观察小动物、饲养小动物、养花、浇花、吃饭、穿衣、做家务、游戏、操作，都能帮助他们获得生动的直接经验。因此，凡是能够让他们去行动的，都应该让他们参与，如班级环境创设、区域的设置、小桌椅的摆放，等等，都可以让幼儿参与。幼儿在活动中获得的经验，是真实的、生动的；在活动中碰到的问题，也会成为值得他们探究的问题；在活动中解决问题，则是他们最初的自豪感、成就感的来源。一旦成为活动主体，幼儿的探究能力和水平都会慢慢地发展起来。

第二，幼儿在活动中充分探究、体验。

有一首小诗说得很好：

你告诉我，我忘记了；

你让我看到，我记住了；

你让我参与，我就理解了；

你让我去做，我就永远记住了。

探究，是幼儿获得经验的有效途径，这是因为幼儿的心理发展还处于具体形象阶段，他们必须借助具体的情境、具体的材料，在亲自动手、认真参与、平等交往中学习。系统的学科知识不适合幼儿进行学习，他们只有通过各种具体的活动、材料来探索周围的世界，在活动中延伸、拓展经验。那些通过感官来认识的直接经验，才是他们容易理解并体认的。因此，幼儿园课程应该以幼儿的直接经验为基础，让他们获得直接经验。所有要让幼儿学习的知识，也必须以经验的形式呈现出来，这样对幼儿才是有意义的。

基于这两点，我们便明白，活动的方式更加适合幼儿学习的本质和特点，也更能解释幼儿园课程。

二、幼儿园课程是"帮助幼儿获得有益的学习经验……的活动"

接着，我们来看幼儿园课程理解的第二个维度：幼儿园课程是"帮助幼儿获得有益的学习经验……的活动"。这是为了突出课程的目的性，克服以活动来定义幼儿园课程可能导致的危险，如过于注重活动的外在形式和过程而忽视、忘却活动的目的（预期的结果），甚至视活动本身为目的，"为活动而活动"。换言之，能够促进幼儿获得有益的学习经验的活动才能成为幼儿园课程。如果一种活动不能有效地帮助幼儿获得有益的、有意义的学习经验，那就不能成为幼儿园课程的一个有机组成部分。

对于幼儿来说，有益的学习经验一般是来自生活、基于直接经验、易于掌握、能够提高和促进发展的。在直接经验的基础上组织活动，幼儿就更能够理解、内化活动中的经验。因为婴儿出生之后，尽管他们与成人一样，有着一个脑袋、一双眼睛、一个鼻子、一张嘴巴和健全的四肢，但他们要适应社会生活，就必须与周围的环境进行接触。这种接触既包括了与人的接触，也包括了与物的接触。正是在这种接触中，幼儿获得了直接经验。这是人生的基本经验。

直接经验在幼儿的生长发展中具有重要意义。只有在拥有了直接经验之后，幼儿才有可能进一步产生记忆、想象、联想、思考等心理活动。直接经验是正确的、新鲜的，幼儿对他人和他物的感知也是正确的、新鲜的。可以说，与周围环境的接触，奠定了幼儿学习和生活的基础，是他们拥有高级的心理活动、获得更高的能力的前提。直接经验是幼儿迈向更高的认知水平的基础，是提高理解能力的前提。

春天，学习雷锋的活动陆续在中小学开展。一位幼儿园大班老师认为这是一个非常重要的主题，从小培养幼儿乐于助人的品格也非常重要。于是，她组织了一个"学习雷锋"的活动。活动中，她出示了雷锋的诸多图片，向幼儿介绍了雷锋叔叔这个人。接着，老师念了节选的雷锋日记，分别记录的是雷锋所做的三件好事，然后问小朋友："雷锋叔叔在日记中记了什么好事？"最后延伸故事，提问幼儿："如果你看到了诸如故事中的场景，如陌生人碰到了困难，你会怎么做呢？"此时，幼儿并没有如老师所预期的那样，说出他们自己也会努力去做的好事。于是老师没有办法，提问了几个幼儿，让他们来说说自己都做过什么助人为乐的事情。被提问到的幼儿站起来，思考良久，也没有说出自己做过什么好事。老师着急了，催问幼儿，终于有的幼儿说："我在家都爸爸妈妈做家务。"老师又说："哦，你帮家里人做事了。你还帮不认识的人做过好事吗？"幼儿说："没有。"老师又提问其他的幼儿，内心非常希望有幼儿能够说出自己给陌生人也做过好事。结果，幼儿即便说出来也是告诉老师，他帮哪一个亲戚、长辈做了好事。老师略显尴尬，觉得自己预设的活动没有达到效果。

让我们来分析一下，为什么会出现这样的尴尬场面。其一，幼儿对雷锋叔叔这个人物形象是不熟悉的，雷锋叔叔是远离他们的生活经验的；其二，幼儿在其日常生活中，所做的好事一般也是在自己熟悉的人之间，比如父母、同伴，教师让他们列举自己帮助陌生人的例子，自然是为难了他们，脱离了他们的直接经验，也脱离了他们的社会认知。于是，活动难以达到教师的预期也就在意料之中了。由此可见，只有建立在已有经验的基础上的活动，才可能顺利地拓展、提升他们的经验，也才是对幼儿有益的学习经验。

因此，教师要有所选择，并非所有的活动都能成为幼儿园课程。只有能够帮助幼儿获得有意义的学习经验的活动，才可以成为幼儿园课程的组成部分。

三、幼儿园课程是"各种活动的总和"

这意味着，凡是作为实现幼儿园教育目的的手段而运用的、能够帮助幼儿获得有益的学习经验的活动，无论是有很明确计划和目标的集体教学活动，还是自由的游戏、生活活动、体育活动，都是幼儿园课程的有机组成部分。换言之，幼儿园课程是一日教育活动的总和，表现在：①幼儿在园一日活动的各个环节都是课程的组成部分；②幼儿园课程具有整体性，并带有浓厚的生活意味，是基于生活的。幼儿的生活、工作、游戏、故事，完全源于生活，在生活中开展，也在生活中结束。

总而言之，幼儿园课程是通过活动来进行的，活动是幼儿园课程的本质属性；能够帮助幼儿获得各种有益经验的活动才可以成为幼儿园课程；幼儿在园一日生活中经历的各种活动，无论是上课、游戏还是生活活动、户外活动，都是幼儿园课程的有机组成部分。因此，幼儿园课程是幼儿在幼儿园充分表现自我的过程，它包含了吸引幼儿卷入其中的各种事件。

第二节　组织与实施幼儿园课程

了解了幼儿园课程的概念后，我们要了解如何组织与实施幼儿园课程。由于幼儿园课程是通过活动来组织与实施的，因此，组织与实施不同类型活动的过程就是组织与实施幼儿园课程的过程。我们可以在最基础、最具体、最微观的层面上来理解课程，即通过一个个活动的计划、实施、回顾等环节来体悟课程。简言之，教育活动的组织与实施主要包括三个方面。第一，计划。教师在充分了解幼儿发展水平的基础上，确定活动的目标，进而确定活动内容，并据此准备材料与环境。在此过程中，需要注意让幼儿参与到活动的计划中来。计划阶段做得是否充分，留给幼儿的空间是否合适，将会影响到下一阶段的进行。第二，实施。教师与幼儿一起实施课程，在活动与互动中交流、探究，这个过程也可能需要教师根据实际情况作出调整或改变，换言之，需要处理好预设与生成两个方面的问题。这个阶段不仅需要教师拥有非常清晰的教育思路与卓越的教育能力，还要拥有处理偶发事件的教育机智。第三，反思与回顾。在活动之后，教师要对活动进行中出现的问题、得失等进行反思及回顾，同时也要注意引导幼儿自己进行回顾。这个环节将对下一个阶段的教育活动起到铺垫的作用。

一、计划

（一）确定活动目标

1. 制定目标的依据

从大的方面来说，制定活动目标首先要依据整体教育的目标，这是大目标，而教育的目标是依据国家相关教育政策、文件制定的。如《幼儿园工作规程》《幼儿园教育指导纲要（试行）》《3—6岁儿童学习与发展指南》等，都从不同的层面上为教师提炼、确定教育活动目标提供了政策上的依据。尤其是《3—6岁儿童学习与发展指南》，它对不同年龄阶段的幼儿在各个发展领域应达到的发展目标作出了明晰的分析，教师在制订年计划、学期计划、月计划及周计划时，可以参照这些文件精神。大的教育目标可以是很宽泛的，比如培养幼儿良好的生活习惯与学习习惯、发展幼儿的语言能力和社交能力等。

从小的方面来说，即从具体的教育活动来说，除了相关的文件之外，教师还要根据以下这些内容来确定活动的目标（小目标）：幼儿的兴趣及发展水平、希望幼儿发展的经验、已有的物质条件和活动类型。因此，具体的活动目标可能是：幼儿学会自己穿袜子，学会唱一首儿歌，学会使用"请，对不起，谢谢"等礼貌用语。

一般来说，教师要对这两类目标有很明确的区分，这样在制定具体的活动时能明白这是属于哪一类大方向的发展，该活动侧重达到的目标是什么，不同类型的活动可以发展幼儿哪方面的经验，等等。

如我们在前面已经提到的学习雷锋的案例，教师预设的一个目标是："愿意帮助遇到困难的陌生人。"这个目标本是非常具体的，表达得也很清晰，但是这和幼儿的生活经验及社会认知发展水平相背离，所以这个目标就是不适宜的。

2. 目标的表述

关于目标的表述，我们重点考察具体活动目标的表述，即小目标的表述。

总的来说，活动目标的表述要做到以下三点。

第一，从幼儿的角度来提炼目标。

传统的教育实践中，人们习惯于从教师的角度来提炼目标，即表达教师对所要进行的教育活动能够达到的效果的期望和判断，用的动词一般有"激发""培养""帮助""引导""促使""教给""指导""鼓励""增强"等。我们可以看到，这里强调的是教师的主体地位与引导作用。从幼儿的角度出发提炼课程目标，即幼儿在经过了教育活动之后应该知道什么、做到什么、感受到什么样的情感，是一种发展性目标。一般用"萌发""喜欢""乐意""知道""了解""掌握""学习""感受""复述""讲出""列出""指出""画出"等词来表示。相应地，我们从中可以看到，这里强调的是幼儿的主体地位和主动探究在课程中的地位与作用。

因此，从幼儿的角度来表述目标，更能体现现代幼儿教育追求的幼儿为本精神。这是我们努力和追求的方向。

第二，目标要全面。

活动目标要尽量包括三个方面的内容：情感态度、认知、行为。情感态度目标指的是幼儿在参与活动后，在情感态度方面可能发生的变化。认知目标指的是幼儿在教育活动后，认知方面可能发生的变化。行为目标则是指幼儿在参与活动后，其行为方面可能发生的变化。

例如在一次小班的音乐活动"大象与蚊子"中，教师把活动的目标定为：①情感目标：喜欢参加音乐活动，体验韵律活动的乐趣；②认知目标：注意倾听，理解故事的内容，认识常见的乐器——手铃、蛙鸣筒、大鼓；③行为目标：能用简单的动作、表情来表现大象和蚊子。以上的目标表述兼顾了这三个方面，是比较全面的。

当然，并非每个活动都一定要有这三个方面的目标，有的活动可以只有一两个目标。另外，三类目标的顺序也不是固定的，可以根据活动要侧重发展幼儿的经验来确定，不同的活动类型也会有不同的侧重，侧重发展的目标写在最前面。如体育活动中的目标首先更重视行为方面的发展，而语言、科学领域的活动可能更重视认知方面的目标，社会领域、艺术领域活动的目标则可能更重视情感态度方面的发展。这些都不是固定的，因活动而变，随时调整。

第三，目标具有可操作性。

可操作性目标是幼儿能够在活动中达到的具体目标。这就要区分大、小目标的不同。诸如"养成幼儿良好的生活习惯""提高欣赏力、感受力和表现力"等目标，对于一个活动来说，就是无法测量、不可评估、无法达到、不具可操作性的。因此，这一类目标只适合做长期目标，即大目标。小目标可以用诸如"学会通过词语替换，用'如果……我会'这一句式进行表达""通过照镜子观察，学习画自己的脸，能画出脸的主要部分，如眼镜、鼻子、嘴巴"等这样具体的方式来表达。

以上三点是在表述活动目标时需要注意的。需要指出的是，制定活动目标仅仅是第一步，还不是最关键的一步。比如教师希望幼儿能够有较高的艺术素养，懂得用不同的颜色来表达自己的心情，那么，就可以有意识地引导幼儿欣赏一些画作，与幼儿讨论看到这些画作的心情。但是，如果教师直接告诉幼儿什么颜色可以表达什么心情的话，则只不过是一种生硬的灌输，并没有经过幼儿的思考。目标仅仅表示教师很明确幼儿需要发展的经验，是否能够达成，还要靠实施，以及对活动的内容进行选择。

（二）选择活动内容

活动目标确定后，就要开始根据目标来选择活动内容了。

1.活动内容的范围

一般来说，教师选择活动内容的范围有：①有助于幼儿获得基础知识的内容，如美术活动中的简单配色、数学活动中的认识10以内的数字；②有助于掌握基本活动方式的内容，如户外活动中的跑、跳等活动方式，艺术活动中的点、直线的画法；③有助于发展幼儿的智力和能力的内容，如涂鸦对幼儿的想象力的锻炼；④有助于培养幼儿情感态度的内容，如社会领域中涉及的诸多内容。

2.活动内容的选择原则

明确活动内容的范围只是第一步，教师还要注意选择活动内容应遵循的原则。

（1）活动内容源于幼儿的生活

幼儿的生活是丰富的、灵动的。幼儿全身心地投入他们的生活之中，用他们的各种感官来感受、体悟生活中的各种事物，学会各种生存的技能，发展各种能力。如果这个生活世界是由成人来控制、强加于他们身上的，那么，他们便很难享受到生活的乐趣。

幼儿的生活世界具有自己的特质，成人不可以用成人的生活世界规则来要求幼儿。在幼儿的生活世界里，需要有各种各样活生生的、具体的、直观的、感性的材料来进行操作，同时需要成人的充分尊重与理解、必要的帮助。在这样的生活世界里，没有压制、控制，只有适时的引导、平等的交流与愉快的合作。幼儿在其中感受到的是童年生活的美好与纯真，是自身生命成长的充实与丰盈。只有来自这样的生活世界中的内容，才应该被选择到幼儿园的课程中来。

源于生活的教育内容充满了生命的特征、灵动的个性、主体的活动。与那种提前让幼儿进入各种各样的兴趣班、特长班的做法相比，幼儿更需要按照他们自身成长的规则来进行活动，从而获得发展。揠苗助长的方式对幼儿是不适宜的。比如要让幼儿认知各种作物，就该让幼儿亲自来摸一摸、尝一尝、种一种这些作物；要让幼儿懂得游泳，也绝对不能只是纸上谈兵地把游泳的技巧告诉他们。幼儿需要亲自去做、去看、去听、去感受，才有可能获得符合他们身心发展特征的经验。在丰收的季节，教师可以组织充满农趣、童趣的活动，与幼儿到田里拾稻穗、摘果子、挖番薯，到菜地里捡石块、拔草、浇水等。这些活动能够激发幼儿浓厚的兴趣和好奇心。他们显现出极大的热情，提出各种各样的问题。这些问题可能就蕴含着幼儿科学探究的种子，如"番薯怎么长在地底下？""稻子怎么收割？""菜里怎么有虫子？"……顺着幼儿的兴趣，教师可以随机生成不同的主题活动：好吃的蔬菜和水果、丰收季节忙，等等。在此期间，幼儿进行了真正的劳动，体验了劳作的快乐，也学习了田间作业的知识。这种利用大自然进行教育、通过亲身的劳作来体验的教育，对幼儿是非常适宜的。正如陈鹤琴说的那样："大自然、大社会是活教材。"在这里，幼儿不仅动手，也动脑，身心两方面都得到了发展。后来生成的许多主题活动，是教师因势利导、幼儿积极参与的结果。无疑，这些活动内容可以整合幼儿各个领域的经验，使幼儿得到身体和精神的和谐发展。

因此，与幼儿实际生活经验相联系的课程内容才能激起幼儿的兴趣，才有助于幼儿学习、理解和应用。幼儿生活中要经历的节气、季节、事件、问题都可以成为活动的内容。幼儿难以理解抽象的事物，而对于生活中出现的事物，哪怕非常细小，如一朵小花、一只小鸟、一棵小草、一条小鱼，幼儿也会怀着浓厚的兴趣、强烈的探究欲望。因此，张雪门先生在20世纪早期便指出，生活就是教育，"五六岁的孩子们在幼稚园生活的实践，就是行为课程。这份课程包括了工作、游戏、音乐、故事等材料，也和一般的课程一样，然而这完全根据于生活：它从生活而来，从生活而开展，也从生活而结束"。今天，我们也提倡教育内容要从幼儿的生活世界中来，这是符合幼儿的身心发展特点及学习特点的。

（2）活动内容源于幼儿的兴趣和需要

我们选择的教育内容还应该是关注幼儿的兴趣和需要的。兴趣是最好的老师。有了兴趣，幼儿就会去积极地与周围的人和物进行互动，建构经验；反过来，幼儿不同的生活经验、认知水平、学习特点也会影响他们的兴趣和发展的需要。因此，要了解诸如此类的问题：幼儿的知识储备是什么？他们的兴趣在哪里？可能会在活动中生成什么样的目标？可能遇到的最大困难是什么？幼儿在现阶段面临最大的发展需要在哪里？了解之后，才能选定某些教育内容。

只有关注了幼儿的兴趣和需要，课程才是生活化的，才能促进幼儿发展、促进幼儿生命的成长。

（3）活动内容基于幼儿的经验并提升幼儿的经验

前面我们已经说过，幼儿园课程要关注幼儿的经验，并在幼儿直接经验的基础上组织活动，因为幼儿无法直接依靠间接经验理解这个世界以及他们自己的生活。于是，我们首先要了解幼儿已经知道了什么，他们还需要在此基础上知道什么，然后才能有针对性地去选择教育内容，组织教育活动，并由此来提升幼儿的经验。在进行教育活动时，应该让幼儿通过各种动作与环境事物接触，同时运用各种感官来感受这些事物。比如幼儿无法通过文字、语言、图片直接感知西瓜，最好的做法是让他们摸一摸西瓜、尝一尝西瓜、看一看西瓜，了解西瓜的形状、质感、味道、温度和颜色等。

又如，幼儿的自我意识发展离不开幼儿对自我的积极认知，对自我评价较高的幼儿，其自我意识通常也发展得较好。基于这样的考虑，曾经有一位教师设计了一个活动：独一无二的我。因为教师在平时的教育生活中发现大班幼儿在面对"上小学"这个问题时，表现出了诸多的焦虑与担心，于是找到绘本《各种各样的人》，让幼儿通过绘本来提炼一些人物的外貌特点，再通过说、读、猜、听、看等方式，使幼儿感知每个人都是特别的，从外貌到爱好到优点都是不一样的。有了这样的意识，幼儿慢慢便能正视自己，建立信心，消除心理焦虑。于是，教师设计了几个活动流程（通过绘本引出主题—感知主题—拓展主题—编创散文、引起感情共鸣），让幼儿感到，原来我也是这么有特点的一个人，我要非常自信，要好好爱自己。据教师自述，幼儿其实非常喜欢这样的活动，因为他们在活动中的情感体验是生动的、深刻的、丰富的，其经验也得到了提升。我们认为，这样的活动内容是适宜的、可取的。

（4）活动内容兼顾"均衡"与"优先"

教师在选择活动内容时还要注意兼顾"均衡"与"优先"的原则。"均衡"，指的是活动内容的范围、总量是相对均衡的。比如属于基础知识的内容、基本活动方式的内容、发展幼儿的智力和能力的内容、培养幼儿情感态度的内容，这些内容都要相对均衡地分布在教师选择的总体内容之中，不能某个方面的内容占得太多，也不能有些内容根本没有涉及。内容的均衡是与幼儿全面发展的教育目标相呼应的。"优先"，指的是在某个活动或某个阶段中，教师根据幼儿的发展水平及兴趣需要，优先选择某个方面的内容作为某个活动的内容。内容的优先是与幼儿当下的发展需求相呼应的。

如小班的幼儿刚刚入园不久，还没有度过入园焦虑期，班上的个别幼儿还有比较强烈的情绪冲动。对于这种状况，教师在选择活动内容时便不能过多选择知识性的内容，而应该优先选择有助于培养基本的行为习惯、情感态度的内容。当幼儿的情绪渐渐稳定下来，对教师建立起了基本的依恋关系之后，就可以有目的、有计划地增加发展智力等的内容。

总之，在选取活动内容时，要尽可能满足以上几个条件，以有效地完成课程计划。

（三）引导幼儿参与活动计划

另外，有一点要提及的是，在进行活动的设计过程中，教师要尽可能地让幼儿参与进来，与幼儿共同计划。因为幼儿的想法、兴趣、需要，往往可以成为活动目标及内容的来源，同时，幼儿能够参与设计的过程，也对他们自我能力的发展起到非常大的作用。

或许有的教师觉得让幼儿参与活动计划是比较难把握的问题，有这样的顾虑是正常的、可以理解的，因为幼儿毕竟还不知道"计划"为何物。但是，我们完全可以相信，幼儿知道他们想要些什么、不想要什么。比如母亲节来临之际，教师打算组织"我想对妈妈说"这个活动。于是，教师开始引导："小朋友们，属于妈妈的节日很快就要来了，我们可以做些什么事情让妈妈高兴呢？……你想对你妈妈说什么吗？"幼儿就会说出很多的事情，进而，教师可以引导幼儿："那今天你想做什么事情呢？"有的幼儿可能会说给妈妈画一张画、给妈妈写一张贺卡、对妈妈说一句祝福的话，等等。于是，在当天的自由活动时间，幼儿就可以根据自己的设想开始工作了。

因此，其实让幼儿参与计划并非很复杂的事情，即使是幼儿并不知道"计划"这个名词，他也照样可以实际参与。幼儿参与计划，可以是对活动目标的判定（教师根据幼儿的动作发展等水平来判定），也可以是对活动主题与活动内容的设计（幼儿提出自己要从事的活动与构想），更可以是对主题活动的拓展和延伸，总之，他在做选择。笔者曾经看到一个场景，正好是前面所说的这个主题。

一个幼儿在给妈妈画一张贺卡。他先选择了一支黑色的笔，画了一些直线和圆圈。老师问幼儿："你想怎样画贺卡呢？"他说："我想用一张彩色的美工纸，一支黄色的笔。"说着，他就拿了一张纸和一支黄色的笔。后来，他看看手里的纸，又拿了一支绿色的笔，在一根直线上画了几片叶子，于是有了一根树枝。接着，他拿了一支红色的笔，在树枝上方画了几朵红花，并在旁边画了一个大大的笑脸，说道："这是我妈妈。"老师说："嗯，你妈妈笑得很开心。你想不想在上面写上一些话呢？"他说："我不会。"老师问："需要老师帮忙吗？"他说："你帮我写上'祝妈妈节日快乐'吧！还有'我爱妈妈！'"老师微笑着说："好的。"接着，老师一边慢慢地一笔一画地写下这些字，一边口里念出声来。幼儿饶有兴趣地看着老师书写，一边跟着老师把字念出来。写完了之后，老师说："你要不要签名呢？""哦，我会写我的名字！"于是，幼儿自豪地拿过纸，又选了一支咖啡色的笔，在画的右上方签名。

我们看到，在这个场景中，教师不是设计者，真正的设计者是幼儿。幼儿在其中不仅设计并选择了自己所需要的材料，还是整张画的设计者，教师只是适时地提供了技术上的支持。因此，要让幼儿参与活动计划并不难，关键是让他做他能够自己做、乐意做、带有一定挑战的事情！

> **！ 小贴士**
> ### 一些能让幼儿有效参与计划的方法
> - 在亲密友好的气氛中与幼儿商量计划。
> - 为幼儿提供材料以维持他们的兴趣。
> - 与幼儿多交流，让他们学会表达自己的计划，如多问一些开放性的问题："今天你想做什么？"
> - 可以配合游戏时间进行计划，如用转圈、轮流的方式来决定该由谁做计划。
> - 在幼儿不想计划时，为幼儿提供选择。

二、实施

在对活动进行详细的计划之后，接下来就是真正的实施了。实施的过程，就是幼儿真正操作、解决问题、获得更多有益经验的过程，因此，这是教师组织与实施课程中最为重要的阶段。

教师在这个过程中，要特别处理好一对关系，即预设—生成。另外，还要构建良好的师幼互动。

（一）预设：按照活动计划实施幼儿园课程

所谓预设，指的是教师预先计划好的活动目标、活动内容以及活动流程。可以说，有了教师的预设，才能有针对性地、有计划地实施。高度的预设，意味着教师严格按照预先设计好的方案来实施课程。在符号性的、认知程度较高的活动中，教师的预设程度可以高一些。一般来说，按照预设来实施活动，活动的流程比较严谨，教师只需要按照流程来组织活动便可。应该说，教师们对这类活动的实施是最为熟悉的，在此不再赘述。

（二）生成：根据实际情况及时调整活动目标与内容、策略

教师预设的很多活动常常会在真正实施中遇到问题，出现新的情况。这个时候需要及时对活动的目标、内容、策略作出调整，以另外一种方式或思路来推进、终止或拓展活动，有时是在终止中推进了活动，有时是把活动引向了更

高的发展。这便是活动的改变或"生成"，需要较高的教育教学能力和智慧。

以下几种情况需要教师及时对活动进行调整。

1.预设的活动目标过高或过低

如果预设的活动目标过高，幼儿难以达到，他们兴趣索然，精神紧张，活动也就变成了教师的独角戏。如果活动目标过低，对幼儿没有挑战，也就无法提高幼儿的能力，不能在活动中提升幼儿经验。因此，目标过高或过低，都不利于活动的进行。

尽管在活动之前教师都会做计划，但不是所有的计划都能"刚刚好"。特别是新入职的教师，对幼儿还没有充分的了解，在设计活动时便常常可能出现这种情况。一旦出现这种情况，教师最好的做法是什么呢？是勉为其难地继续进行活动，还是即使幼儿已经完全掌握，也要他们"再学一次"呢？

2.预设的活动内容已经是幼儿熟悉的或者是部分幼儿熟悉的

如一个教师设计了"龟兔赛跑"的语言活动。活动一开始，就有幼儿大声喊："老师，这个故事我已经懂了！最后，兔子输了，乌龟赢了！"另外的几个幼儿也跟着附和："我也听过了！那是因为兔子太骄傲了，它才输的！"教师觉得很为难，心里焦急，脸都急红了。这种情况在活动中真是屡见不鲜。这就对教师教育教学的应对能力提出了挑战。

此时，教师应该怎么办呢？本来的活动已经设计得好好的了，详细的活动流程也已经写好了，却想不到已经有不少幼儿早已熟悉故事的内容。这个时候，是应该维护教师的权威，照样进行原定的活动，还是改变原来的活动思路呢？

较好的方式是：教师改变原来的设计，让那些熟悉故事内容的幼儿来为其他幼儿讲述这个故事，这样，既锻炼了幼儿的表达能力，对那些还没有听过这个故事的幼儿来说，也是在聆听新的故事。如此，所有的幼儿便可以在不同的层面上得到发展，并且也提升了经验。

3.幼儿对活动没有兴趣

当幼儿对活动没有表现出兴趣时，那么这个活动最好取消，转向其他的活动。幼儿兴趣索然，便不会积极主动地参加活动，也不能在活动中发挥主体性。朱家雄老师曾经举过一个案例[①]：教师观察到幼儿对螃蟹很感兴趣，于是

---

① 朱家雄.幼儿园课程[M].上海：华东师范大学出版社，2011：94-100.

预设了一个名为"螃蟹"的主题教学活动。在教师的计划中，幼儿可能会对螃蟹的外形、生活特征、与螃蟹相似的动物、蟹的种类和养殖以及产地等感兴趣。后来，在活动实施过程中，教师发现幼儿对螃蟹的养殖和产地并不感兴趣，于是教师取消了原有计划中的活动。跟随着幼儿的兴趣，教师发现幼儿对螃蟹的气味、螃蟹的自卫方式等感兴趣，于是便生成了探究螃蟹的气味、自卫方式的活动。在这里，教师没有让幼儿一定沿着自己预设的思路走，而是根据幼儿的兴趣来调整或取消原有的活动，从而生成新的活动。

4.活动中出现偶发事件

教育活动中常常会出现一些偶发事件。

在一次集体教学活动中，从窗外突然飞进一只蝴蝶。当蝴蝶扑扇着翅膀在教室内天花板附近横冲直撞时，幼儿的注意力都被吸引过去了，根本没有听到老师在说什么。于是，老师灵机一动，说："呀，今天有一只蝴蝶也要来参加我们的活动，它想来看看我们小朋友哪一个听得最认真呢！"幼儿一听，注意力又回来了，因为他们是在和蝴蝶一起"听课"呢！

我们看到，在这个情境中，教师适时地作出了回应，让"蝴蝶闯入"这个偶发事件成为可贵的教育时机，幼儿的注意力也回到了活动上来。可见，对偶发事件的处理，是教师教育能力的一个表现。

（三）构建良好的师幼互动

师幼关系是教师与幼儿在教育交往、互动中形成的人际关系。良好的师幼关系是营造温馨、悦纳的教育环境的前提条件，也是教育活动顺利进行的有力保障。教师可以尊重每一个幼儿，尊重他们的人格与情感、生活经历，平等对待每一个幼儿；给幼儿营造自由选择的生活环境，满足幼儿的生理需要；细心关注幼儿的活动；以平等的态度与幼儿交往，使用富含情感性的语言或积极的语言鼓励幼儿；在有情绪的时候，千万不能发泄在幼儿身上，避免伤害幼儿，如此才能使幼儿感到安全、放心，也更信任教师。良好的师幼互动为教师与幼儿在活动中自由、自我的表达创造了融洽的情感氛围。也可以说，师幼互动的质量影响着幼儿园课程实施的质量。

在师幼互动中，倾听、提问和应答极具教育意义。另外，还要特别注意表现异常的幼儿。

1.注意倾听

一般来说，倾听幼儿时，教师可以着重关注两个方面：①倾听幼儿的问题；②倾听幼儿的需要。倾听是人际交往中最为重要的基础，没有倾听，就不会有高质量的交流。我们总是在对别人的问题和需要比较清楚的前提下和别人交流的，与幼儿的交流也不例外。只有倾听幼儿，才是对幼儿最基本的尊重。

当然，倾听并非仅仅只能用耳朵。有时候，我们必须动用身上的所有感官。因为幼儿的语言表达能力还很有限，尤其是小班的幼儿，我们不能期望他们能用语言表达得非常清楚，只有仔细观察、细心体会，才有可能真正倾听到幼儿内心的声音。

2.有效提问和应答

有效的提问和应答不仅使教师与幼儿的交流互动更为深入，同时可以引导幼儿得到更多的发展。以下用教师的提问和应对幼儿的提问来阐述。

（1）教师的提问与应答

以中班语言活动《点子大王》为例①。

问题情境："小树想为妈妈跳个美丽的舞蹈，你们说小树可以怎样摇摆枝条跳出美丽的舞蹈？"

传统的应答：

幼1做了个动作，说：这样摇摆。

教师：很好看，还有没有不同的动作？

幼2也做了个动作。

教师：也很好看，还有没有？

虽然多次追问，但幼儿的动作还是很局限。

优化的应答：

幼1做了个动作，说：这样摇摆。

教师：你刚才是一根小树枝往前面摇摆，还可以怎么摇摆？

幼2边做动作边说：两根树枝往后面摇摆。

---

① 本部分参考了程玲.有效应答让幼儿思维活起来[J].早期教育（教师版），2012（06）：28—29.

教师：有创意，变成了双手往后摇摆，还有不同的创意吗？

在接下来的时间里，幼儿用单手、双手演绎着不同方向的摇摆，表现丰富多样。在这里，教师用有效的应答提供了隐形的指导。

可见，不同的应答策略会导致不同的教育效果，对幼儿发展的影响自然也是不一样的。

小贴士

常见的一些有效提问

对能力不同的幼儿，设计不一样的提问。如能力较弱的幼儿，让他们回答"是什么"的问题；能力中等的幼儿，可以回答"怎么样"及"为什么"的问题；能力强的幼儿，则可以回答"有什么异同"及"有什么不同意见"的问题。

以下为有效提问的原则。

- 尽量多提开放性的问题，即幼儿可以从不同角度来回答的问题。
- 不要让问题仅仅是简单的重复。
- 问题不能太多，否则会让幼儿疲于应答。
- 问题之间要有内在的关联。
- 多使用积极的词汇与言语。
- 对回答要有及时的评价。

(2) 应对幼儿的提问或质疑

活动中，常常会出现这样的现象：幼儿对某些东西表示不理解，想要得到进一步的了解，他们会提出一些问题，这常常是一些认知性的问题，如"这张纸怎么是有皱纹的呀？""为什么树叶在秋天要掉下来呀？"等。还有的时候，幼儿会对教师的话语或活动本身提出质疑，比如教师让幼儿玩"请你跟我这样做"的游戏，有的幼儿就会说"我不跟你这样做"，等等。

如果是认知性的提问，教师只要及时地应对即可。可以告诉他答案，也可以引导他探究，还可以把他的问题推向更高层次。如果是挑战与质疑，教师可以灵机一动，问他不这样做，又可以怎么做，等等。

有时候幼儿提出的问题并非仅仅局限于以上两类问题。如果教师当时没有办法解答，可以真诚地解释，并许诺过后一起去寻找答案。但是答应过幼儿的事情一定要做到，否则教师在幼儿心目中的地位会降低的。

总之，实施教育活动的过程，是考验教师的实践能力、应对能力及师幼互动质量的过程。细致、沉着、冷静、机智、灵活是必备的，这一切都有赖于对活动目标的明确，对活动内容的熟悉，对幼儿表现的宽容。

三、回顾与反思

在实施活动之后，我们还需要对活动进行反思与回顾，才能对活动的得失作出估量，也可以避免在下一次活动中，可能出现的相同失误。通过这个环节，教师的自我思考、检查的能力得到提高，对形成富有个性的教育智慧很有帮助。同时，如果教师能够对幼儿加以引导，让他们对活动进行反思与回顾，则能让幼儿对自己的表现、收获有更明晰的感受，还能促进良好的思考习惯与行为规范的获得。

（一）教师的反思与回顾

教师的反思与回顾可以用以下的问题来进行。

• 和幼儿互动的次数、人数比例如何，有没有人被我冷落了？是否有的幼儿占去了过多的机会？

• 幼儿在活动中参与度高不高，有没有人显得无动于衷，兴趣索然？

• 我的教学控制太多了吗？

• 我的提问有效吗？

• 我认真倾听幼儿了吗？

• 幼儿在活动中有没有生成新的有益经验？

• 活动是否充分利用了所准备的材料？这些材料还能扩充吗？

• 活动是否充分利用了空间？

• 还有哪些方面我可以做得更好？

• 我在结束活动后的评价具体、有针对性吗？

• 下一次活动，我可以在哪些方面加以注意？

当教师对自己提出这些问题时，实际上已涉及这些方面：活动是否公平，师幼互动是否顺畅，活动目标是否合适，活动材料是否充足，活动内容是否贴近幼儿生活，等等。教师有意识地向自己提出这些问题并回答这些问题，就能够慢慢积累出更多组织活动的经验，与幼儿的互动也会更有效、更顺畅。

（二）引导、倾听幼儿的回顾

幼儿是活动的主体，如果能够引导幼儿参与活动的反思与回顾，教师不仅可以得到更多关于活动的信息，也能加深对幼儿的了解，知晓他们内心的感受与渴望。因此，有意识地让幼儿参与反思和回顾是非常有益处的。

那么，如何引导幼儿参与呢？有一些简单的策略可以借鉴，即在活动之后安排专门的时间用来反思与回顾，鼓励幼儿表达自己在活动中的感受与收获。这个时间不用很长，10—15分钟就好。刚刚发生的事情对幼儿的记忆是最新鲜的，幼儿能够有话说。开始的时候，幼儿往往只述说自己，慢慢地也能够评价他人，还会评价活动的计划。这样的时间形成常规之后，幼儿就会越来越喜欢、投入这个环节，因为这个环节能够让他们进一步明确自己当时是怎么做的，从中又学到了什么。

教师对幼儿的鼓励与支持，能够让幼儿更乐于分享与回顾。教师的态度是鼓励的，表情是温和的，所营造的气氛是温馨的，等等，都能够有效地鼓励幼儿参与反思和回顾。

另外，在回顾的时候可以适当借助道具、活动材料。这些东西可以帮助幼儿想起自己在活动中的表现，鼓励幼儿说出更多的活动细节。细节对于幼儿是富有吸引力的。比如有教师和幼儿在户外活动之后对活动进行了如下回顾。

幼儿：我今天在沙池玩得好开心啊！

教师：我看到你在那儿玩沙了。

幼儿：我挖了好多好多的沙！做了一个大大的蛋糕！

教师：你用了一个大大的桶做蛋糕模型了。

幼儿：是啊，后来沙子很多，好重啊。我就这样（双手比画着），这样很用力地拍，才变得结实。

教师：后来你就把蛋糕倒出来了。

幼儿：嗯，倒出来的时候我也要很用力才行！

教师：然后豆豆、东东也去和你一起玩了。

幼儿：是我邀请他们一起来吃蛋糕的！他们还给蛋糕添加了一些果酱，还有奶油呢！

教师：哦，他们帮你一起装饰蛋糕了。

幼儿：我们做的这个蛋糕好好吃啊！下次我还要在沙池做蛋糕！

可以看到，幼儿在对活动的回顾中，既有对自己所用工具的回顾，也有对活动流程的回顾，还有对活动的体会（如拍蛋糕和倒蛋糕都要很用力才行），也有与同伴合作的快乐。这样的回顾对幼儿而言是富有意义的。

（三）邀请同行给自己提出建议

条件允许的话，教师还可以多邀请同事甚至专家给自己提建议，比如评课、讨论，这些方式都很好。从活动的设计到活动的实施与反思，都可以请同行来提一些建议或意见。这样，可以综合他人的意见来进行调整与改进。向他人请教是一个迅速提高自身教育教学能力的好方法。

另外，也可以多到其他教师那儿观察，学习他们较好的互动方式、活动设计等。

总之，回顾与反思是一个很重要的环节，通过这个环节，教师和幼儿的经验都可以得到提升。

以下附一则活动案例，让我们看看其中的教师是如何进行活动的计划、实施以及回顾与反思的。

小乌龟找家[①]

活动来源

开学时，浩浩带了一只小乌龟到我们班的植物角，孩子们都很喜欢这只小乌龟，每天去观察、去喂食，时不时地会仰头问问我："老师，这只小乌龟是从哪里来的？""它的背真的感觉不出疼吗？"……看来，兴趣是孩子探索和学习的最好的老师。看着孩子们对小乌龟的外形、生活习性等方面如此关心，我组织开展了关于小乌龟的一系列活动，让孩子从关心小乌龟到了解小乌龟。

有一天，我正好读到一个故事《小乌龟找家》，讲的是一只刚刚出壳的小乌龟想找自己的家，于是分别去问了小鱼、小蚯蚓、小鸟和小蜗牛，最后终于找到了自己的家。我觉得这是一个充满了情感的故事，通过它可以引导孩子了

[①] 该活动的组织者是广西桂林市解放西路幼儿园郑艳华老师.

解小乌龟的生活习性，同时发展幼儿的语言能力，还能升华幼儿对家的情感。于是，我决定组织一个"小乌龟找家"的活动。

（评析：从这个活动的来源可以看到，课程活动来自孩子的兴趣、孩子的生活经验。对孩子的兴趣和关注保持敏感，教师自然会搜集到很多相关的材料，而这些材料正好可以作为与孩子进行活动的引子。）

活动计划

我带的是中班，对这些孩子我非常了解。比如在语言的发展上，中班幼儿的词汇开始丰富，他们喜欢表达，但并不准确或完整。对故事里对话的模仿，能丰富幼儿语言，使幼儿感受完整表达与情境表演的乐趣。因此我确定了以下的活动目标：理解故事内容，了解小乌龟找家的过程；能够尝试模仿故事里的角色进行对话；体验有家的快乐和幸福。

确定了这些活动目标后，以我对班上孩子的了解，决定把活动的重点定为：模仿学说故事里的角色对话。因为中班的孩子对角色对话非常有兴趣，通过这样的对话，可以促进他们的语言发展。

同时，我也知道，这次活动的难点在于：让孩子们大胆、完整地用不同动作来表演故事情节、角色对话。

为了让活动充分引起孩子们的兴趣，我进行了精心的准备：知识上，了解小鱼、小鸟、蚯蚓和蜗牛的基本生活习性；物质上，准备故事角色的头饰、《让爱住我家》音乐、故事录音；场地上，故事场景布置，包括小河、泥土、大树和草地图各一幅。这四个场景图连在一起，又组成了一幅大图景，四个小动物的生活场景栩栩如生地展现出来了。

（评析：教师已经深入地了解了班上幼儿的语言发展情况，在此基础上，教师确定了活动的目标——包括认知、技能、情感三个方面，详细分析了活动的重点与难点，做好了活动的准备——知识、材料、道具等，也确定了活动的内容。接下来，就要引导孩子进入活动、正式实施活动了。）

实施活动

我把整个活动分为几个环节。

（1）导入，激发幼儿兴趣。我用小乌龟的图片来导入，并提出问题。

（2）完整讲述故事，和幼儿一起感受故事。

（3）分段理解故事。分别让幼儿理解了小乌龟和小鱼、小蚯蚓、小鸟、小蜗牛等四个小动物的对话情节。

（4）引导幼儿给故事命名。

（5）进行故事情境表演。先让幼儿带着不同的动物头饰来进行表演，后随着录音进行故事的表演。

（6）情感迁移。活动结束时教师通过小乌龟找到了家之后的快乐和幸福，引导孩子们感受自己在家感受到的快乐与幸福。

（评析：在活动中，教师让幼儿熟悉的小乌龟出场，很成功地激发了幼儿的兴趣。随后，通过讲故事、深入理解故事、表演故事、情感迁移等环节，让整个活动流畅地进行下去。一个环节紧扣一个环节，教师在不同动物的出场中，都设计了不同的动作及场景，引起了幼儿的极大兴趣。据郑老师介绍，在活动结束后，幼儿还不断地用故事里面的语言来进行对话，惟妙惟肖地使用语言。在他们的语言中，能体会到一种对"家"的温暖感觉。这是孩子们喜欢的感觉与体验。）

活动反思

针对这次活动，我在几个方面进行了反思。首先，在目标的达成上，我认为基本都实现了。其次，在活动过程中，幼儿的积极性很高，比如在欣赏故事时，幼儿聚精会神地听故事，能了解不同动物的生活习性。再次，活动的设计也是比较到位的。比如每个小动物的家，我都使用了不同的语言来进行导入，切合了各种小动物的生活习性。再者，在活动的材料上，我也做了很细致的准备，比如和同事一起用色块塑造出小河、泥土、大树、草地等四块可拼接成同一画面的大幅背景图，来营造故事小动物的家的情境，帮助孩子在情境中学习、在情境中体验。这样的情境创设，让幼儿身临其境。另外，我把小动物出场的情境也表现得富有趣味：每个小动物在出场时，从不同的方向和高度以不同的方式用线将小动物拉出来。因此，本次活动中的场景创设及动物出场，都富有趣味，孩子们都非常喜欢。最后，在情感迁移中，我把"你在家里会做什么快乐的事？"这一问题抛向幼儿，引导他们注意在家的各种舒服状态和快乐的事情，使他们对家的温暖情感油然而生。

事实上，孩子们的表现常常是令人惊讶的。在分段理解故事的阶段，孩子们回答问题的积极性非常高。在情境表演中，一个女孩子不需要教师做任何提示，就能把整个故事情节连贯地用不同的动作表演出来。我觉得这些都是活动的亮点，说明孩子们对这个活动本身非常有兴趣。

值得一提的是，活动中的场景是我和同事们一起准备的。和同事的合作令我感到愉快，活动的实施也非常顺利，我觉得这是一种很好的提高的方式。

（评析：活动后，教师从目标的达成、活动中孩子的表现、活动的设计、材料的准备、场景的创设、活动的亮点和感悟等方面进行了反思，比较深入、全面。对于教师来说，这样的反思既是一种总结，也是一种提升，对于教师提高课程的建构与实施能力必定大有好处。）

第三节　幼儿园课程与小学课程的区别与衔接

了解了幼儿园课程的组织与实施需要经历什么阶段、有哪些注意的事项之后，我们还需要明晰一个观念：幼儿园课程与小学课程有着本质的区别，绝对不能简单地用小学课程的形式来取代幼儿园课程，也不能要求幼儿像中小学生那样系统地学习众多学科知识，在幼儿园要坚决杜绝"小学化"的现象。这已经得到了国家教育部及相关教育者的重视。

继2001年《幼儿园教育指导纲要（试行）》及2010年《国务院关于当前发展学前教育的若干意见》颁布之后，2011年年底的《教育部关于规范幼儿园保育教育工作　防止和纠正"小学化"现象的通知》，又一次从国家的层面规定了幼儿园教育不能"小学化"，要防止和纠正幼儿园教育"小学化"。

然而，长期以来，我国幼儿园教育存在着比较严重的"小学化"现象，人们对幼儿园教育和小学教育之间的区别认识不到位，盲目地让幼儿提前接受小学教育，生怕幼儿输在起跑线。殊不知，揠苗助长式的教育恰恰对幼儿身心造成了极大的伤害。因此，国家才一次又一次地坚定地表明，幼儿园教育必须有幼儿园教育的特点，要防止幼儿园教育"小学化"。

防止幼儿园教育"小学化"并非意味着要放弃幼儿园与小学之间的衔接。反之，我们需要进一步了解幼儿园教育与小学教育的区别，从而有针对性地在课程中实施幼小衔接。

一、幼儿园课程与小学课程的区别

幼儿教育是独特的、不同于小学的教育，其课程也不同于小学课程，具体表现在：幼儿园课程与小学课程的目标、内容、实施方法、实施环境等方面均有较大差异。

（一）课程目标不一样

课程目标的不同源于教育目标的不同。前面已经说过，幼儿园的教育目标是促进幼儿在体、智、德、美各方面和谐发展，体育的发展是首位的。而小学的教育目标则是促进小学生在德、智、体、美等全面发展。与之相应，幼儿园课程的目标是让幼儿获得各种有益的学习经验。幼儿园课程目标和小学的课程目标是不一样的。在小学的教育目标中，例如对于"智育"，要求小学生具有阅读、书写、表达、计算的基本知识和基本技能，了解一些生活、自然和社会常识，初步具有基本的观察、思维、动手操作和自学的能力，养成良好的学习习惯。具体到阅读中，幼儿园教育阶段只需要为阅读和书写做好准备，即发展幼儿前阅读、前书写的能力。因此，幼儿园教育更多的是一种综合的、整体的、生活化、保教合一的启蒙教育，幼儿的知识结构也是建立在幼儿感性经验基础上的，小学教育则逐渐提高了儿童认知发展方面的要求。

（二）课程设置与教育内容不一样

幼儿教育的课程设置及教育内容的基础是幼儿的生活经验，因为幼儿的思维还处于形象思维阶段，心理发展阶段还处于感知运动阶段，所以，只有与他们的生活直接相关的经验才是他们最感兴趣的，也最能促进他们对相关经验的统合与升华。也就是说，幼儿园阶段遵循的知识发展路径是感性经验（直接经验）—感悟—思考并获得粗浅的知识印象，而小学阶段则不同，遵循的是知识—记忆—系统知识的路径。小学阶段已经开始了以科学概念为中心的学科知识体系的学习，因为此阶段的儿童一般已经具有了逻辑思维的能力，课程设置根据具体的学科分科方式，分为语文、数学、英语、美术、音乐等科目。幼儿园的课程设置具有更大的整合性，目前仍然依据健康、语言、社会、科学和艺术等五个领域来设置课程内容与活动。幼儿的思维处于直观、感性的阶段，因此，最有效的学习内容就是他们可以感知的、具体形象的内容，可以转化为经验的形式，以感性的、具体的、活动的形式对幼儿的身心产生作用。课程内容与幼儿的生活联系越紧密，越能引发幼儿的学习兴趣，因此幼儿的学习也就越有效。

（三）课程实施方式不一样

在幼儿园阶段，课程通过活动来进行，而游戏是最基本的课程活动形式。

游戏是幼儿教育的基本活动形式，这意味着幼儿可以在各种各样的活动和游戏中对材料进行操作，在玩中学习，教师以直观的指导方法来指导幼儿。而小学阶段的学习以上课为主要的教学形式，明显不适合于幼儿时期。

比如，如果要让幼儿认识各种各样的纸，小学的教师可能会直接呈现纸的图片、纸的实物，介绍关于各种纸的名词、质地、用途等。而在幼儿园，教师则会和幼儿一起，把纸折成小船，让幼儿把小船放在水里，幼儿通过观察，便了解了不同质地的纸，在水中会下沉或不下沉，从而引发幼儿去探究为什么会有这些不同。通过游戏的方式，幼儿便了解了这些不同的纸张的质地。如果用小学的方式来给幼儿呈现，幼儿便无法形成直观的印象和深刻的记忆。

又如，要让幼儿学习投掷，幼儿不会长时间地做投掷的动作，他们会觉得单调、乏味。这时候，教师可以改变活动的形式为游戏的形式。有一个教师是这样做的：根据幼儿所熟悉的喜羊羊和灰太狼的故事形象，把灰太狼的头像贴到筐上，让幼儿扮演羊村里的羊，把篮球投到筐上。投中了，灰太狼就被吓跑了，就不会来吃羊。结果，幼儿的兴致非常高，纷纷为了保护羊村而努力。于是，他们的动作技能在游戏中得到了发展。

可见，游戏是幼儿园教育的基本活动形式，通过游戏，使幼儿的兴趣、技能、知识、情感态度都得到了发展。

但是，目前很多幼儿园的教育恰恰是用知识灌输、填充的方法来进行，严重违背了幼儿学习、生活的特点。如有的"课堂"直接教授拼音、汉字，让幼儿一遍又一遍地跟着教师读。有些农村幼儿园，幼儿教师和小学教师一样，他们面对的是"一支笔、一块黑板、一本教材、一个坐得整整齐齐的班集体"。"课"后，教师还要给幼儿布置家庭作业，让他们回家写字、写拼音。试想，如此这般，幼儿应有的整体感受生活、感受环境、在活动中发展自己、在行动中获得感性的经验与认知的权利，就被彻底摒弃了。对文字的机械识记背离了幼儿的身心发展水平。小学阶段的学习多注重认知、智力的发展，课程设置与教育内容都偏向于以间接经验为基础，这也是不适合幼儿阶段的。在幼儿园阶段对幼儿进行小学教育，会导致幼儿的身心健康受到伤害，缺失宝贵的早期经验，也无法在上小学后保持对知识的好奇和热情。如此种种，幼儿的良好习惯和生活态度受到影响，日后要培养起应有的自信心和自尊心就越加困难。

应该说，小学阶段的学习也需要以儿童的生活和经验为基础，也需要进行游戏和活动，但比较密集的学习内容和学科知识，决定了小学阶段主要是通过上课的形式来进行。

（四）课程实施环境不一样

幼儿园课程与小学课程实施的环境也不一样。主要体现在如下三点。

首先，幼儿园的环境创设与材料投放较小学丰富、有趣，生活味更浓。

在幼儿园，为了幼儿多方面的发展，必须为幼儿创设丰富的环境、多种多样的活动区，投放有益于幼儿各方面发展的材料，让幼儿自由选择游戏、与同伴进行交往。一般而言，幼儿园班级的活动区会有娃娃家、益智区、美工区、建构区、阅读区等区角，幼儿在这些区角活动的时间都很长。因为这些区角会投放比较丰富的操作材料，满足幼儿主动探究的需要。而小学阶段的教室布置和材料准备是远远达不到这种要求的。

其次，幼儿园阶段的作息和生活更为宽松自由。

在幼儿园的一日生活各环节中，幼儿可以在不同的环节从事不同的活动，教师还会周到、细致地照顾幼儿的生活，幼儿进行各种各样的游戏。

而小学的作息制度非常严格，更为强调的是纪律和行为规范。笔者的一个朋友曾经说起这样一个现象。

儿子在幼儿园的生活是非常开心的，但自从上了小学，就表现出了极大的不适应。比如有一天他回来，很沮丧地对我说："妈妈，我不要上学了。"我问为什么。他说："老师不让我上课的时候去倒水喝！也不让我们（上课时）上厕所！"原来幼儿园的管理比较宽松，对喝水和上厕所的时间规定都不是非常严格，难怪他到了小学之后就不适应了。

这里，儿童的生活习惯在小学受到了挑战，是儿童不适应小学生活的一个方面。

最后，幼儿园阶段有较亲密、频繁的师幼互动。

幼儿教师与幼儿一日生活都在一起，接触的时间很长，与幼儿的关系密切，进行的活动也多种多样，双方可以进行比较深入的生活、情感方面的交流。良好的师幼互动对幼儿的身心健康、个性发展、认知发展等起着非常重要的作用。而以上课作为主要教学形式的小学教育是无法满足儿童这些要求的。

小学的班额一般比幼儿园大，这里连续的分科上课的方式，也使得儿童必须适应一个一个教师轮换上课的方式，教师和儿童的交流时间几乎都限于课堂。而这一段时间里，主要用来学习知识，而不是师生之间的情感互动。因此，师生互动的频率显然比幼儿园要低很多。

这几个方面的因素叠加在一起，决定了幼儿园课程实施的环境与小学课程实施的环境是不一样的。

综上所述，幼儿园课程与小学课程相比，更有基础性与启蒙性；课程内容与幼儿的生活和经验相适应，也更浅显；在实施的方法上要求更充分的游戏化和生活化。可以说，正是由于以上幼儿园教育与小学教育的根本性区别，才使幼儿教育具有自身不可取代的特点和价值。所以，幼儿教育要避免"小学化"的倾向，真正从幼儿出发，"立足于儿童自己的世界，立足于儿童诗意的、游戏的、童话的、音乐的、幻想的、创作的世界，这样的教育内容才能真正为儿童掌握；教育的方法应当顺应儿童成长的特点和规律，这样的方法才能有效地引导儿童发展"[①]。

---

① 袁爱玲，何秀英. 幼儿园教育活动指导策略[M]. 北京：北京师范大学出版社，2007：31.

二、幼小衔接

那么，我们该如何进行有效的幼小衔接呢？换言之，幼儿园教育应该在哪些方面向小学靠近又不至于变得"小学化"呢？

（一）幼小衔接存在的问题

1.教育机构之间不衔接

表现在幼儿园与小学之间的不衔接。也就是说，两个教育机构均按照学习者的学习阶段来组织教育教学活动，但是缺少对学习者在过渡期的关怀。如幼儿园大班与小学一年级就是学前期与学龄期的过渡期，但是两个机构之间的活动方式是独立的，并没有衔接。这尤其表现在小学阶段没有保留、延续幼儿园的学习方式，照顾幼儿的学习与生活习惯，而是"一刀切"，要求幼儿马上适应学校的学习生活与学习方式。于是，实践中出现一个怪象：幼儿园为了让幼儿提前适应小学的生活，对幼儿进行提前训练，给幼儿灌输小学阶段的知识和内容。

2.幼儿学习适应难

表现在幼儿对小学学习所需要的抽象思维能力、观察能力、理解能力、书写能力等方面的能力欠缺，对小学阶段的学习产生乏力感。另外，身体的耐力、肌肉的控制能力都得不到足够的锻炼，易造成适应小学生活的困难。

3.幼儿社会适应难

表现在幼儿的非智力因素发展欠缺，如生活习惯、行为态度、任务意识、规则意识、独立性、主动性及人际交往能力等。这些因素的缺乏，使幼儿在面临一个新的环境时，会面临人际交往困难，对学习缺乏恒心与耐心，主动性不足，自理生活的能力欠缺。

4.形式上衔接，心理上不衔接

表现在幼儿园进行类似小学阶段的上课，用上课的形式来进行幼小衔接。然而幼儿的心理上并没有准备好，他们对小学生活的焦虑、担忧和害怕等心理并没有得到释放与抚慰。

（二）幼小衔接的原则与方式

1.明确幼小衔接的长期性与全面性

幼小衔接不是仅仅在幼儿园大班进行的工作。应该说，整个幼儿园教育阶段都应该有意识地涵盖这方面的工作内容。如果仅仅把其视为大班阶段甚至大班下学期的工作，就难以避免我们前面说到的那些问题。而且，幼儿园教育本就应该是全面覆盖的教育，要通过各种灵活的教育活动、教育方式，创设丰富的教育环境，使幼儿在体、智、德、美等方面都得到全面和谐的发展。因此，这应该是一个长期的、需要教师付出努力的过程。

2.注重发展幼儿的非智力品质

长期以来，幼儿园教育一直存在"重智力轻能力"的倾向，尤其注意幼儿在某些知识方面的习得。殊不知，如果要发展幼儿的智力，也不应该放在知识的记、背之上，而应该重点培育幼儿的思维能力。唯有懂得思考，幼儿在面对新环境、新问题时才能够融会贯通。

另外，在幼儿园教育阶段，应该重点培育幼儿的非智力品质，如学习兴趣、学习动机、行为态度、习惯、主动性、独立性、自尊和自信等品质，这些才是最终让他们能够适应小学阶段的生活和学习的品质。实践中的有些老师就很有意识地帮助幼儿发展自我的意识，帮助幼儿在内心形成积极的自我判断，最终提高自尊与自信。这样的教育才是最好的自我教育以及幼小衔接。

3.结合当地实际进行幼小衔接

城乡的差异、南北地域的不同，也会导致幼儿的身心发展状况的不同。因此，我们必须有针对性地进行幼小衔接。农村的孩子，一般生活自理能力较强，但是社交能力欠缺，那么，在农村的幼儿园就应该多进行社会交往方面的训练与培养。城市的孩子，人际交往能力较强，但生活自理能力较弱，那么，就应该着重培养他们的自理能力与独立性。再如，南方的孩子普通话相对较不标准，那么，教师可以有意识地加强幼儿的语言教育。这些不同都是因为地域、城乡不同而带来的，教师在工作中必须分析清楚这些异同，才能有针对性地进行教育。

4.做好家长的工作

作为幼儿教育专业的工作者，教师还应该加强与家长的合作，有必要的时候，还要引领家长的教育观念，影响家长的教育方法。目前，很多家长对幼儿的教育存在揠苗助长、"赶鸭子"等现象，他们唯恐自家的孩子"输在起跑线上"。教师要争取家长对幼小衔接工作的支持，实现家园一致，有效地进行幼小衔接的工作。

总的来说，当幼儿园为幼儿创设丰富的环境和工作材料，幼儿按照幼儿应该有的方式在幼儿园生活、学习、感受时，他便为小学阶段的生活和学习做好了准备；当幼儿在幼儿期拥有了强健的体魄、浓厚的探究欲望与学习兴趣、良好的品德与行为习惯、积极的交往与合作能力，他便有了幼儿期应该发展起来的品质；当幼儿以这个阶段的节律呼吸、游戏、玩乐、感受时，他便获得了日后发展的巨大空间和可持续发展的能力。幼小衔接正是要通过恰当的方式来保护幼儿这种生态学上的发展潜力，尊重幼儿的童年。

延伸阅读

高宽课程的内容体系①

20世纪60年代，美国幼教界出现了一种引人瞩目的课程：高宽课程（High/Scope Curriculum）。经过半个多世纪的建构，该课程模式已经成为当今学前教育领域举足轻重的优秀幼儿园课程模式。支撑高宽课程的内容体系的是58条关键经验，包括语言、读写和交流、社会性—情感发展、身体发展和身心健康、艺术和科学、科学和技术等领域。这58条关键经验为幼儿园课程提供了有效的发展性指标。以下为其社会性—情感发展、身体发展和身心健康两个领域的关键经验。

社会性—情感发展

关照自身需求

用语言表达情感

与其他儿童和成人建立人际关系

创造和参与合作游戏

---

① 安·S. 爱泼斯坦. 学前教育中的主动学习精要——认识高宽课程模式[M]. 霍力岩，等译. 北京：教育科学出版社，2012:16-17.

处理社会性冲突

身体发展和身心健康

非移动性运动（原地运动）：屈体、转体、扭动、晃胳膊等

移动性运动（非原地运动）：如跑、跳、踏步、爬等

携物运动

在运动中表现创造力

用语言描述运动状态

按指令运动

感受和表达稳定的节拍

按统一的节拍连续运动

❓ 思考题

1. 我们应该怎样理解幼儿园课程？

2. 组织与实施幼儿园课程包括哪几个环节？

3. 你如何理解在幼儿园课程实施中的预设和生成的关系？

4. 如何进行幼小衔接的工作？

第七章

班级管理：幼儿教师的日常工作

管理既是一门科学，也是一门艺术，有效的管理不仅需要管理者具备管理的勇气和智慧，还需要管理者具备管理的艺术与情怀。班级管理又称班级经营，有狭义和广义之分：广义的班级管理认为凡班级教师进行的一切活动都称为班级管理；狭义的班级管理是指为了完成园所的教育目的及各项教育活动并使其能够顺利进行，而将班级的人、事、物等各项条件作一种整顿、改善与处理。本书采取狭义的班级管理界定方式，认为幼儿园班级管理是幼儿园班级中的保教人员通过计划、组织、实施、调整等方式统筹与协调班集体内外的人、财、物、时间、空间，以达到实现幼儿园保育和教育目的的综合性活动。

班级是幼儿园的"细胞"，是每一位幼儿教师天天置身其中、天天必须面对的工作场域，这里凝聚着他们的汗水和泪水，也承载着他们的希望与欢乐。班级记录着幼儿成长的足迹，也记录着幼儿教师的专业成长。班级工作的好坏反映出幼儿园办学水平的质量，幼儿园教育教学水平的高低，更影响着每一名幼儿的身心和谐健康发展。

本章我们将围绕三个主题进行讨论。

- 如何进行班级一日活动的常规管理？
- 如何有效预防班级安全事故的发生？
- 家长工作有哪些途径？如何做好班级的家长工作？

第一节　班级常规管理

　　这里的"常规"即指幼儿园一日活动常规。所谓一日活动，即幼儿在园所经历的一切活动，而一日活动的常规，即幼儿在园需遵守的班级规则或规定，是幼儿在幼儿园一日生活中所应遵守的基本行为规范。有条不紊的一日活动常规管理，对教师的班级管理具有非常重要的意义。幼儿遵循一日活动的流程和顺序，有秩序地参加各项活动，行为规范符合基本的要求，生活有序而规律，定能更轻松地达到发展目标，而规律的一日活动常规带给幼儿潜移默化的影响，对幼儿生活行为习惯的形成更是具有深远的意义。

　　幼儿绝不是一出生就会按照他们生活的社会所认可的规则去行事，而需要随着自身的成长与发展，逐渐理解被社会认可的行为规则，逐步调整自己的行为，这个过程需要在成人的帮助下完成。幼儿期是最易形成良好、固定习惯的时期，从小养成良好的习惯，会让幼儿终身受益。成人生活的社会和孩童世界的游戏有一定的区别，但两个世界中的规则形成规律是一致的，人只有遵循了规则的基本要求，才能在规则的庇护下获取人生最大的自由。

　　然而对于如何实施高效、规范的一日活动常规管理，幼儿教师们还存在诸多困惑，例如新入职和班级管理经验不足的幼儿教师通常会问："在幼儿园中一日活动各环节通常包括哪些常规要求？""不同年龄班的幼儿在常规的管理上有什么不同要求？""班级常规好与坏怎样评判？"……而即便是有了一定工作经验的幼儿教师在常规管理上还是会遇到各种各样的问题："班额这么大，怎样才能减轻常规管理的负担呢？""常规训练最好从小班做起，到了中大班老师才能轻松，可是我临时接管了别的老师的中大班怎么办？""在幼儿园里好的习惯，怎样让孩子的父母在家里积极配合教育呢？"……针对幼儿教师们的问题，本节中，我们将进行细致的分析与探讨。

一、为什么要进行班级常规管理

《幼儿园工作规程》明确指出："幼儿园日常生活组织，要从实际出发，建立必要的合理的常规，坚持一贯性、一致性和灵活性的原则，培养幼儿的良好习惯和初步的生活自理能力。"幼儿园生活常规对幼儿每天生活的流程、内容、时间等均有明确的规定，使幼儿一日生活能在一定的节奏、一定的规律和一定的规范中进行，同时，也能够帮助幼儿教师科学合理地安排一日的教育教学活动，提高工作效率。

作为新手教师，是不是常常会像下面这位教师一样疲惫不堪？

今天是到幼儿园工作的第一天，我的心里既兴奋又有点紧张。正式带班前，我做了充分的准备，向原任老师借了班上的花名册，熟记了每一名幼儿的姓名，认真准备并试教了集体教育活动，准备了好几个有趣的游戏……可是，一天下来我的感觉简直是糟透了。

这边在教室门口接待刚入园的孩子，那边两个孩子就打起架来，还没劝好架，发现几个孩子在娃娃家里"大闹天宫"，不仅把放在娃娃床上的小衣服扔得到处都是，推推攘攘中甚至压垮了娃娃餐桌；集体教育活动刚上了一半，外边做早操的音乐就响了，只能草草收场，把孩子带到大型玩具区刚玩了不到五分钟，就有教师过来说我们占用了其他班的场地……我真想不通，为什么看着别的老师把班级一日活动管理得井井有条，怎么到了自己这里就这么混乱呢？一天下来，我真是疲惫不堪。

案例中教师"疲惫不堪"，问题显然出在对幼儿园班级一日生活常规不了解、不熟悉上。直白地说，一日生活常规即幼儿知道在幼儿园要做哪些事，什么时间该在哪里做什么事，什么事可以做什么事不可以做，应该按照什么要求做事，不仅要求每名幼儿熟悉与遵守，更应该是带班教师熟悉与了解的，这样才便于其在班级管理中合理地安排时间、场地，并在每一个环节给幼儿提出适当的要求。对于新入职或班级管理经验不足的幼儿教师来说，出现案例中的上述问题其实很正常，这是每一名幼儿教师成长历程中很可能会面临的问题，但良好的班级常规确实是保障幼儿教师安全、有序地实施一日活动的前提。对于案例中的这位教师来说，熟悉班级幼儿一日生活时间分配及要求并规范与明确幼儿的生活常规要求是当下迫在眉睫的任务。

二、班级常规管理的内容与要求

幼儿在园的一日生活是非常丰富且多样的，绝不仅仅是学习活动，还包含了从幼儿来园、进餐、午睡、游戏、运动等各环节，主要是由游戏活动与教学活动、生活活动、户外运动几大块组成的。那么，在幼儿园中通常一日活动由哪些基本环节构成，流程如何，在每个环节中带班教师又有哪些常规管理的要求呢？

（一）班级常规管理的内容

教师常规管理职责与分工内容，其实就是幼儿教师针对该班级在常规管理上的基本内容。一般来说，一个班级幼儿的一日生活常规要求应该相对固定，这可以有效帮助幼儿了解接下来要发生的事，从而感到舒适安定，获得心理上的安全感。特别要说明的是，各幼儿园幼儿一日生活（活动）的流程安排与设计并不是完全一致或一成不变的，必须要依据幼儿的生理特点来具体设计实施。各园所处的地域不同，幼儿园场地实际条件的区别，幼儿年龄班级不同甚至是天气变化，都要求教师根据实际情况加以调整，有的放矢、随机应变，千万不要被常规所束缚。

表 幼儿园一日生活教师常规管理职责与分工

环节	教师岗位职责与分工		
	主班老师	配班老师	生活老师
上班前准备	做好上班前的准备工作，包括着装、发型、鞋子		开窗通风，做好活动室内外清洁工作
迎接孩子	迎接幼儿入园，做好与家长的交接工作	值日生工作的组织与指导	做好个别幼儿的衣物、药物的交接工作
晨练时间	带幼儿进行晨间锻炼，组织体能游戏		做好早餐前的准备工作
餐前准备	组织幼儿如厕、洗手及整理服装		分发早餐
早餐时间	指导幼儿养成正确的就餐姿势及习惯		掌握幼儿饭量，及时给幼儿添加早餐
点名环节	组织点名，了解幼儿来园情况	协助主班进行点名环节	收捡早餐，协助保健医生喂药

早操活动	组织幼儿做操及体育游戏	协助组织幼儿，及时给幼儿增减衣服	做好班级卫生后可下班
课前准备	准备活动用的教具等	带幼儿如厕、喝水，做好课前准备	
教学活动	组织教学活动	配合主班进行教学活动	
喝水、如厕	做好区域活动的准备工作	组织幼儿如厕、喝水	
区域活动	组织幼儿在自选区域进行活动，并进行个别指导	协助主班指导幼儿区域活动	
餐前活动	组织幼儿进行餐前游戏	下班	上岗，消毒桌面
午餐时间	培养幼儿良好的进餐习惯		分发幼儿午餐，培养幼儿良好的进餐习惯
散步时间	组织幼儿散步		收捡碗筷，打扫班级卫生
午睡时间	下班		值午睡，指导幼儿正确的睡姿
起床时间	协助幼儿穿衣、穿鞋，给幼儿梳头	询问幼儿的睡眠情况，做好与上午主班教师的交接工作	整理床铺，协助幼儿穿衣、穿鞋，做好吃午点的准备工作
午点时间	备课时间	分发午点，指导幼儿正确的进食	协助分发午点，提醒幼儿吃药
课前准备	备课时间	准备活动用的教具等	组织幼儿喝水如厕，清理桌面、地面
教学活动	备课时间	组织幼儿教学活动	协助教师进行教学活动
户外活动	备课时间	组织幼儿户外活动	协助组织幼儿，及时给幼儿增减衣服
整理时间	协助整理幼儿的服装、仪容，提醒幼儿带好回家的用品	组织幼儿进行放松游戏，同幼儿一起回顾一天的生活	进行器具的清洗和消毒，做好活动室的清洁卫生、关好门窗
离园环节	指导幼儿进行离园活动	接待家长，向家长介绍幼儿一日在园情况	

幼儿教育基本理念与教师行为规范

（二）班级常规管理的要求

为了更好地发挥班级常规管理的效果，给幼儿教师提供几点在班级常规管理过程中的建议。

1.班级常规的评判标准需科学合理

通常在幼儿园会听到教师们这样的谈论："你看黄老师班上常规可好了，孩子都老老实实地坐在椅子上。""常规好不好，听教室是否安静，看孩子是否乖乖听话就是了。"……这其实是不正确的观念。试想，常规管理的目的如果只是为了让幼儿"听话"，高控制求得表面井井有条，易形成幼儿对教师的高依赖，变相地助长幼儿的伪装和迎合；反过来，将直接影响到幼儿的自主性和规则意识的形成，导致幼儿自我管理意识与能力的缺乏，一定程度上还会加剧幼儿教师对幼儿的控制，形成恶性循环的怪圈。因此，在班级常规管理的过程中，教师切不可想当然地把自己的意愿强加给幼儿，迫使他们按照大人的意愿去行事。看班级常规好坏，更重要的是要看班级工作是否能够有条不紊地进行，幼儿是否能够有条不紊地参与各项活动，是否做到学习时兴致盎然、游戏时精力充沛、吃饭时食欲旺盛、睡眠时尽早入眠……这才是班级常规好的评判标准。

2.班级的常规须具有稳定性和灵活性

班级常规和流程被打乱时，幼儿容易变得烦躁、不讲道理而难以控制，甚至还会增加破坏性行为。稳定的常规和流程有助于幼儿自我调整，并减少压力带来的不适感。因此，班级中的常规要相对固定，不同教师间、不同环节在每一天的常规要求要尽可能地具有一致性。教师最好能与家长经常交流，让其了解幼儿在园的生活程序和基本要求，以免常规流程建立的生活习惯在回家后受到扰乱。但是，在幼儿园一日生活中，不寻常的事情每天都有可能发生，当意料之外的事件确实发生的时候，也没有关系，教师应当及时并明确地告诉幼儿此刻你应该怎么办，让幼儿对流程的变化有所准备。当重新安排生活流程或改换规则要求的时候，幼儿可能会出现困惑或因混乱而导致不适，教师对幼儿可能会出现的反应要保持冷静与理解，并耐心地帮助幼儿熟悉并遵循新的流程与规则。

3.将常规培养与集体教育教学紧密相连

常规培养与集体教学可不是两个不相干的事件，幼儿教师千万不要持有

"常规培养在前，集体教学在后""常规培养就是为集体教学服务的"的片面观念，另外，要注意常规培养方式的多样性。如果常规培养仅仅是采用集体谈话、口头要求和日常监督的办法，不仅途径、形式单一，更缺少趣味性和教育性，也易引起幼儿的逆反心理。相反，以游戏和情境为主导的集体教学活动，是促进幼儿建立一日常规的积极、有效的策略，更便于其对常规的理解与内化。因此，幼儿教师要做到的是能够将班级幼儿常规培养计划纳入日常集体教育教学计划之中，使二者相辅相成、相得益彰，同时在幼儿的日常生活中落实。

4. 充分利用暗示的作用帮助幼儿形成常规

幼儿期的孩子生活经验有限，对周围的环境很敏感，喜欢模仿，很容易受到暗示，有些常规完全可以通过暗示让幼儿理解与学习。"暗示"是人们为了某种目的，在无对抗的条件下，通过交往中的语言、手势、表情、行动或某种符号，用含蓄的、间接的方式发出一定的信息，使他人接受所示意的观点、意见，或按所示意的方式进行活动。充分利用暗示的作用不仅能使幼儿的常规形成事半功倍，还可以有效地减轻教师的负担，如将幼儿的"大头贴"贴在椅背、口杯或毛巾架上，就能够有效避免幼儿找不到自己物品的问题；在堆放户外游戏器械的墙角摆放做了标记的玩具筐，幼儿就能够主动地将器械物归原位；在某些环节需要提醒幼儿的时候，采取他们熟悉且特定的暗示信号，如手指游戏、有节奏地拍手、依次拍拍每个幼儿的肩膀直到所有幼儿都把注意力集中到教师的身上等。

小贴士

在班级常规管理的过程中，教师一定会设立许多的规则。所谓的规则，也即幼儿需遵循的行为框架。要提醒教师的是，设立规则的目的绝不是为了有规则，而是为了让幼儿在遵循规则的同时，更恰当地管理自己并学习在规则的行为框架下如何恰当地行为。因此，在建立班级规则时，建议教师们首先问自己如下的问题。

· 规则公平吗？也即规则制定对在班级中的所有幼儿都是一视同仁的。

· 规则简单易行吗？也即规则应该简单明了，便于幼儿记忆并执行。

· 幼儿理解规则吗？也即规则应当符合幼儿当下年龄段的理解能力。

· 幼儿知道违反规则可能带来的后果吗？只有当幼儿理解他们行为的后果的时候，才有可能遵守规则的基本要求。

三、不同年龄班级常规管理的特点

幼儿园常规的培养是一个过程而不是结果，是幼儿认识规则—冲突—调整行为—理解规则—冲突—调整行为—遵循规则—冲突—调整行为……的动态发展的过程，在幼儿园里常规的建立与管理是需要幼儿教师不断推进并反复调整的。根据在园幼儿的不同年龄，幼儿园一般将幼儿分成小班（3—4岁）、中班（4—5岁）、大班（5—6岁），不同班级的幼儿具有不同的生理和心理特点，幼儿教师在常规管理过程中的工作方式和方法也应该有所侧重。

（一）小班：引导幼儿理解和学习规则

小班阶段是常规培养的基础期。由于面临家庭常规与幼儿园常规的冲突，幼儿容易出现情绪化、触犯常规和行为反复的情况，这就需要教师在了解和理解幼儿的基础上，耐心、反复地一遍遍地给幼儿正确的引导、示范与强化。有序和规范的常规培养计划会带给幼儿安全感，并初步建立集体的归属感。须提醒教师的是，在常规管理的进程中，不要太在意别人的评价，以致打乱了自己的常规培养计划。当然，出现了问题也不要在意面子而自我烦恼，及时地与同班教师、同事和上级积极沟通，相信能获得帮助与建议。

下面以小班幼儿洗手常规建立为例进行说明。我们知道，培养幼儿的洗手习惯，是幼儿园盥洗常规的一项重要内容，也是小班幼儿教育和保育的一项重要内容。小班幼儿洗手的基本要求即按照一定的顺序和方法在教师的协助下逐步学会洗手。幼儿是否养成良好的洗手习惯对教师一日生活常规管理至关重要。应该如何培养幼儿的洗手常规呢？某幼儿园小班的教师就做了如下有益的尝试。

洗手环节的常规培养，是班级常规管理小班第一学期需要重点培养的内容。幼儿入园后，我们三位老师经过一个星期的观察，整理了班级里每位小朋友的洗手习惯、能力现状和存在的问题，发现大部分幼儿都非常喜欢洗手，但是不了解什么时候该去洗手，也没有掌握洗手的基本顺序和方法。

为此，我们召开了班务会议，根据幼儿的基本情况制订了未来一个月培养幼儿洗手常规的阶段计划：第一阶段，先初步养成什么时间应该去洗手的习惯，预计一个星期，配套设计盥洗室的环境创设活动、语言活动"瑞瑞的小手真干净"；第二阶段，引导幼儿掌握洗手的顺序方法，预计两个星期，配套设计科学活动"肥皂的妙用"、音乐活动"洗手"、社会活动"我会轮流洗手"；第三阶段，三位老师侧重关注个别幼儿，鼓励幼儿将初步建立的洗手常规延伸到家庭生活，配套设计亲子活动"亲子洗手操"，预计一个星期。

通过一个月的努力，盥洗环节洗手的常规顺利建立起来了，老师们都普遍感觉生活环节中幼儿的盥洗更有序，家长们也非常高兴，反馈说孩子在家中洗手有很大的变化，不仅能自觉主动地去洗手，还能督促和提醒大人如何洗手。

从案例中我们可以感觉到这是三位非常用心的教师，抓住了小班年龄段幼儿在常规培养中的基本特征。小班孩子刚刚正式进入集体生活，他们迫切地需要幼儿教师能够耐心地陪伴他们认识与理解常规，然后内化为自己的日常行为。在常规建立的初期，三位教师首先进行幼儿基本状况的了解，集思广益制订常规培养计划和重点关注人群，教师们要求一致，更重要的是采取了有顺序、有重点的培养策略，这样非常有利于小班幼儿对常规的认同与保持。

（二）中班：引导幼儿学习制定规则

中班的幼儿已经具有了一定的集体生活经验，并建立了相对稳定的生活常规，具备初步的自我约束能力和价值判断力。对于带中班的教师来说，常规管理已相对轻松，但这个时期，教师有更重要的常规管理目标，即引导幼儿参与到建立规则的过程中来，逐步熟悉与认同规则建立的流程和方法。例如，中班的一名教师在如何有效控制区域活动中进区的人数上就将常规建立的权力提交给了幼儿，并鼓励幼儿通过去平行班参观、小组讨论、常规试行等方式商议体验，最后通过投票的方式（如下图所示）选出最佳办法。正是因为是幼儿自己讨论、感受、选择的，常规实施起来特别顺畅。

有的教师可能会担心当孩子们有了"权力"会"得寸进尺"，这种担心是多余的。这个时候，教师公正而规范的榜样引导作用至关重要，如当规则被触犯的时候，教师如何处理违反规则的人与事。当教师的方式是积极的、语言是充满关怀的时候，孩子们就慢慢学会积极地、用建设性的语言对待触犯规则的同伴，这既能锻炼孩子们解决问题的能力，还能强化他们遵守规则的意识。

中二班进区方法投票表

夹夹子	佩戴胸牌	贴脚印	印 章

（三）大班：鼓励幼儿讨论并改进规则

大班的幼儿已经具备独立的一面，生活经验的丰富与深入使得他们沟通的话题越来越丰富，规则的执行力也越来越强，对集体中的行为和现象有了自己的理解和看法，教师完全可以放手让幼儿来讨论并改进规则。同时，他们对规则的破坏性也越来越强，这个时候，用"强制"的方式已经产生不了效果；相反，我们要试图让幼儿成为规则实施有力的监督者、讨论者和改进者，甚至放放手，将班级交予孩子们共管。切记，放手让幼儿管理绝不是教师不管，而是便于教师退后一步，站在倾听者的角度，观察、思考幼儿在讨论和改进规则背后的意义，改变教师在班级管理中较为强势的一面。教师收放的度其实很好把握，那就是幼儿的身心健康不受到伤害。

四、大班额的班级常规管理策略

经过上文的讨论，很多幼儿教师可能会说"我们理解了班级一日常规管理的重要意义，也知晓了应该注意的事项，但是很多常规管理的办法依旧实行不了"，因为"班上的孩子太多了"，教师们唯有采取高压的常规管理办法，力求孩子们整齐划一，以便不出事故。试想，如果班上只有十来个孩子，孩子享有的空间大了，幼儿摩擦的概率也会减少，很多常规问题都不会发生，教师也容易带着美好的情绪面对幼儿；相反，教室的空间有限，人又太多的状况下，教师自然会面临重重问题，为此，我们给幼儿教师们提供以下常规管理的窍门。

（一）及时呈现班级规则

当幼儿及时讨论了如何制定班级规则后，需将之及时在班级中张贴呈现出来，这可以有效地帮助幼儿记忆规则并提醒监督其规则的实施。当然，我们建议张贴出来的规则最好由教师与幼儿一同商议绘制，用幼儿可以理解的符号、图画（大班可以适当地加入文字）表现出来。日常生活中，当幼儿消极行为出现的时候，教师可以请大家都坐下来重新看看张贴的班级规则的海报，这是一种有效的管理技巧，它提醒了幼儿：既然你参与了规则创建的过程，就有义务让规则的实施更顺畅。当然，如果大家都发现规则并没有起到良好的作用甚至让幼儿行动不便，就可以引导幼儿去讨论并改进它。

（二）引导幼儿正视行为的后果

在教育方法中，有一种有效的方法叫自然后果法，即亲自承受错误行为所带来的后果。适当地采用自然后果法，可以让幼儿理解自我控制的必要性，了解到越界必须要付出代价的道理，有时候，这比教师一遍遍地跟幼儿强调"你不能继续那样做，否则会……"更有用。不遵守规则的幼儿需要接受不遵守规则带来的后果，了解到自己所作所为对他们生活产生的影响，否则，规则对他们就没有意义。如幼儿在建构区中一次又一次地乱丢玩具，他可能会被请出建构区并被告知短时间内不可以再选择此区域，当然，教师使用这种方法的前提是：不会给幼儿带来身心的伤害，不剥夺幼儿学习的机会。

（三）帮助幼儿学会合作

对于成人来说，当做一件自己觉得困难或厌烦的事情的时候，合作的感觉会好一点，能够得到别人的帮助，在做事的时候有人倾诉与商议，任务就不会那么难完成了。在大班额的班级里，如果教师总是让幼儿独立地完成任务，分享和讨论的环节就不可避免地会出现幼儿长时间的等待，等待的时间一长，幼儿间的冲突就容易发生，所以，即便是在成人看来无足轻重的小事（如收拾玩具、摆放物品），我们也给予幼儿合作完成的机会，并以积极和热情的方式回应并引导幼儿的举动，如"你们小组试试看，男孩子收拾积木，女孩子收拾小花片，待会儿要互相帮助抬回玩具柜哦"，他们会更愿意主动地完成任务。

（四）帮助幼儿学会轮流与等候

大多数孩子在家庭中是没有轮流和等候的经历的，即便他拥有兄弟姐妹，家庭中材料足够丰富，他们可以自由地选择，而在教室中，空间、设施和材料都是有限的，幼儿必须学习这些基本的社会交往技能。轮流的责任感是建立班级规则的基石，我们必须通过亲自示范、描述及持续提醒帮助幼儿学会轮流。同样，等候也并非天性，可以通过适宜的方式引导幼儿排队等候。首先，不能要求幼儿等候太长的时间；其次，排队等候的方式也可以多种多样，千万不要只采取一种安静等待的等候方式，唱唱歌、玩一下手指游戏、同伴之间聊聊天都可以让等候不那么难熬，一旦养成了轮流与等候的习惯，将来进入小学后，他们就不会为了争抢机会而打断教师上课。

当然，在大班额状况下教师班级管理的技巧与策略也是极为重要的，这需要幼儿教师成为日常工作的有心人，及时反思自己在班级常规管理过程中的行为并调整自己的行为方式，这样，很多班级常规管理过程中遇到的棘手问题相信就能够迎刃而解。

李老师在一所班额很大的幼儿园工作。当班上的孩子特别吵闹的时候，她通常采取的方式就是提高自己说话的音量，通过盖住幼儿音量的方式让幼儿恢复原来的秩序。时间长了以后，她发现这种方式越来越不奏效了。她的音量越大，幼儿的音量也跟着变大，她感觉越来越叫不住幼儿了，为此她经常生气。而这种方式直接导致的另一个后果是，她的嗓子越来越沙哑，甚至患上了咽炎。李老师为此很困惑。

很多幼儿园教师一定都遇到过类似李老师的困惑吧？我们想跟幼儿园教师说的是，我们不能将幼儿喜欢扯着嗓子说话的坏习惯一味归咎于班额大，通常，直接的导致原因就是教师叫喊得过多，而孩子们都在模仿教师。对于这样的情况，最好的解决办法就是——教师始终用正常的音量和孩子说话。与此同时，当幼儿出现了能用相对安静地进行活动或游戏的情形时，能够立即得到教师口头赞美、真心的笑容甚至是小奖励的强化，这会促使幼儿类似正向行为的重复出现。通常，很多幼儿做出违背常规的"越轨"行为的主要原因之一是，他们想寻求成人的关注，有的幼儿对被关注的需要已经远远大于违背常规可能会被责备和惩罚带来的不适，因此，幼儿教师应该给每个幼儿更充分且有质量的关注。在班级常规管理的过程中，借助强化来促进适宜行为的发生比使用责备、惩罚来减少不适宜行为要更有效果。

⚠ 小贴士

大卫·普瑞迈克（David Premack,1965）的研究表明，通过令人愉快的奖励行为，可以鼓励儿童做他们本来不愿意做的事情，这也被称为普瑞迈克原则。对于成人来说，重要的是告诉儿童你希望的行为，并且在儿童表现出你所希望的行为时，告诉他们为什么要夸奖他们。

延伸阅读

幼儿在园生活活动的常规要求

入园活动

（一）愉快入园，有礼貌地问候老师、小朋友。

（二）有礼貌地和家长告别。

（三）学会告诉老师自己身体有无不舒服的感觉。

喝水

（一）用自己口杯喝水，能轮流接水、喝水，喝水时不说笑。

（二）不浪费开水，口杯用后放回原处。

盥洗

（一）盥洗时不拥挤，自觉遵守盥洗规则、方法，不玩水。

（二）掌握洗手、洗脸的一定顺序方法。

（三）小班幼儿由教师帮助，逐步学会洗手、脸；中大班幼儿应独立洗手、脸，尤其大班幼儿应会独立操作，迅速正确洗干净手、脸。

进餐

（一）愉快、安静地进餐，正确使用餐具，逐步掌握独立进餐的技能。

（二）进餐时不大声讲话，不随便说笑打闹。

（三）逐渐养成进餐的文明行为、习惯。

午睡

（一）餐后散步、如厕，保持安静，不高声讲话或嬉笑喧闹，脚步放轻，进入寝室。

（二）中大班幼儿自己摆好枕头，拉开被（毯），按顺序脱去外衣裤，并折叠整齐，放在固定地方，鞋放在床下。

（三）不带小玩物上床，迅速盖好被（毯），不东张西望，安静入睡。

起床

（一）按时起床，掀开被子，按顺序穿衣服。

（二）学习整理床铺。

离园

（一）愉快地离园回家，带好回家用品。

（二）有礼貌地同老师、小朋友告别。

第二节　安全管理

安全管理是管理科学的一个重要分支，它是为实现安全目标而进行的有关决策、计划、组织和控制等方面的活动。幼儿园班级中的安全管理则是幼儿园班级中的保教人员通过计划、实施、总结、评估等过程，协调班级中的人、事、物，以达到班级各项安全目标的综合性活动。

《幼儿园教育指导纲要（试行）》明确指出"幼儿园必须把保护幼儿的生命和促进幼儿的健康放在工作的首位"，的确，安全是幼儿园顺利开展各项工作的必要前提和首要条件，没有了安全，幼儿的教育、班级的管理都无从谈起。然而，在搜索网页上只要输入"幼儿园安全事故"这个关键词，一条条触目惊心的网页随之弹出，一桩桩案件让人触目惊心。没有什么比幼儿受到的伤害更触痛我们，没有什么比幼儿的安危更让我们揪心。仔细阅读这些案件，我们会发现幼儿园安全事故的发生，既有幼儿自身缺乏安全意识和自我保护能力的原因，也有教师安全意识不高、工作监管不力的原因，还有突发性外界因素造成的原因。本节中，我们就将围绕导致安全事故的这三类主要原因，与幼儿教师探讨在幼儿园班级管理中的安全管理工作。

一、提高幼儿的安全防范意识与自我保护能力

有调查显示，80%的学生安全事故是可以通过预防避免的。幼儿园班级安全事故的发生，很大一部分是由于幼儿安全意识的薄弱和安全知识的缺乏。学前期儿童正处在生长发育的阶段，生活经验缺乏、认识能力偏低，在幼儿园中，幼儿活动的空间有限，共同生活的时间又较长，如果安全防范意识和自我保护能力较差，就很有可能发生安全事故。

某日下午，鹏鹏妈妈接到幼儿园打来的电话，说孩子在户外活动的时候跌倒了，已经送往医院，请鹏鹏妈妈赶紧到医院去。在医院，老师向鹏鹏妈妈叙述了事故发生的经过：在室外体育游戏的时候，鹏鹏被朝他跑来的另一位小朋友碰撞了一下，跌倒在地，没爬起来。当时老师认为他跌倒起不来是扭到脚了，但当扶他起来时，发现鹏鹏满身大汗，已不会说话。在医院经医生诊断，鹏鹏跌倒时脑部正好撞在坚硬的水泥板上，造成重度颅脑外伤，出现颅内血肿、脑疝症状，伤情十分严重，需要立即住院并接受手术治疗。

户外活动时间是幼儿在园一日生活中最易发生安全事故的时段，活泼好动的幼儿在身心极度兴奋的状态下与同伴间的冲撞防不胜防。案例中，尽管鹏鹏受到的伤害是由于两名幼儿冲撞所致，但幼儿园同样需要承担"业务过失"的责任 。试想如果在游戏活动前能做好必要的防范和保护措施，伤害事件就可能不会发生。为了最大限度地减少和避免类似事故的发生，必须建立一套有效的班级安全管理机制，并通过丰富生动的安全教育加强幼儿的安全防范意识，学会更好地自我保护以免受到伤害。

（一）抓住生活中的契机，帮助幼儿树立安全防范意识

安全防范意识要求幼儿从思想上树立对安全问题的重视，真正形成爱护生命、珍惜生命、有意识地保护自己、预防伤害发生的意识。然而，安全防范意识的树立，并非说教、灌输可达成，对生活经验缺乏、理解能力偏弱的幼儿来说，最好的办法就是从别人的经历中、从日常生活中获得间接感受和间接经验。如某个小朋友下楼梯时摔倒了，某个小朋友在幼儿园不小心被开水烫伤

了，教师可以利用这些事例，引导幼儿讨论为什么这个小朋友会摔倒或烫伤，应该怎么做才可以使自己安全。另外，还可将有关安全事故的图片贴于班上，引导幼儿讨论会出现什么不安全的后果，如何避免危险等。这种类型的案例式、图片式的安全教育就能够产生较好的效果。

（二）引导幼儿学习安全常识及防护自救的办法

通常学前期幼儿须掌握的安全常识包括消防安全、交通安全、运动安全、用电安全几大类，教师可在幼儿园的公共区域张贴一些适合幼儿掌握的安全标记，如"安全通道""禁止触摸""注意安全"等，引导幼儿。也可帮助幼儿了解与识记园内各种大型游乐器械的使用规则，并在幼儿游玩中对幼儿加以适当的安全指导与提醒（如滑梯的使用），让幼儿理解基本的安全规则，即必须按照一定的方向排队轮流玩耍，当已滑下滑梯的幼儿尚未离开滑道前适当等待，以免相撞。同时，还要教会幼儿一些简单的防护自救方法，如活动中从高处往下跳时，落地时能主动屈膝以减少对膝盖的伤害；炎热的夏季，户外活动前适量喝些凉开水，以避免大量出汗造成的身体虚脱；通过预防火灾模拟演练，练习一些逃生的动作或自救技能，从中学会避险方法。

小贴士

让幼儿通过自身观察，寻找和发现幼儿园生活或周围生活中的危险源，并把危险的地方记录下来，设计安全指示标志，充当安全小卫士，提醒大家注意安全，是提高幼儿自我保护意识和自我保护能力的好办法。

（三）通过体育锻炼帮助幼儿提高身体机能与反应能力

幼儿平衡能力差，动作反应不灵敏是他们常摔跤或碰撞的主要原因。在日常活动中，加强幼儿平衡能力或躲闪能力，如走、跑、跳、攀、爬的训练，发展幼儿动作的协调性、灵敏性，是减少幼儿摔伤和碰撞的有效措施，这些基本动作的练习应根据幼儿年龄的不同有重点、有针对性地进行。幼儿园经常组织幼儿参加一些像跑步、爬行、跳跃、排球之类的户外活动及需要开动脑筋的游戏，以活动促发展。幼儿的运动能力增强了，动作更协调灵敏了，自然就会减少事故的发生。

二、提高教师的班级安全管理能力

《中小学幼儿园安全管理办法》和《中小学公共安全教育指导纲要》明确规定教育部门和幼儿园要把安全教育工作作为幼儿园安全工作的重要内容纳入工作日程，安全教育工作要与其他教育教学工作同部署、同落实、同监督、同考核。作为对幼儿负有教育、管理责任的幼儿教师，在班级管理工作中，守护好幼儿的安全、做好对幼儿的安全教育、提高自身和幼儿的安全意识是重要的安全工作内容，也是幼儿园班级管理的重要实务。守护幼儿的生命安全和促进幼儿的健康成长是每一位教育工作者的首要任务，幼儿园工作中任何一个环节的疏漏都有可能造成不可预测的后果，为此，向幼儿园教师提出班级安全管理的几点注意事项。

（一）建立班级安全工作责任制

常言道，"没有规矩不成方圆"，幼儿园班级安全管理如果没有健全的安全制度做保障，就会流于形式。因此，班级安全管理首先就要加强制度建设，建立健全一系列安全工作规章制度。做到安全工作层层负责，职责明确，分工具体，责任到人。以幼儿的入园和离园环节为例。幼儿的入园和离园，是幼儿园和幼儿家长监护和管理幼儿责任相互转移的关键节点，只有双方认真而准确地交接，才能确保在过程中不至于出现疏漏或差错，因此，班级安全制度中就可以建立相应的幼儿入园和离园安全制度、主配班教师交接班制度、幼儿接送卡管理制度等，避免危及幼儿安全问题的出现。

（二）强化班级安全工作常规

幼儿园是监护式管理，在制定了各项安全制度后，须切实做好各项制度的落实，确保有计划、有部署、有督查、有评比、有总结、有奖惩，避免"制度健全、谁也不看"的状况。以设备设施安全管理为例，幼儿教师应该严格执行设备设施安全制度，了解幼儿一日生活中的设备设施安全隐患，并采取相应防范措施，做好班级房舍、水电、场地、家具、玩具、用具的日常全面排查，并采取相应的防范措施，消除各种安全隐患，避免触电、砸伤、摔伤、烫伤等事故的发生。当然，幼儿教师也应当进行安全知识的学习，进行安全技能培训，从事故应急处理方法到安全疏散演练，有效提升教师对安全事故的防范意识、安全事故的预见能力和安全事故的应变能力，确保安全责任的有效担当。

（三）开展丰富多彩的安全教育活动

幼儿认识能力有限、抽象能力较弱，幼儿园要根据幼儿不同的年龄特点，开展丰富多彩、生动形象的安全教育活动。安全教育活动须以幼儿的安全为前提，贴近幼儿生活，从点滴做起，随时强调提醒，如小班可以通过讲故事、看图片展览、开展游戏活动、观看动画和影像等方式，帮助幼儿知道身体的主要器官功能及其保护方法，能说出父母姓名、家庭地址和电话，还可以通过生活场景模拟活动，演习求救技能，增强幼儿自我保护能力。

（四）形成家园合作的安全教育合力

对幼儿进行安全教育单靠幼儿园的教育力量是远远不够的，需要得到家长的配合，形成安全教育合力。幼儿园要重视家庭教育，开辟安全工作宣传栏、印发《告家长安全书》，定期召开家长会，举办安全主题的家长半日开放活动，向家长宣传安全教育的重要性和必要性，增强家长的安全防范意识，让家长主动参与对幼儿自我保护能力的培养过程，切实将安全教育的内容延伸到每个幼儿家庭中。幼儿教师也可以利用家长资源，请特殊职业的家长来园为教师、幼儿开展交通安全常识和消防安全知识讲座等，通过家园配合，共同增长安全知识，强化安全意识，对幼儿实施安全自护的家园同步教育。

三、提高教师应对班级突发安全事故的能力

所谓班级突发安全事故，是指幼儿在园在班期间突然发生的伤害事故，它既可能发生在幼儿班级中，也可能发生在教室外。以下，首先对班级常见的突发安全事故的类型做一简介。

（一）班级常见的突发安全事故

1. 客观原因造成的班级突发安全事故

幼儿接送安全事故。通常由于幼儿教师接送管理制度不严或有漏洞，造成

幼儿被他人冒领或伤害事故。

幼儿走失事故。通常由于幼儿教师监管不力，未尽到看管职责发生的幼儿走失事故。

教学设施设备使用安全事故。通常由于班级教学设施设备存在安全隐患，没有得到及时发现或维修而造成的幼儿伤害事故。

教职工原因造成的安全事故。通常由于教职工精神、矛盾纠纷等原因迁怒幼儿，对幼儿实施体罚或变相体罚，或采取其他伤害手段对幼儿实施伤害，造成幼儿身体损害或精神伤害的事故。

2.主观原因造成的班级突发安全事故

幼儿自伤安全事故。通常由于幼儿安全意识淡薄，天性好玩好动，在没有外界干扰的情况下出现的自伤事件，如使用筷子时戳到喉咙、使用剪刀时割到手、体育游戏时跌倒扭伤等。

幼儿他伤安全事故。幼儿在游戏或玩耍时，因为自控能力较差，发生的互相碰撞、冲突导致的伤害事故。如在滑滑梯的过程中互相推搡导致的摔伤事故。

（二）教师应对突发事件的一般流程

不论突发安全事件是主观原因还是客观原因造成的，保护幼儿生命安全都是幼儿园教育工作者的神圣使命，我们要采取有效措施防范紧急突发事件的发生，可是一旦发生意外，也要冷静应对，妥善处理，面对突发事件必须做到职责明确、措施到位。

中班的程程在幼儿园睡午觉时，玩起了衣服上的金属拉链并将拉链头拽了下来，在玩耍的过程中不慎将金属拉链头吞下，卡在了食道狭窄处。吓坏的程程哭闹了起来，老师以为程程是因为不想睡觉而哭闹，只做了安抚工作没有及时进行查看。等发现程程是异物卡在了食道处时才赶紧送医院，最后程程不得不住院进行手术治疗。

对幼儿园来说，教育对象为3—6岁幼儿，由于年龄小、活泼好动、自理能力差、防护意识薄弱，极易发生误食异物、食物中毒、传染病感染、意外伤害等突发事件。我们无法预期紧急突发事件到来的方式和所造成的损失，但是我们能够做到的就是预防。在幼儿园中，教师一定要把安全放在第一位，有了生命健康才可能会有其他的一切，所以幼儿教师一定要做好各项突发事件的应急预案，了解学习各项突发事件的应急处理办法，案例中的教师就由于疏忽大意差点延误了孩子的送医治疗。

对幼儿教师来说，做好突发事件的处理工作非常重要，虽然不同突发事件的处理方法各有不同，但基本要求是一致的，即应冷静、及时、准确、果断。一旦有危及班级幼儿安全事件发生，应尽可能按照预案要求有序处理，确保安全和效率，争取把损失降到最低。为此，提出幼儿教师应对突发事件的处理流程及办法。

1.上报信息，及时救助受伤幼儿

发生事件后，班级教师应当在第一时间报告园长、保健医生，及时护理受伤幼儿。教师与保健医生要马上判断幼儿受伤的大致程度，程度轻的，先做简单处理，程度重的，要马上送幼儿去医院作处理，不得延误治疗时机。过程中，要注意安抚幼儿情绪，教师及时帮助他们消除恐惧，鼓励他们勇敢面对。如果事故是一名幼儿对另一名幼儿造成的伤害，千万不要指责伤害者，以免其背上沉重的心理负担。

2.通报家长，与家长共同做好后续处理工作

发生事件后，班级教师必须及时通报家长，与家长进行沟通，及时做好家长的安抚工作。特别要说明的是，在说明事件发生的过程中，教师应该态度诚恳、客观、坦诚、详细地说明事件的过程，既不能强词夺理，又不能隐瞒事实，以获取家长的理解。就算遇到难以沟通的家长，也应多换位思考，体谅家长的心情感受，及时调整与家长的沟通策略。

3.分析反思，做好事件后期处理工作

事件发生后，教师协同幼儿园要认真、全面分析事件发生原因，分清责任，从中获取经验和教训，从而反思安全管理漏洞，进而加强安全管理，预防此类事件的再次发生。幼儿园应组织包括当事人在内的全园教职工对事故的经过进行分析，促使教师们反思自己的工作，增长经验，最大限度地减少未来工作失误。

异物及应急处理①

1.鼻腔异物。鼻腔异物大多数为豆类、棉球、纽扣、塑料小玩具、果核、纸团等，或睡觉时小昆虫爬入。小的异物，可用手按紧没有异物的鼻孔，让孩子做擤鼻动作，将异物擤出，或用棉签刺激鼻腔，使孩子打喷嚏将异物喷出。若经上述处理无效或异物较大难以取出时，应尽快到医院处理。

2.外耳道异物。大多数是在孩子玩耍时将沙粒、石子、草棍、谷物、豆子等塞入耳内，或睡觉时小昆虫爬入耳内。较小的异物，可让孩子把头歪向有异物的那一侧进行单脚跳动，使异物自行脱落。对小昆虫异物，可用手电筒的光，引诱小虫自动爬出耳外。若是大的异物或小异物仍取不出，应及时送医院处理。

3.咽部异物。以鱼刺最多见，常嵌在扁桃体及其附近的地方引起疼痛，此时应立即用镊子取出，若取出困难时，速到医院处理，千万不要让孩子吞饭团裹下，往往不能得到预想的效果，反而引起更大的损伤。

4.眼睛异物。大多数由沙粒、尘土、谷皮等侵入眼睛里，引起眼睛流泪、不适、有异物感等眼结膜的刺激症状。此时应立即滴氯霉素眼药水，将异物冲出，或翻开眼皮，用冷开水冲洗。一定不要用手揉擦，以免引起角膜损伤及继发感染。若异物嵌入角膜时，应立即送医院处理。

幼儿入园离园安全制度

1.家长周一到周五上午八点前及时把孩子送到幼儿园，并且将孩子送到所在班级教师手中，须当面交接，家长不得随意让孩子自行入园。

2.家长不宜让孩子携带危险物品如小刀、药品、小粒物、玻璃球等物品入园，也不宜让孩子携带果冻、棒棒糖等容易对孩子造成危险的食品入园。

3.家长带孩子入园时须在保健医生处进行晨检，以便觉察和发现孩子存在的疾病隐患，幼儿如生病需要喂药，请在药品上注明幼儿姓名、班级交给保健医生或班级教师处，并说明药物名称、用量、服用时间和次数。

4.孩子原则上由父母或日常看护者持卡接送，如需委托他人接送，家长须

---

① 王化敏.给幼儿教师的一把钥匙[M].北京：教育科学出版社，2008：25(引用时有删减）.

电话告知班级教师委托人的姓名、性别、特征等，不具备完全行为能力（十八岁以下）的不能成为委托人。

5.离园时，因人员过于集中，建议家长排队轮流接幼儿，并与班级教师做好交接登记手续，家长接到孩子后，提醒幼儿在楼道里逐级行走，不跑不跳，并尽快离园。

6.入园前或离园后家长如需带孩子在户外玩耍，请做好安全防护工作。幼儿入园交接前、交接离园后、离园路上及在园外的一切安全责任由家长负责。

幼儿园班级突发事件应急预案[①]

1.成立班级突发事件工作小组，落实各人职责

（1）成立由班主任做组长的班级突发事件工作小组，配班教师和保育员须积极配合班主任的指挥处理工作。

（2）当突发事件发生时，班主任须及时进行受伤幼儿的救助，配班教师应及时上报园长，保育员负责疏散及引导幼儿。

2.日常工作要求

（1）班主任要定期对班级各项安全设施设备进行检查，发现安全漏洞及时处理。

（2）幼儿在班级活动时，确保活动室前后门处于打开状态，保持教室各通道的畅通。

（3）加强对班级教师的日常安全知识教育与培训，掌握突发事件的紧急处理技能。

（4）加强在日常活动中对幼儿的观察，及时发现异常现象。

3.事件应急处理

（1）报告园长。

（2）如是意外事故，报告保健医生，进行简单处理后速送医院。

（3）如涉及具体幼儿，报告幼儿家长，安抚家长情绪。

---

① 此处参考孙向阳. 守护平安——幼儿园安全与卫生[M]. 北京：北京出版集团公司，北京少年儿童出版社，2011.

（4）如是外来人员造成的突发事件，迅速拨打110报警，并协助公安部门维护现场秩序。

（5）事件如对其他幼儿有危险，紧急疏散幼儿到安全地带并保护幼儿的安全。

（6）等待救援的同时，严格控制闲杂人员和家长随意进出教室，以免造成混乱。

（7）积极配合相关部门进行事故调查，协助做好事故善后处理事宜。

第三节　家长工作

幼儿教育是一个系统工程，需要幼儿园、家庭、社会的多方面努力，协同合力、家园共育。《幼儿园教育指导纲要（试行）》指出："家庭是幼儿园重要的合作伙伴。应本着尊重、平等、合作的原则，争取家长的理解、支持和主动参与，并积极支持、帮助家长提高教育能力。"走向合作共育，已经成为幼儿园班级管理中的家长工作的重要方向。幼儿教师在班级管理中应当致力于指导并帮助家长改善家庭教育环境，与家长建立合作伙伴关系，共同为促进幼儿的身心和谐发展创造有利条件。

在一位幼儿教师的日记里记录着这样一件事例。她所带的班级有一名幼儿即将跟随家人移民国外，临行前，孩子的妈妈特意带着孩子来到幼儿园，一定要与带班的教师合影留念，当教师询问为什么一定要拍照的时候，家长说："我想尽力帮助孩子把人生中遇到的第一个重要的人都留下纪念，出生第一位照顾她的护士、第一位给她看病的医生，而您，是第一个教她的老师……"在听到这句话的当下，教师的心都融化了。是的，幼儿教师与幼儿以及家长在幼儿人生的旅途中能够有一段相依为伴、共同成长的时光，这是何等幸福的事。在本节中，我们将针对幼儿教师在家长工作中常见和特别需要注意的几个问题进行分析，以期对广大教师家园共育工作能力的提高有所帮助。

一、常见类型家长的特点与工作策略

在日常的幼儿园工作中，我们一定会遇到来自不同类型的幼儿，也必然会遇到不同类型的家长，家长的性别、职业、辈分、性格等的千差万别，需要幼儿教师对其不同特点进行分析并采取不同的工作策略。下文将针对幼儿教师在工作中会遇到的不同类型家长（祖辈家长、父辈家长），分析他们的不同特点和教师工作策略要求。

（一）祖辈家长的特点与工作策略

由于现代生活节奏加快，很多上班族父母没有充足的时间和精力带孩子，祖辈家长帮助年轻的父母带孩子，已经成为中国家庭的一道特殊的风景线。祖辈家长们在照顾孩子的生活起居上更加细致周到，有相对充足的时间和精力，情绪更加安详平和，也更有耐心与孩子沟通，这些优势有利于满足孩子的合理需要，安抚孩子的情绪，帮助孩子建立安全感与归属感。大多数祖辈家长还有着丰富的生活阅历，就像下文案例中的乐乐外婆一样，还拥有自己的"绝技"，作为教师要善于发现他们的个人特长与兴趣爱好，善于调动他们的积极性，创造机会让他们展示，就更便于他们参与到幼儿的教育中来。

老师发现乐乐外婆经常自己动手给孙女做衣服和裙子，做的衣服经济实惠又美观大方。六一活动时，老师就利用她这一特长，请她为表演童话剧的小朋友设计制作服装。外婆非常高兴，主动在网上下载了各种造型的衣服供老师挑选，制作好童话剧服装后，还主动为其他表演节目设计道具、头饰。

老师非常感动，对乐乐外婆说："外婆，太谢谢您了，您辛苦了。"她连连说："不辛苦，我喜欢做这个事儿，为大家服务我愿意，你们老师帮助孩子排节目才辛苦呢。"老师将她帮助孩子制作服装的过程拍成照片，贴在家长园地里，还同时发到网上，一方面感谢乐乐外婆为六一演出做的工作，另一方面也向其他家长展示她设计的非常有创意的童话剧服装造型，与其他家长一起分享她的成就。

祖辈家长经验与阅历丰富，况且年龄长于教师，理应得到教师的尊重。在幼儿园家长工作中，教师应当是建立良好关系的发起者，当祖辈家长感受到自己被教师尊重、理解和欣赏，他们就更易有积极的回应。案例中的教师有一点做得很好，就是当祖辈家长为班级付出之后，教师及时给予了热情的回应，这样的做法对其他的家长也是一种很好的影响。然而，祖辈家长由于年事已高，学习能力有限，也难免会出现宠爱或放任孩子的情况，由于跟不上时代的步伐，在教育孩子的理念上容易与幼儿园产生差距。特别是在很多祖辈家长的潜意识里，认为生活是生活，教育是教育，自己只要把孩子的吃、喝、拉、撒、睡管好就可以了，缺乏寓教育于生活之中的理念。教师必须要了解祖辈家长的这种特征，用他们容易理解的方式和语言交流孩子的教育问题，及时回应祖辈家长关注的事项，及时夸奖祖辈家长在教育孩子上的成绩与优点，肯定和接纳他们的好做法，并采取动之以情、晓之以理的方式与之沟通有关问题，这样定能拉近与之的距离，形成良好的情感关系。

（二）父辈家长的特点与工作策略

我国第一代独生子女如今已成为当今幼儿家长的主体，他们成长在改革开放的时代，生活条件较优越，文化水平较高，思维灵活，是追赶时尚潮流的新生代。很多年轻父母都对幼儿教育具有浓厚的兴趣和参与愿望，会主动地通过书籍、杂志、电视、网络等媒介了解育儿知识与信息，追求个性化育儿的方式，他们不再是一味顺从教师意见的传统家长，也希望与教师建立平等、开放的沟通关系。针对这类家长的特点，教师就需要培养自己开放的心态，开阔自己的眼界，用良好修养与扎实的专业知识赢得家长的信任，这样才能在家长工作中做到引导与服务相结合、交流与合作相结合。

侯老师毕业后分配到了一所高校的附属幼儿园工作，对幼儿教育工作充满了热情与期待，然而在与家长沟通的过程中她经常感到紧张。尤其是在与家长沟通到孩子在成长过程中面临的问题与改进建议时，她发现多数孩子的家长都是在大学工作的教师，育儿水平都很高，了解很多的幼儿教育知识，说起孩子的教育问题是一套一套的，而自己感觉才疏学浅，生怕跟家长说多了露怯，因此，她总是回避与家长们的沟通，整天想着如何能尽快摆脱这样的尴尬局面。

作为初入职的新手教师，遇到这样的问题其实可以理解。要想尽快走出这样的困境，教师必须加强自身的学习与思考，观察与分析年轻家长的基本特点，把握与他们互动的基本定位与工作策略。首先，幼儿教师应该与家长建立平等、开放的沟通交流关系，关注年轻父母的育儿话题，尊重他们已有的育儿经验与观念，以平和的心态与他们平等沟通，大胆主动、不卑不亢地与家长真诚交流，建立知无不言、言无不尽的对话关系。其次，幼儿教师应当在日常教育教学活动中注意观察幼儿的言行，了解幼儿的特点，能将幼儿成长的细节与在幼儿园发生的具体故事与家长进行交流，既让家长全面地了解孩子的表现，又能体会到教师的用心。最后，还能够细致分析每个幼儿家庭的教养方式，有针对性地对不同家长提出育儿的建议，如帮助放任型的家长理解参与孩子教育的意义，帮助溺爱型的家长理解尊重幼儿独立性的重要性，帮助权威型的家长树立亲和的家长形象，帮助民主型的家长在其他家长前树立榜样示范作用。

二、特殊群体家长的特点与工作策略

（一）低学历层次家长的特点与工作策略

我们通常将学历水平在专科以下的家长定义为低学历层次的家长群体，虽然他们没有受过更多的学校教育，但是也非常想把孩子教育好。他们感到自己的文化水平不高，容易对教师产生畏惧感，一般也不会主动地与教师交流。如同下文案例中的佳佳妈妈，没有机会接触电脑这样的新科技，家园合作中如需要网络交流、上网查找资料等就会感到十分地吃力。

小二班的王老师建了一个班级家长的QQ群，以便经常在QQ上与家长交流孩子的在园情况。下个月是六一儿童节的系列活动，王老师向所有家长发布了通知，请每一名家长将幼儿的大头生活照通过QQ群在线传给老师或发送到教师的邮箱，参与幼儿园的"笑脸墙"制作活动。

王老师发现佳佳妈妈迟迟没有传上来，打电话催促她的时候，感觉到她非常为难，一个劲地道歉，还小声地说："老师，我们完全不懂怎么弄……"王老师立刻表示，可以帮助佳佳妈妈完成任务。她用相机在幼儿园帮圆圆拍了一张照片及时上交。下午接孩子的时候，王老师告诉佳佳妈妈照片已经帮佳佳拍好了，请她放心。佳佳妈妈非常感动，说："老师，谢谢！你真是帮了我大忙呢！不怕你笑话，我和佳佳爸爸文化水平低，不会用电脑，家里也没有电脑，真是惭愧。老师，以后有什么不需要高科技办的事情，尽管叫我们来帮忙！"

如果幼儿园教师能像案例中的王老师那样体会到佳佳父母的难处，主动地给予帮助，照顾到特殊群体家长的困难，家长就能够感受到教师的真诚与关怀，也更愿意积极参与到班级活动中来。低学历层次的家长因为自身的生活经历，往往更容易关注孩子的排名、知识技能的学习和训练掌握状况，教师一定要及时肯定低学历层次家长的长处，多与他们沟通，给予家长更具体的指导策略，让他们树立正确的幼儿发展观，让他们理解什么才是幼儿终身发展的关键价值，用一种客观、理性的方式去评价自己的孩子。教师不能在家长工作中对他们带有偏见，相反，要用更热情的态度与之交流，让他们感受到教师的尊重与关心，让他们感受到自己的长处，同时，不能仅仅提出简单的要求，要给予他们更具体的、更符合幼儿生长节奏和规律的家庭教育指导策略，帮助他们在日常生活中进行孩子的教育。

（二）离异家长的特点与工作策略

当今社会，离异家庭已经占社会特殊家庭类型很大的一部分，这种类型家庭的教育问题给教师的家长管理提出了一定的挑战。

新入园的笑笑是个与众不同的孩子，很能干，自理能力强，也从来不哭，但老师发现她非常敏感，自我保护意识非常强，只要别人稍有不慎碰到她，她立即挥手还击。她不爱笑，拒人于千里之外，即使教师作出赞许她、表扬她、拥抱她等任何亲近她的行为，也看不到她的笑容。老师们很困惑这些现象背后的原因。

通过与同班另一名孩子家长即笑笑妈妈同事的交流，才知道笑笑的妈妈因为家庭暴力离婚了，对生活失望的她把所有的寄托都放在了孩子身上，要求她每一件事情都力争做到完美，笑笑经常要受到妈妈的责骂。这名家长说，经常听到笑笑妈妈对孩子说："爸爸不要我们了，现在妈妈只有你了，你一定要争气，必须做到，还要给我做到最好。"

案例中的笑笑妈妈是典型的离异后将孩子视为唯一希望的家长。他们希望借助孩子的成功光环掩盖婚姻生活的失败阴影，因此，很容易对孩子提出超出他年龄所能承受的期望。近乎苛刻与完美的要求，势必给孩子带来超乎寻常的压力，致使孩子失去生活的乐趣甚至出现心理问题。这个时候教师应当与他们进行深入的交流，劝解家长分散自己的注意力，通过积极拓展自己的生活空间、丰富生活内容来重构生活理想，同时，正视自己孩子在群体中的发展水平和表现，改变与孩子的互动方式，多给予孩子认可与鼓励，帮助他们更自信自立，更轻松、愉悦地享受童年的快乐。

作为教师，必须理解与接纳离异家庭的选择，用协同作战的方式保障孩子的健康成长。需特别说明的是，教师对于家长家庭形态的选择应当持中立的态度，理解与接纳离异家庭的幼儿及其家长。离异的父母会非常敏感旁人对自己孩子的看法，如果父母不愿意与教师明说自己的离异状况，我们建议教师可以采取回避询问家庭状况的方式尊重家长的意愿，理解他们的担心与焦虑。需要注意的是，如果教师发现家庭的变故确实给幼儿造成了人际交往、情绪反应等方面的伤害，一定要将孩子的变化如实反映给家长，与家长共商议、共努力，为孩子创造一个更完整、健康的成长环境。相信教师的真诚可以打动家长。

（三）留守儿童家长的特点与工作策略

改革开放给国民经济带来了巨大的变化，也悄然改变着广大幼儿的生活状态，很多农村家长外出务工，很多家长穿梭于各地忙于进修、经商，他们的孩子只能交给老人或者保姆照顾，处于留守状态。虽然，留守儿童的身体健康、基本生活都有保障，但亲子沟通、亲子交往是缺失的，安全感和归属感的缺乏还易导致一些不良行为习惯及消极情绪情感的出现。

春季学期，中班的李老师在进行幼儿出勤率统计的时候，发现开学以来小雨已经连续两个月出勤率很低了，三天两头请假，小班的时候可不是这样的，难道是健康出了什么问题吗？为此，周末她和班上的另一名教师一起去小雨家进行了家访。

来到小雨家，发现小雨并没有生病，与小雨的爷爷奶奶交流后才知道缘由，原来小雨的爸爸妈妈春节后都到外地打工去了，把小雨交给爷爷奶奶照顾。爸爸妈妈出去后，小雨很不习惯，每天早上只要说让她去上幼儿园，她就大哭大闹，爷爷奶奶心疼不已，干脆就让她在家里待着了，一来二去几乎就上不了几天幼儿园了。

李老师说："爷爷奶奶你们得坚持给孩子上幼儿园呀，可不能她想怎样就怎样，将来要是她说不想去上小学了，也让她不去上学吗？"

爷爷说："唉，我们也知道这样不好，可是老师你看，孩子可怜呀，爸爸妈妈不在身边，就需要人陪着，我们俩反正在家没事，就陪着她在家里玩呗，只要她开心就好。"

从案例中我们能明显感觉到，留守儿童家长的补偿心理突出，总觉得孩子没有父母在身边可怜，于是对孩子放松要求，娇惯溺爱，甚至是包办代替，因此，及时发现留守儿童家长的不良育儿观念，加强与他们的沟通，并及时纠正他们的不良育儿倾向与方式方法，成为幼儿教师留守儿童家长工作的重要内容。具体的办法如下：首先，通过口头询问或家庭访问等形式，及时了解本班幼儿留守儿童的基本情况；其次，在具体工作中要有针对性地观察留守儿童的具体表现以便有针对性地展开家长工作，特别要说明的是，留守儿童家长通常是祖辈家长，知识和文化水平可能有限，教师在与之沟通的时候，一定要动之以情、晓之以理、教之以法，每次信息量不宜过大，内容不宜过多，不厌其烦并反复叮咛，甚至可以手把手地指导、举例说明；最后，积极利用网络媒介与留守儿童父母搭建沟通平台，及时告知孩子在家乡的生活与发展状况，引导他们与孩子沟通交流，关注和满足孩子的精神需求；第四，教师还可以在班级发动留守儿童和非留守儿童家庭自由结对，帮助家庭之间相互联络、结伴育儿，帮助孩子感受大家庭的氛围，丰富生活和交际范围。

三、幼儿园家园合作的有效途径

家园合作共育是家庭和幼儿园将自身当作促进幼儿发展的主体，积极主动地相互了解、支持与配合，通过彼此参与，共同促进幼儿的全面发展的双向互动活动。家园合作共育是两个同样肩负着幼儿人生启蒙教育重任的社会组织及其成员之间的携手，它使得来自两方面的学习经验更具有一致性、连续性和互补性。当前，如何更好地转变观念，将家长工作从家园配合走向家园合作共育已经成为时代新要求。那么，幼儿园在构建家园共同体的过程中，有什么较好的实施途径呢？接下来，我们将介绍几种在幼儿园比较常用的家园合作方式。

（一）家访

家访是教师实地考察和了解幼儿成长背景的必要环节，是教师与幼儿、家长近距离地相互沟通与实施针对性教育的有效方式。对于从来没有接受过家访的年轻家长或者祖辈家长来说，在家庭中接待访问的教师，可能会有些不知所措，甚至不知道用什么样的方式接待教师，因此我们建议教师在家访前一定要提前制订家访的计划，并提前数天跟家长事先预约，沟通好家访的目的和内容，以便家长能够有充分地准备。在家访的进程中，教师最好同班教师团体行动，要注意展现教师落落大方、彬彬有礼的文明素养，开诚布公、有礼有节地与家长交流幼儿在幼儿园的表现，了解幼儿在家中的实际情况，用真诚的互动赢得家长的认同与积极配合。

（二）亲子活动

这里所提及的家园亲子活动其实是家长开放日和亲子活动的结合体。在很多幼儿园，由于家长职业的影响、幼儿园场地的限制，请家长到幼儿园里来，观摩幼儿一天的教育教学活动愿望虽好，实施起来比较困难，而将亲子活动放到幼儿园里来，既组织了互动的活动，又让家长顺便了解了幼儿的生活空间和环境，一举两得。开展亲子活动的时候，教师首先要考量各项安全事宜，认真策划并设计活动的流程，及时与家长沟通活动的准备情况以及家长需要给予的帮助，在活动结束后，及时对热心付出的家长表示感谢，从而促使家长更积极地参与到下次的活动中去。

（三）接送交流

在幼儿园中，家长与教师面对面交流的机会其实很多，每天的幼儿接送交流就是一种重要的途径。接送交流形式多样，有集体式交流、小组式交流、个别式交流等，教师可以根据接送过程中的具体状况选取不同的交流方式。接送交流中的家园沟通能体现直接、及时、动态、省时的特点，针对性强。在接送交流中，家长因关注孩子在园的一日表现，经常会询问教师诸如"孩子能干吗？""表现好不好？"问题，而如果教师只是以"表现不错""挺好的"来回应家长，沟通的质量和效果其实是大打折扣的，这类模糊的评价或判断并不能帮助家长了解孩子发展的实际水平。相反，教师如能通过幼儿在园的生活细节或小故事与家长沟通交流，帮助他们了解孩子存在的现实问题、在原有基础上取得的进步，通过直观形象的案例加以说明，更便于家长知晓孩子发展的真实状况。

（四）预约面谈

在幼儿园中，教师与家长接送交流的时间非常短暂，教师又需要同时面对多名家长，有的幼儿园为避免安全问题采取直接将孩子带到幼儿园门口交给接孩子的家长，有的幼儿园是校车接送，护送孩子的教师还可能不是孩子的带班教师，接送交流甚至难以发生或难以深入。预约面谈就是幼儿教师根据幼儿的实际发展状况，有计划地预约家长到幼儿园进行一对一的交流的一种方式，这样的交流可以更直接、坦诚，便于大家达成共识。在预约面谈前，教师应先将两名带班教师可以接待预约的时间公布给家长，便于家长进行时间选择。双方约好后，教师需要进行较为充分的准备，最好能确定交流的主题和内容，最好能够向家长明确提出面谈的具体人员。在面谈过程中，注意不要只是一味地自己说，也多留一些空间听听家长的意见和建议，共商幼儿的成长与发展。

✿ 小贴士

温馨预约单

时段＼星期	星期一	星期二	星期三	星期四	星期五
上午 9：00—10：00	王老师			李老师	
下午 4：00—5：00		李老师			王老师

四、家园合作中的冲突解决策略

幼儿园和家庭是幼儿健康成长的重要场所，两者融洽合作能为幼儿营造更和谐的成长环境。在幼儿园的家长工作中，偶尔会发生家长和教师间的冲突，如果教师懂得妥善处理，家长会更理解和支持幼儿园的工作，教师也会更体谅家长的不易。家园联系得更紧密，就能营造出更平等、更真诚的合作氛围。当确实发生了冲突事件，幼儿园教师也不要惊慌，应当以诚恳的态度，冷静、有序地处理冲突事件。

幼儿园入园时间，中班的张老师正在活动室门口接待入园的孩子，豆豆父亲拉着哭泣的孩子来到门口，一脸怒气，冲着张老师嚷道："你们老师太没师德了，我说孩子为什么哭着不肯上幼儿园，他说你们打他，太不像话了，我要求换班，我要到教育局告你们！叫你们园长来！"张老师赶紧安抚哭泣的孩子，找来配班老师和保育员，首先请家长相信老师绝无打孩子的事情发生。接着叫来豆豆，仔细地询问他为什么不想来幼儿园，原来是因为昨天在户外体育活动时间的时候，一起玩耍的一名大班幼儿几次欺负冲撞他，让他非常害怕，于是编造了被教师打的谎言。听到这里，家长的气消了，连声对老师说对不起。张老师笑着说："没关系，想想如果是自己的孩子发生了这样的事情我可能也会激动。不过下次豆豆爸爸再遇到这样的情况，您不要着急，可以先和孩子或我们沟通询问，了解事情的来龙去脉，然后再讨个说法也不迟呀。当然您孩子在户外活动时被别班孩子欺负，我们没有关注到确实也有我们的问题，我们今后会多加注意，大家相互理解吧。"

案例中，家长与教师产生的冲突与分歧，来源于幼儿对父母述说自己在幼儿园受到的"不公正待遇"，显然，由于幼儿言语的"失真"现象，引发了其父母对教师的不满，这种现象其实在幼儿园还是常常出现的。心理学家指出，幼儿是尚未发展成熟的人，具有以自我为中心的思维特点，容易将现实与想象混淆在一起，因此在描述事情时，有的是亲眼所见，有的可能是听说，还有的可能是想象。当家长与教师发生冲突时，往往很难保持冷静，甚至会说出一些伤人的语言甚至有激进的行为。试想如果当时张老师满腹委屈，只顾着自己申冤甚至也说出类似过激的语言："不是我说你这孩子，我早就对他不满了，今天说老师不让喝水，明天说不让上厕所，净编些瞎话，现在还说我打他，真是要把人冤死啊！我就等着你给他换班了！"这样做要想收场就难了。

对此，发生冲突时，教师务必应该保持冷静的心态，主动沟通情况，坦诚交流看法，陈述实际情况，给家长以足够尊重，在此前提下，提出问题产生的原因和解决的方法。以下就给幼儿教师提供冲突处理的流程与办法。

（一）不急不躁，安抚家长的情绪

当冲突发生时，教师不需要回避，相反，应先稳住局面，用平静、理智的态度等待并帮助家长冷静，避免矛盾激化。沉着冷静的作风也能让家长感受到教师对其的尊重。

（二）向家长清晰、客观地陈述事件发生的始末

安抚家长情绪的同时，教师必须认识到，不管家长的态度或行为是否偏激，教师都不应该与之针锋相对，不要忙于推卸责任，而应该用智慧和真挚的情感让家长信服，给彼此解释说明的机会。的确，幼儿园的教师是幼儿在园最直接的监护者，最清楚孩子之间相处的细节，作为教师也是有责任及时了解事件发生的真实情况并客观地描述出来。

（三）以真诚的态度协商解决问题的办法

家长不仅是幼儿园的服务对象，同时也是幼儿园的合作者和监督者，他们当然有权利提出自己的请求，发出自己的声音，所以，大家都可以推诚布公，提出自己解决问题的想法。必须要说明的是，解决问题的前提必须是基于事实的基础上，并有利于幼儿的健康成长与当下问题的解决。同时，我们也建议，一些比较复杂或特殊的突发事件，无法立刻得到解决办法的，可以借助一些外界的力量如请家长委员会参与共同商议，以寻求更合适的解决办法。

（四）做好冲突事件的反思与防范

冲突事件发生后，教师有必要针对发生过的事件进行深刻的反思：是自己的家园沟通出了问题，还是班级的管理制度出现了漏洞？以平和的心态审视自己的行为，即便因为自己的过失接受了园内的处罚，也不要心生哀怨，而是要想一想如何改进日后的工作来再次防范此类事件的发生。

延伸阅读

有效班级家长工作的要点①

1. 幼儿教师若想与家长建立有效的合作关系，必须首先了解并尊重他们的文化和养育风格。

2. 用幼儿成长的细节和故事与家长交流，而不是模糊的评价语。

3. 家长和教师在解决幼儿的问题时是合作关系而不是服从关系。

4. 与家长建立合作关系时，口头的沟通技巧非常重要，别用和幼儿说话的方式与家长沟通。

---

① Laverne Warner & Sharon Anne Lynch. 幼儿园班级管理技巧150[M]. 曹宇，译. 北京：中国轻工业出版社，2011.

5.家长更喜欢个别交流的沟通形式而不是集体交流的形式。

6.有时候与家长面对面的交流比电话、短信、邮件交流更有效。

7.幼儿需要熟悉的面孔，班级管理中频繁地更换教师不仅会给幼儿带来不适，也容易给家长带来不适。

❓ 思考题

1.请分析该案例，谈谈案例中幼儿教师班级管理出现的问题是什么，如何解决这样的问题。

入园的第一天，吃完饭后，老师对幼儿说："请宝贝们到图书角看书。"瑞瑞吃完饭后就安静地坐到图书角看书去了。

第二天，吃完饭，瑞瑞刚从书架上拿下一本书，老师就说："吃完饭的宝贝们，请你们把椅子搬到走廊，然后去寝室睡觉，瑞瑞，你拿书干什么？没听到老师的话吗？"瑞瑞只好放下书，搬着椅子出教室了。

第三天吃完饭，瑞瑞记着老师的指示，搬着椅子就要走出去，老师看到了，大声叫道："瑞瑞，你搬椅子干什么，我没有叫你们搬椅子出去呀？"瑞瑞满脸的困惑，嘟着嘴说："那吃完饭到底干什么呀？"

2.请根据幼儿园一日生活常规工作的基本要求，给小班年龄段设计一个洗手的集体教育活动，同时说明如何在班级环境、家长工作方面进行相应的配合。

3.户外活动时间，一个幼儿从滑梯上摔了下来。谈谈教师如何利用这个教育契机对班上幼儿进行安全教育。

4.假设你是班级教师，遇到下面的案例你将如何与家长进行沟通呢？

区域活动的时候，聪聪和小军玩开汽车的游戏，聪聪开着汽车把小军的汽车撞翻了，小军大声对聪聪说："你不要撞我的汽车！"聪聪不听，再次发动对小军的攻击。小军再次对聪聪说："你不要撞我的汽车，再这样我就生气了！"聪聪不听，又再次开着汽车撞上小军的汽车。看到自己的汽车又被撞翻到地上，小军抓起聪聪的胳膊就咬了一口，聪聪的胳膊出现了两道深深的牙印，不一会就乌青了。

5.请设想一个发生火灾的场景，组织本班幼儿进行一次紧急疏散演练，同时设计一次在班级进行的预防火灾的安全教育活动。

第八章

行为规范：为人师表的基本素养

　　"学为人师、行为世范"是教师职业最基本的原则和内在要求。法国思想家、教育家卢梭说："在敢于担当培养一个人的重任以前，你自己是否造就成了一个人，是否是学生心中的模范。"一个合格公民的道德底线，是不做伤害他人的事，而一名合格教师的道德底线，就是为人师表。为人师表也是《幼儿园教师专业标准（试行）》中对幼儿园教师的角色定位。

　　在教师职业中，幼儿教师的工作具有特殊性，同样是面向人的工作，但面对的是如此单纯、稚嫩的个体。学前期的儿童好奇心强，好模仿，易受教师的影响，对教师无限信任和尊重。幼儿教师需要投注更多的责任心、耐心、细心和包容心给幼儿更悉心的呵护与关爱，用聪明才智和人格力量来感召和影响他们。要取得这样的工作效果，不单单取决于教师的知识水平和思维能力，更要取决于教师的世界观、儿童观和道德面貌。《幼儿园教师专业标准（试行）》指出，幼儿教师应"具有良好职业道德修养，为人师表"，幼儿教师的言行举止就是无声的命令，以身作则、率先垂范、身体力行，才能更好地达到育人的目的，实现"教育无痕"的效果。

　　本章我们将站在幼儿教师个人修养与行为的角度，围绕三个主题讨论幼儿教师应具备的行为规范。

　　• 如何展现幼儿教师美好、正面、阳光的专业形象？

　　• 幼儿教师的语言规范有哪些基本要求？

　　• 幼儿教师如何在工作中践行"师德为先"的基本理念？

第一节　幼儿教师的专业形象

所谓专业形象，是指专业工作中面向公众所树立的印象，它可通过专业工作者的衣着打扮和言谈举止反映出基本的专业态度、技术与技能。俗话说"塑形美身、塑格美心"，一个人的仪容仪表和行为举止也可以反映其内在修养和精神气质，因此，幼儿教师的行为规范，就应当从外在修饰做起，使外表反映心灵，以形象影响幼儿。幼儿教师规范的行为方式应当把品质修炼与仪表修饰相结合，达到内外兼修的和谐统一。本节将重点讨论幼儿教师的仪容、着装、行为举止。

一、幼儿教师的仪容

仪容是指一个人的外观与外貌，是个人形体的基本外观，重点是人的容貌，包括头发、面容、手部和腿部等方面。仪容美不仅是一种直观的印象，更是教师仪表、风度、举止、语言和内心精神世界的综合体现，也是个人修养的标志。有人曾做过教师形象对学生影响情况的调查，其中有这样一组调查数据：85%的学生对教师上课时的礼仪很注意，88%的学生上课对教师言谈举止很注意，90%的学生认为教师的表情姿态重要，82%的学生认为教师的目光应与学生交流，84%的学生认为教师大方而有特色的礼仪能加深对所讲内容的记忆，65%的学生认为自己对课程的学习兴趣与任课教师的形象有关。可见，教师的外在形象对学生的影响不可忽视。幼儿容易被美好的事物所吸引，天生具有憧憬美好事物的倾向。要吸引孩子的目光，幼儿教师需要更注重自己的形象。如果教师拥有富有阳光气息的装束、活泼端正的举止，幼儿必然会感受到教师的亲切慈爱、朝气活力，从而产生亲近、欣赏甚至仰慕的情感，就能传递给孩子、家长集美丽与智慧于一身的印象。

教师仿佛每天都蹲在几百面镜子前面，因为课堂上有几百双精锐的、敏感的、善于窥视你优点和缺点的孩子的眼睛，在不断地盯视着你。

——加里宁（苏联教育学家）

天地间再也没有什么比孩子的眼睛更加细致、敏锐了，幼儿教师每天都以中心人物的身份亮相于幼儿面前，被几十双眼睛所注视，除了自身人格的影响之外，幼儿教师的外在形象也引人注目。

这段时间流行染发，我（郑老师）看到满街的女孩子都染起了棕色、栗色、红色的头发，心里也痒痒的，虽然在幼儿园教职工会议上园长明确提醒过大家除了白发染黑外，幼儿园教师最好不要染彩色头发，我还是抵御不住诱惑，去染了金黄色的头发。

第二天一到幼儿园，正碰上园长迎面走来，她似乎没注意到我的变化，我有点尴尬地赶紧跑进教室里，把这事暂时抛在了脑后。可是，我很快发现，没被园长发现的染发行为却被班上的孩子关注到了。美术活动中通过撕贴给妈妈设计发型，很多孩子都选择了黄色，我有些疑惑，询问他们为什么不选择黑色的头发时，幼儿回答："我想让妈妈像老师一样。"区域活动时，我照例到各个活动区去巡视，听见妞妞美发屋里几个孩子边玩边说："我要理发，我要黄颜色的！""我明天就要妈妈带我去真的理发屋，我要和郑老师一样的黄色的头发。"我顿时感到自己的脸一阵发烧。一下班，就赶紧去把头发的颜色改了回来。

案例中，郑老师没想到的是自己的新形象甚至在活动中都让幼儿不自觉地崇拜、模仿起来，及时警醒的她赶紧去将头发的颜色改了回来。现代社会中的女性十分注重自我的形象设计，幼儿教师又是一个爱美的群体，是现代女性群体中一道美丽而独特的风景。幼儿教师有对美的追求无可厚非，但是，有时候我们必须还是要考虑自身美与工作环境、自身美与工作对象之间的协调性。那么，幼儿教师应该具备怎样的仪容呢？

（一）头发的基本要求

幼儿教师应重视头发的养护、清洗和修饰，做到勤于梳洗、认真修剪，保持头部的干净整洁，没有头皮屑，没有异味。在发型的选择上，不标新立异、随心所欲，既彰显教师个人的职业特点，又与脸形、性格、体形、年龄、性别、场合等相吻合，做到美观大方、自然得体。

具体来说，女幼儿教师头发应该前不遮住眼睛，后不披肩随意披散。从卫生及便捷的角度，超过肩的头发应束起或盘起，否则在分发幼儿餐点的时候头发容易掉落，带领幼儿进行户外体育活动的时候也不便于活动。男幼儿教师头发应该前不覆额，侧不掩耳，后不及领。总之，无论是男、女幼儿教师，都应发式清爽、阳光不夸张，不宜染彩发。过于蓬松、颜色鲜艳和超长的头发容易引发幼儿的过分关注，也不便于日常教学活动的开展。

（二）面部的基本要求

幼儿教师要近距离地和幼儿接触，甚至还可能触碰到幼儿的皮肤，因此一定要注意个人卫生，注意面部的修饰，做到勤洗脸刷牙，使面部干净清爽，鼻孔干净，耳朵内外干净，无汗渍、油污，无泪痕，无其他不洁之物，并做到口气清新。幼儿教师根据视力需要是允许佩戴眼镜工作的，但眼镜须端正，洁净明亮，在工作岗位时不宜戴墨镜、有色眼镜或有色隐形眼镜。

我们赞成女幼儿教师化妆上岗，通过一定的美容用品修饰自己的仪容，美化自我的形象，但化妆应清新自然、大方淡雅，与个人肤色、服装相匹配，提倡淡妆，切不可浓妆艳抹、香气四溢。特别需要说明的是，幼儿教师不宜在工作岗位当着幼儿化妆或补妆，否则容易引起幼儿的模仿。而男幼儿教师要注意经常修剪鼻毛，不让其外露，面部的胡子应刮干净或修剪整齐，不可留长胡子、八字胡或其他怪状胡子。

（三）肢体修饰的基本要求

肢体修饰主要体现在手部和腿部。幼儿教师手部干净非常重要，要勤洗手，勤修剪指甲，不要无故蓄留长指甲。腿部要求保持清洁卫生，勤洗脚，勤换鞋袜，并做到脚无异味，教师尤其要注意夏日不宜穿超短裙或短裤，注意腿部和脚部的遮掩。

特别强调的是，汗毛若有碍观瞻，最好能进行适当脱毛。尤其女性，在外人或异性面前，腋毛被人看见是很失礼的，因此幼儿教师夏日不宜穿无袖装，腋窝和肩部不宜外露。女性幼儿教师涂抹指甲油也应以淡色为宜，不应涂抹鲜艳的指甲油，或在指甲上进行贴钻等的装饰，以免引发幼儿的过分关注，或在与幼儿接触时刮伤他们。

二、幼儿教师的仪表

仪表美不仅展现了一个人的精神气质、外貌表现，更向他人传递着一个人的道德修养、文化水平、审美情趣和文明程度。仪表的主要内容为着装，教师的着装应追求高雅、整洁的效果，体现职业应有的特点和美感，进而达到"亲其师、信其道"的目的。而幼儿教师因为其职业的特殊需要，最好还具有活泼、活力、亲和的效果，在服饰庄重、大方的前提下，应不过于拘谨，适当地修饰一下自己，形象就会产生良好的效果。

今天是幼儿园的家长开放日活动。想着那么多家长要来参加活动，王老师既紧张又兴奋，去幼儿园之前，她对着镜子修饰了一番，化了点淡妆。她想了想今天上午自己要组织进行的活动，有亲子体育游戏，还有一节音乐活动展示，便将头发束成简单的马尾，还选了一个小音符式样的发夹，点缀在头发上，然后换上一套便于行动的红色的运动服，高兴地出门了。

我们都能感受到清新亮丽、得体大方的王老师非常注重自己的仪表所传递给幼儿的信息，甚至装饰物她还使用了活动内容所包含的信息——小音符式样的发夹。王老师的案例告诉我们，教师对服饰的选择不仅蕴含着教师的个人品位，也显示出教师个人的性格特征、审美趣味和生活情趣，同时表现了教师对幼儿、对家长以及对自己的尊重。相反，幼儿教师如果只是追求自我的喜好，我行我素，奇装异服，不考虑幼儿的视觉效果，不考虑活动的实际需要，幼儿教师的形象及育人的效果就一定会大打折扣。

一般来说，在条件允许的情况下，提倡幼儿教师穿园服，不仅可以提示幼儿园的规范性和文化特色，也避免了教师每日选择工作服装的难题。在没有工作服选择的时候，幼儿教师的服装应简明整洁、明快得体，而考虑到幼儿教师工作对象的特殊性——幼儿的注意力以无意注意为主，任何外在新奇的刺激都可以成为他们的注意焦点——所以幼儿教师着装不宜标新立异。以下根据女性和男性幼儿教师的区别具体提出不同的仪表要求。

（一）女性幼儿教师的着装要求

幼儿园的教育工作由于具有保教结合的特征，游戏的过程中需要与幼儿一起跑、跳、蹲、坐，因此不宜穿着过分合体的职业套装，建议穿着轻便舒适、利落大方、便于行动的运动服装或休闲服装，过长的大衣、风衣、长裙、吊带背心、超短裙、超短裤等服装均不便于参与幼儿的活动。

为了便于开展幼儿园的一日活动，教师应当穿着便于行走的软底鞋、平底鞋或运动鞋，不宜穿着露趾拖鞋或高跟鞋。同时，在选择衣服款式的时候，要注意不要选择有过多装饰片、串珠等的配饰，以免不小心刮碰或散落产生安全隐患。

幼儿教师的着装整体来说应当得体大方、活泼朝气、色彩明快

（二）男性幼儿教师着装要求

男性幼儿教师的着装总体上要求干净整洁，既体现幼儿教师活泼的一面，也应不失阳刚之气。一般以运动装和休闲装为首选，不宜穿着不便于运动的西

装或中山装，不宜卷裤脚、着背心短裤、戴帽子，衬衫应经常熨烫。除非正式活动场合，一般不建议男幼儿教师佩戴领带，以免在与幼儿互动过程中刮碰到他们。

袜子虽不起眼，但在个人形象塑造中却起着重要作用。袜子每日应换洗；袜子的选择要注意面料和颜色，与鞋子和裤子的搭配要和谐；袜子要足够长，保证教师在蹲下后或坐下后不会露出皮肤和腿毛。夏季男教师汗量增大，服装的选择面料应以纯棉或高织棉为主，以免出汗后产生异味。特别提示的是，幼儿园的工作环境女性居多，男性少，但也要坚持自己的仪表风格，不宜被女性同化，因此园服的选择上应该与女幼儿教师有所差异。

三、幼儿教师的行为举止

幼儿教师的行为举止是指幼儿教师个体在幼儿园各项活动中所表现的较稳定的礼仪行为、姿态，是教师修养的重要内容之一。行为举止是一种无声的语言，是体现一个人涵养的一面镜子，也是构成一个人外在美的主要因素。幼儿教师个人的气质风度、涵养学识、品格性格、精神状态和文化教养等往往从他的姿势、举止和动作中表现出来。教师注重自身的仪态美，是对他人、对社会的尊重，还表现出一个人的精神状态和对生活的热爱，因此，幼儿教师必须注重自己在工作场合的仪态美，通过自己的行为举止影响幼儿。

大班的美美近段时间总是喜欢眯着眼睛看东西，美美妈妈担心孩子是出现了假性近视，带着孩子去医院眼科进行了检查。医生发现孩子的眼睛视力正常，也没有出现眼部疾病等问题。可是为什么孩子会有这样的用眼习惯呢？妈妈反复跟美美沟通交流才明白了缘由，原来美美最爱的班级教师唐老师是近视眼，近视度数不是很深又觉得戴眼镜很麻烦，所以为了看清楚就喜欢眯着眼睛看东西。妈妈百思不得其解，问美美："宝贝，你为什么要学唐老师这样看东西呢？"美美说："妈妈，我最爱唐老师了，我觉得她最漂亮了，就连她看东西的样子我也觉得好好看，我也要像唐老师一样。"妈妈听了又无奈又好笑。

幼儿教师是幼儿心中美的化身、善的代表、真的模范。幼儿教师每天以核心人物和重要他人的身份亮相在幼儿面前，接受幼儿的"监督和检验"，他们的言行举止都有可能成为幼儿模仿的对象。唐老师一定没有想到，自己一个小小的举动竟然成了孩子模仿的对象。幸好妈妈及时发现了，否则一旦养成了不良的用眼习惯，再想挽回可能就来不及了。我们再来看看覃老师的案例。

大班语言活动中，孩子们正兴致勃勃地听故事，覃老师忽然发现瑞瑞开小差了，还拉着坐在旁边的小朋友想说话。覃老师真不忍心打破这宁静的活动氛围，怎么提醒他呢？急切之下，覃老师伸出手朝瑞瑞做了个"嘘"——请安静的手势。没想到，瑞瑞好像领悟到了什么，马上坐好了，这回，覃老师伸出手朝他做了个"顶呱呱"的手势。活动结束环节，覃老师在全班孩子前表扬了瑞瑞。下午，妈妈来接瑞瑞，他高兴地跑过去，拉住妈妈的手："妈妈，今天我听故事的时候可认真了，老师表扬我了，还朝我说你真棒呢！"

案例中的覃老师用了多巧妙的师生"交流"啊，虽是以提醒幼儿遵守集体教学活动规则为目的的交流，却没有影响活动的正常秩序，没有当众批评幼儿，而是通过一个小小的"手势"传达了教师的暗示和对幼儿的关注，让瑞瑞从消极的举动转向了积极的配合，不仅改正了"错误"，还由此产生了愉快的情绪。可见，幼儿教师的行为举止在日常活动中多么重要啊。那么，幼儿教师的行为举止都有哪些基本要求呢？

首先，假设自己是一名面试官，参加一个幼儿园的面试活动，并谈谈如果自己是园长，将更倾向招收其中的哪位面试者。

某幼儿园来了三位参加面试的师范学校应届毕业生。笔试结束后，园长请她们一起坐在会议室的长沙发上进行一下面谈。学生A一坐在沙发上，就将整个背部靠在沙发椅背上，身体斜撑在椅子的扶手上；学生B穿着裙子，却没有注意将膝盖并拢，一边说话还一边抖着双脚；学生C则一直上身正直，用积极倾听的身体姿态与园长交流……

您一定猜到，最后学生C获得了就职的机会。尽管三位应届毕业生尚没有正式从事幼儿教师的工作，但是否具备良好、规范、得体的从事幼教工作的行为举止，从一个人基本的行为习惯中就可以看到。古人把"坐如钟、站如松、行如风"的人称为有教养的君子，这里我们并不需要幼儿教师一定要像古人形容的那样，但至少动作姿态给人一种挺拔、稳健、得体、文雅之感。幼儿教师的行为举止，首先应当符合一般教师的基本要求，动作得体规范，同时由于其特殊的工作场合、对象、环境的要求，还应当遵循如下的站姿、坐姿、走姿和手势的要求。

（一）幼儿教师的站姿要求

站姿是仪态美的起点，又是发展不同动态美的基础，幼儿教师良好的站姿能衬托出美好的气质。幼儿教师的站姿应当给人以挺拔舒展、精力充沛和积极向上的感觉，站立时应当头正肩平，挺胸收腹，双腿并拢（男幼儿教师两脚间可稍分开，以不超过肩宽为宜），下颌微收，表情自然，面带微笑。双手根据实际教学活动的需要或垂直放置在身体两侧，或相握放置于腹前。

在日常工作中，幼儿教师应站在幼儿都能看到的方位。教师以站姿手持教具时，动作要自然，同时考虑到幼儿的身高，教师站着持物展示的时候不宜过高。

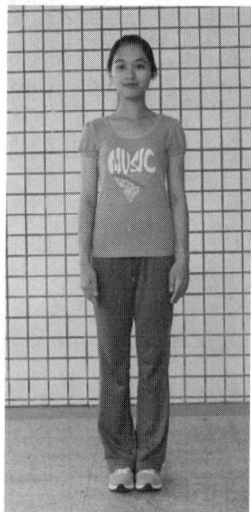

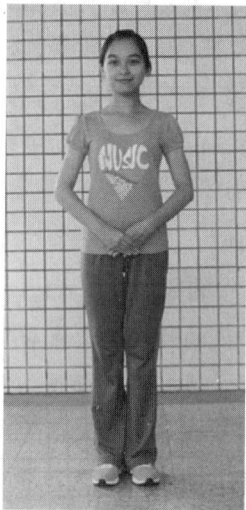

幼儿教师站姿 1　　　　　幼儿教师站姿 2　　　　　幼儿教师手持教具站姿

（二）幼儿教师的坐姿要求

幼儿教师经常需要坐着与幼儿交流。幼儿教师的坐姿应当给人以端庄优雅、稳重自然的印象，坐时应当头正肩平，挺胸收腹，下颌微收，双目平视，表情自然，上身与大腿、大腿与小腿接近直角，双手不需持玩教具时，可以轻放在双膝上。

在日常工作中，教师应坐在幼儿都能看到的方位，注重目光与幼儿的交流，忌跷二郎腿、双膝打开、双手夹在两腿之间和脚部乱动。教师以坐姿手持教具时，动作要自然，以不遮挡自己的面部为宜，持物时手指并拢，不要翘无名指或小指。

幼儿教师坐姿

幼儿教师手持教具坐姿

（三）幼儿教师的走姿要求

幼儿教师的走姿应当给人以稳重从容、自信朝气的印象，走时应当头正肩

幼儿教师走姿正面

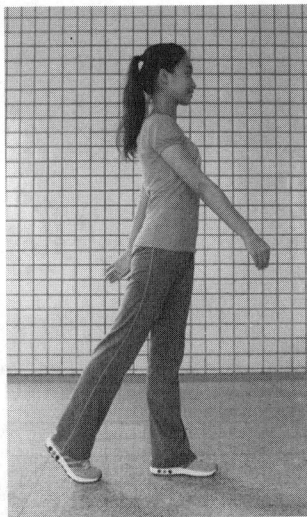

幼儿教师走姿侧面

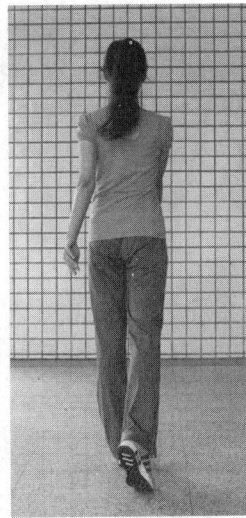

幼儿教师走姿背面

平，挺胸收腹，双目平视，表情自然，下颌微收，重心稍前倾，跨步均匀，两臂在身体两侧自然摆动。

在日常工作中，幼儿教师如带领幼儿行走要注意放慢步伐，以便幼儿能及时跟上。同时还需注意的是，虽然幼儿教师可以表现得更活泼，但不必像幼儿一样连蹦带跳；教师在活动中适当走动变换位置，可以改变幼儿注视教师的角度，减轻视觉疲劳，但是如果教师行走过急过频，易造成幼儿的注意力分散。

（四）幼儿教师的蹲姿要求

幼儿由于受身高限制，在与教师交流过程中需要仰视方可看到教师面部，因此，建议教师下蹲，与幼儿平视。教师能自然而然地把身高降低到幼儿同样的高度，看着幼儿的眼睛说话，不仅能给幼儿以平等、亲切之感，还能发现在成人的高度所不能看到的事物甚至危险。幼儿教师采取蹲姿时应当头正肩平，挺胸收腹，双膝直立，臀部向下，脚掌支撑。

在日常工作中，幼儿教师如采取蹲姿，需注意与幼儿保持一定的距离，以免因为与幼儿身高的差距彼此碰头。与幼儿蹲着交谈时，教师的身体最好是与幼儿侧身相向，正面面对他人或者背对他人蹲下都是不礼貌的行为。女幼儿教师在下蹲时还需特别注意前胸与裙摆，以免暴露出身体的部位。

幼儿教师蹲姿

幼儿教师手持教具蹲姿

（五）幼儿教师的手势要求

手是传情达意的重要手段和工具，具有极强的表现力和吸引力。手势采用适度规范，可增强感情的表达，还能起到意想不到的效果。教师得体、自然、恰如其分的手势，对传递情感、提示常规、强化要求、组织教学具有十分重要的作用。

第一，幼儿教师的手势应简洁精练，善于运用较少的动作去说明、强调关键的内容，动作幅度不宜过大，频率次数不宜过多，手势的变换也不宜过快，以免带给幼儿眼花缭乱之感。第二，幼儿教师运用手势的空间不同，动作的精准性不同，也具备不同的意义，必须考虑幼儿的年龄特点，适当地使用具有补充或强调作用的手势，这样才能起到强化内容的作用。例如进行物体高矮、大小、前后的对比时，相应手势的对比需稍夸张；进行物体数量的点数时，手势要明确、利落，便于幼儿的理解。第三，手势应亲切慈爱。幼儿教师在运用手势时应多用柔和曲线的手势，以拉近师生间的距离。幼儿情绪容易受到感染，特别需要得到经常性的精神和身体上的关爱，教师应当多使用抚摸幼儿的头部、握紧幼儿的小手、自然地拥抱幼儿等增加幼儿对教师的认可。

接下来，我们就将呈现几种常见的手势，请您看看图片分析一下，不同的手势在幼儿园日常活动中可代表的不同含义，并试着说说幼儿教师在使用的过程中需要注意什么问题。

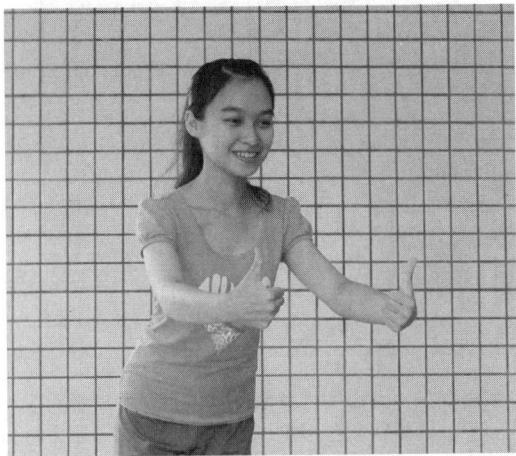

手势 1　握紧四指翘大拇指，可表示"真棒""顶呱呱"，通常用来给幼儿以鼓励

手势 2 伸出食指，其他手指轻握，可表示"注意"或"第一名"，既可以用来提醒幼儿注意，也可以用来示意胜利的一方

手势 3 掌心朝外，大拇指与其余四指伸直，可表示"不要""不可以"，通常用来阻止幼儿的某些不良行为或阻止幼儿的前进

手势4 伸出食指放在嘴边，其他手指轻握，通常用来提醒幼儿安静，注意倾听

手势5 伸出食指指向物体，其他手指轻握，通常用来提醒幼儿注意看，建议幼儿教师只在指认物体时使用，不宜用来指向或指认幼儿。指点他人是不文明的行为，易给幼儿造成紧张感

延 伸 阅 读

上班期间幼儿教师的佩饰要求①

1.不提倡幼儿教师戴戒指。如果佩戴婚戒，一定要注意戒面平整，避免与幼儿亲密接触时划伤幼儿。

2.幼儿教师不宜佩戴耳环，避免幼儿与之亲密接触时被耳环刮碰，男幼儿教师不宜穿耳洞佩戴耳环。

3.幼儿教师不宜佩戴手镯手链，以免与幼儿亲密接触时刮碰到幼儿，但可以佩戴手表，不过以轻便合适的运动表为宜。

4.幼儿教师可以佩戴小巧的项链或挂饰，但一般情况下应该隐藏，不宜外露，大的项链或挂饰、腰饰、胸针或胸花不宜佩戴，以免与幼儿亲密接触时刮碰到幼儿。

①此处参考唐志华.幼儿教师礼仪基础教程[M].上海：复旦大学出版社，2012：59.

幼儿教师着装四忌[①]

1.忌过于紧贴。幼儿教师不可为了展示自己的身材穿着过于紧身的服装，以免在与幼儿互动时使内衣、内裤的轮廓凸显。

2.忌过于暴露。幼儿教师不宜穿露脐装、露背装或露肩装，穿着裤装时最好为中腰或高腰裤，以免在与幼儿互动时暴露出身体的部位。

3.忌过于透视。幼儿教师选择的衣服如太薄，可在衣服内加穿打底衫裤，内衣内裤不宜若隐若现，更不可内衣外穿。

4.忌过于随便。幼儿教师的穿着不应只图方便，如"破洞"的牛仔裤、变形的罩衫、褪色的T恤，易使他人产生不顾形象的感觉。

第二节　幼儿教师的语言规范

语言是一门具有无穷魅力的艺术，是教师传道、授业、解惑以及与学生交流、联络感情的重要工具。语言表达是由思想到说话的过程，是教师运用某种语言形式来达到其预定目的和意图的过程。语言表达不仅反映了教师的思维水平、文化修养、道德修养和审美修养，甚至反映出作为现代教师的气质、风度、性格和精神面貌。

一、幼儿教师为何要注重语言规范

在幼儿园这个相对特殊的环境里，幼儿教师的语言具有一定的特殊性，它的魅力就在于它架起了幼儿相互沟通的桥梁，能够在活动过程中化深奥为浅显，化抽象为具体，化平淡为神奇，从而激发幼儿的学习兴趣，引发幼儿的注意力和求知欲，提高幼儿的审美能力，陶冶幼儿的情操。幼儿思维的具体形象性特点决定了他们更容易理解和接受直观、形象、生动、具体的语言。幼儿期也是语言学习的关键期，幼儿教师规范、准确、富于表现力的语言可为幼儿树

---

① 此处参考金秀美. 教师礼仪实训教程[M]. 北京：科学出版社，2012：99.

立学习的榜样，促进幼儿良好素质的形成和个性的发展。

幼儿教师须在掌握规范化语言的基础上，使语言儿童化、形象化，同时还要尽量扩大知识面，不断搜集专业的信息，博采众长，提高自己的知识水平和专业素质，充分发挥语言的魅力，使天真无邪、纯真可爱的孩子们伴随教师的语言健康快乐地成长。

美籍华人周励女士是一位以东方女性特有的自信、智慧和奋斗精神叱咤美国商场的成功者，其自传体小说《曼哈顿的中国女人》中记录了一段使她刻骨铭心、难以忘怀的幼儿园生活。

一位年轻漂亮的老师很不喜欢我，嫌我丑，嫌我脏，嫌我穿戴土里土气。我总是悄悄地望着她一会儿抱抱莎莎——莎莎的爸爸很有钱，一会儿抱抱艳艳——艳艳长得特别漂亮……我多么希望老师也抱我一下，亲我一下。于是我鼓起勇气，怯生生地挨到老师身边，低声说："老师，您也抱抱我，好吗？"谁料她却厌烦地一把将我推开："去去，看你那两筒鼻涕，脏样！"我幼弱的心一下凉到冰点，认为自己是世界上最难看、最不幸的孩子，放声大哭起来……这时，另一位漂亮的好心老师快步来到我的身边，抱起我，用她干净、柔和、还带着香味的手帕，给我擦眼泪、鼻涕，又抱我到她房间给我洗脸、抹香香、点胭脂、梳头、扎小辫，然后抱我到镜子前，甜甜地亲一下我的小腮帮说："看，励励是个多么漂亮可爱的孩子……"此时我感到我是世界上最幸福的小女孩。[1]

她的这番遭遇值得每一位幼儿教师深思。"看，励励是个多么漂亮可爱的孩子……"多么温暖的话语！正是这名幼儿教师充满爱意的举动和鼓励的话语带给了这个年幼的孩子滋养一生的自信，并留下了一生无法磨灭的印记。教育家苏霍姆林斯基曾说道："在拟定教育性谈话的内容的时候，你时刻也不能忘记，你施加影响的主要手段是语言，你是通过语言去打动学生的理智与心灵的，然而，语言可以是强有力的、锐利的、火热的，也可以是软弱无力的。"

---

[1] 陈国强，郑迎江. 现代幼儿教师素养[M]. 南京：南京师范大学出版社，2011：75.

二、幼儿教师语言表述应遵循的基本原则

语言是教师与幼儿沟通交流的重要途径，幼儿园的一日活动都离不开教师的语言。那么，幼儿教师的语言应遵循怎样的基本原则呢？

（一）把话说"简"

把话说"简"，即指教师的语言表述应如口头语言般明白易懂，易于被幼儿所接受。幼儿年龄小，生活经验匮乏，理解能力较弱，这就决定了教师在使用语言时应当避繁求简。幼儿教师要做到使自己的教学语言通俗易懂，就必须对已有的成人语言进行加工、改造——这是一个创造性过程——改换成为幼儿能理解、能明白的内容与语言，从而使幼儿容易接受和理解。

例如在数学活动中教师要求幼儿给蔬菜水果进行分类时，对幼儿说"水果宝宝想妈妈了，请把水果宝宝带回它们的家吧"远比使用"请小朋友按水果和蔬菜给这些图片分类"效果好。"带……回家"是幼儿经常可以听到的生活语言，而"分类"是比较抽象的概念，幼儿理解起来比较困难。再如在《野蜂飞舞》音乐欣赏活动中，"这段音乐表达了什么？听了这段音乐你们感觉如何？觉得音乐的旋律怎样？"教师采用这类成人式的较为抽象的用语，试图让幼儿说出倾听音乐后的感受，显然，孩子们是很难回答的。可以改换一种方式，如"刚才听音乐的时候，让你想到了哪种小动物呢？""请你试着用一个动作表现一下你刚才听到这段音乐的感受。"这样的表达方式不仅简洁明了，还特别利于幼儿的理解。

（二）把话说"准"

把话说"准"，意味着幼儿教师的语言表述应用词规范，口齿清晰。幼儿教师与幼儿交流表述时应持普通话，做到发音准确、吐字清晰，一般情况下，建议幼儿教师不使用方言与幼儿交流。同时，幼儿教师说话时应当语速适中，语气柔和，委婉中听。过程中尽可能让幼儿听懂教师在表达什么。众所周知，在幼儿园，幼儿的模仿对象主要是幼儿教师，教师表述音量的轻重、语调的升降、语气的强弱、语速的快慢等变化都是给幼儿传递信息的有效手段。

例如在生活环节，教师询问幼儿谁要去小便时问"谁尿"，不便于幼

儿明白。有些教师甚至把一些社会流行语也用在自己的工作中，称幼儿为"亲""×二代""××达人"，这就不合时宜。我们要求幼儿教师的工作语言须明确明白，不滥用缩略语、外来语、流行语。另外，教师还要注意表述内容的准确性。准确性是教学语言的灵魂，没有灵魂就没有生命，缺乏科学性的语言，无论用词如何考究，语句怎样华美，都会显得苍白无力。又如科学活动"沉与浮"中，教师请幼儿表述自己的探索发现，请幼儿说说"在刚才的小实验中，你们发现谁下去了，谁上去了"，缺乏科学性，相反换成"谁浮在水面，谁沉在水中"就更准确了。

（三）把话说"美"

把话说"美"要求幼儿教师能恰当地使用文学化的语言。文学化的语言是美的，而美的教学语言不仅能极大地增加教学内容的感染力，使幼儿学得轻松有趣，而且可以陶冶他们的心灵，唤起他们对美的体验和追求。幼儿教师语言的文学化一方面表现为教师善于在一日活动中恰当利用故事、儿歌等不同文学样式调节幼儿情绪，集中幼儿的注意，融洽教师和幼儿之间的关系，另一方面表现为教师在组织活动时，恰当地运用幼儿熟悉的文学作品中的人物形象或角色语言，使幼儿置身于他们熟悉的文学情境之中，在轻松、愉快、充满想象的气氛中生活和学习。

春季学期的一天下午，集体活动马上就要开始了，蔡老师发现小朋友都懒洋洋地靠在椅子上，没精打采的。蔡老师灵机一动，用滑稽的口吻说："小猪吃得饱饱，闭上眼睛睡觉，大耳朵在扇扇，小尾巴在摇摇，口水流了许多，还是不想起床。小小猪宝宝们，快起床咯！——"一边说一边还打了个哈欠，伸了个懒腰，把小朋友们都逗乐了，一下，孩子们的睡意全无了。

案例中的蔡老师采取了极富于趣味的押韵小儿歌，用幽默的方式引导幼儿打消困意，比起一遍遍地强调集中注意力效果好多了。特别要说明的是，幼儿园工作的特殊性使得幼儿教师容易嗓音沙哑，因而，幼儿教师还需要美化声音，使之听起来更富于感染力，更圆润、悦耳、动听、亮丽，同时善于维护和保养嗓音，通过改善自己的声音特质，让语言更好地为教育服务。

（四）把话说"趣"

幽默、风趣的语言是教学的润滑剂。一定的幽默感和教育机智，是调节师幼情绪状态所不可缺少的，更便于幼儿教师实现对教学活动的有效控制，缓和工作中的紧张局面。有位教育家说过，世界上没有枯燥的知识，只有枯燥的讲授。幽默风趣、形象生动的语言是教学的催化剂，因此，我们建议幼儿教师借助更利于幼儿理解的实物、教玩具或者图片，动作可夸张生动、富有趣味性，内容与当时的活动或者事件相连，与交谈的情境匹配。幼儿教师在与幼儿说话时采用微笑、点头、挥手、凝视等有利于表达赞许、欣赏、肯定、责备、暗示、批评等情感。例如教师在解释游戏规则的同时，进行动作示范，远比只进行言语阐述的效果好。下面案例中的孔老师借助生动直观的语言，再加上丰富的表情、语调和适当的动作，帮助幼儿接受与理解，也产生了非常好的教育效果。

为了矫正幼儿的挑食毛病，孔老师在餐前给幼儿们讲述了一个名叫《小不点》的故事："有个小朋友叫小不点，可挑食了，青菜也不吃，鸡肉也不吃，水果也不吃，鸡蛋也不吃……唉，别的小朋友可是越长越高，越来越结实，她呢，越来越瘦，越来越轻，说话没力气，唱歌像蚊子叫……"孔老师一边说一边放低自己的音量，还装出有气无力的样子，"体育课，老师让小朋友们比赛跑步，她跑着跑着……"孔老师做跑的动作，可刚跑了两步，就摇摇晃晃地假装摔倒在地上了，小朋友一下都笑开了。大家纷纷表示，可不能够像小不点一样挑食。那天中午的午餐，小朋友们吃得特别好。

三、幼儿教师如何锤炼自己的语言

语言表达思想，映照心灵，同样也展示道德，显现境界，正如教育家苏霍姆林斯基所说，"教师的语言，是什么东西也不能取代的感化学生心灵的一种手段"。由上文的案例我们认识到，幼儿教师的语言修养在很大程度上决定着幼儿园教育质量的效果，因此不懈追求语言艺术、提升自身的语言修养，对于提升幼儿教师的专业素养具有重要的意义。

以幼儿教育教学活动中的教师提问为例。提问是教学活动的一个重要手段，是师幼互动中最常见、最典型、最普遍的形式，它常常被喻为有效教学的核心。提问能集中体现教师教学质量和效果，引导幼儿积极思维，有效的教师提问可以使得学习远离说教，变成幼儿自然、自发的行为。教师提问的有效性对提升幼儿已有经验、调动幼儿的主观能动性、激活幼儿的创新意识也具有重要的意义。我们来看幼儿园大班社会性活动中教师的提问记录。

欢乐与悲伤

活动开始了，教师通过PPT呈现了一幅画作——达·芬奇的《蒙娜丽莎的微笑》。

教师：孩子们，你们见过画面上的阿姨吗？

幼儿：没见过，不认识。

教师：我想请你们来猜一猜，画面上的阿姨是什么心情呢？（教师话音刚落，背景音乐《幽默曲》响起）

幼儿：我觉得她很高兴。

幼儿：我觉得她挺开心，她应该不在生气。

……

教师：可是我听说有一件事情改变了她的心情，阿姨的心情变了吗？变得怎样了？（教师话音刚落，另一段背景音乐《流浪者之歌》响起）

幼儿：阿姨生气了。

幼儿：阿姨很伤心呢，好像哭了一样。

幼儿：阿姨好失望。

……

教师：原来阿姨的心情从很高兴、挺开心变得伤心、难过了，那到底是因为发生了什么事情，使阿姨的心情才会变得这样呢？如果换成是你，发生什么事情心情会变得这样呀？

幼儿：一定是做噩梦了。

幼儿：可能停电了，到处黑黑的。

幼儿：阿姨一定是和好朋友吵架了，也可能是打架了。

幼儿：一个人在家的时候呗。

幼儿：可能她的亲人离开她了。

……

教师：说得真好！哦，原来发生这样的事情会使人变得悲伤，我真替阿姨担心呀，如果阿姨一直这样下去会……？

幼儿：可不能这样，会生病的。

幼儿：会越来越难过的。

……

教师：是呀，真的会越来越伤心呢，孩子们，悲伤能解决问题吗？

幼儿：不能！

……

教师：看来，你们也很为阿姨担心呢，那让我们帮帮她，给阿姨一些好办法，让她重新开心起来好不好？

幼儿：去睡一觉吧，睡觉起来就好了。

幼儿：逛街呀，我妈妈说去买东西就不会觉得难过了。

幼儿：吃点东西吧。

幼儿：去跑步。

幼儿：和你的朋友和好吧。

……

教师：你们说了这么多的办法，我替阿姨谢谢你们！老师把你们的方法告诉了阿姨，我们看看对她有帮助吗？（教师话音刚落，第一段背景音乐《幽默曲》响起）

幼儿：啊，阿姨心情变好了。

幼儿：她又变得开心了。

……

教师：你们怎么知道的？

幼儿：我看到的呀，你看阿姨都笑了。

幼儿：我从她眼睛里看到的。

……

　　看完这个以情感体验为途径的大班社会性活动过程记录，活动中幼儿教师与幼儿亲密对话、畅所欲言的画面让我们眼前一亮。社会领域的教育具有潜移默化的特点，是很难用说教的方式"教"给幼儿的，我们必须努力去创设一种便于幼儿理解的情境，让幼儿去感知、体验与学习。案例中的这名幼儿教师以循循善诱、真诚尊重成全了每名幼儿对画面中"阿姨"的关切与问候，以自己睿智的教学语言润泽了孩子们的心灵，在润物细无声中帮助幼儿去正视不快乐的情绪，并通过经验分享的方式了解调节并宣泄不良情绪的方式，这不正是人生活历程中对自我和生活反思的价值吗？我们再来看一则在区域活动中的师幼对话。

中班"小手真巧 废物变宝"义卖活动

教师：阳灿，你怎么愁眉苦脸的呀，你的宝贝卖出去了吗？

阳灿：没有，老师，都没有人来买我做的相框呢。

教师：没关系，那你想一想，可以用什么办法来推销你的东西呢？

阳灿：不知道。

教师：想想看。

阳灿：想不出来。

教师：你可以的，老师请你去问问你旁边的小朋友，问问他们的东西是怎么卖出去的。（教师带着阳灿一起去询问周边的小朋友）

昕妍：我一看见有人来，就喊"快来买我的东西吧！我的布娃娃好好玩哦！"。

杏子：我告诉别人，我卖东西的钱是捐给福利院小朋友的，有个阿姨带一个小班弟弟来买我的小纸船，还多给了我五毛钱呢！

欣婕：我说我的小皮狗是我和妈妈辛辛苦苦缝出来的，有个奶奶说1块钱不贵，把它买走了。

……

教师：阳灿，你听到了吗，你肯定也有办法把你的相框卖出去的，你想办法试一试吧。老师相信你能行。

……

过了一会，阳灿向我跑来，手里举着两块钱，欣喜地说："老师，我的相框卖掉啦！你看，耶！"

在案例中我们发现，教师的可贵之处在于当幼儿遇到难以解决的问题时，教师并未采取"告知"的方法，而是以引导者的身份，鼓励幼儿去想办法、找办法，甚至创造了互动的情境让幼儿交流各种不同的方法，自己寻找解决问题的途径，幼儿通过这样的途径和方式获得的快乐才是真正意义上的快乐。幼儿教师应当利用生动活泼、简明清晰的语言点燃孩子们的激情，表扬他们哪怕是一丁点儿的进步，激励他们向更高远的目标冲刺，激发出他们的潜能，他们将更自信、更沉着、更成熟地走向他们的未来。

那么，幼儿教师应如何锤炼自己的语言呢？

（一）广博阅读，提高文化修养

幼儿教师如想成为一名文学修养较高的人，本身就应当广泛涉猎，博众家之长。教师的文化修养是教师综合修养的重要组成部分，它反映了教师的人格、气质、情感、世界观和人生观等。幼儿教师须认识到语言在幼儿心灵中所能产生的力量。教师的文化修养是其工作职责的要求，是影响教育效能的因素之一，具有了较高的文化修养，哪怕是几句简要的常规用语，都有可能带着独特的神韵，给幼儿带来不同的影响。因此，幼儿教师要不断汲取和更新知识，不断丰富知识储备，不断充实语言资源库，使自己拥有取之不尽、用之不竭的语言资源。

（二）注重训练，提升表达能力

拥有了丰富的语言资源之后，更重要的是要会运用语言，提高驾驭语言表达的能力和技巧。因此，幼儿教师应当加强语言技能，提高发音、用声和修辞技能，有意识地倾听、模仿优质音频材料。例如教师在准备半日活动的时候，应反复推敲每一环节的语言，巧妙设计集体活动的提问，以提高教育教学活动效率，为幼儿留下更多的游戏与思考的空间。而提升表达能力的另一个有效途径是写作。幼儿教师如能将写作看作对教学、生活、过往和思想的再阅读、再整理、再构建，语言就会更精准精练。

（三）善于反思，改进表达效果

善于反思，要求幼儿教师善于思考与分析，做到处处事事留心，向优秀的人学习，抓住机会多倾听、多表达、多请教，钻研表达技巧，调整表达策略，自觉地在反思中实践，在实践中提升。因此，幼儿教师要多向那些积极追求进步、语言表达能力强、工作经验丰富的同行学习，我们不仅可以向他们学习语言表达，更重要的是，那样的同行一定可以给你健康、向上工作心态的感染，使我们在分享其工作的快乐和幸福的同时，也不断发现自身在工作中的幸福感。

第三节　幼儿教师的职业道德

职业道德是在职业范围内形成的比较稳定的道德观念、行为规范和习俗的总称，是人们在从事各种社会职业活动中应当遵守的道德规范和行为准则。幼儿教师职业道德是指教师在从事教育劳动过程中形成的，用以调节教师与他人、社会、集体等相互关系时所必须遵守的基本道德规范和行为准则，以及在此基础上所表现出来的道德观念、情操和品质。[①]幼儿教师职业道德是从事幼儿教师这一职业应该而且必须具备的规范，是调节幼儿教师与社会、同事、幼儿和自我等之间种种关系中产生的道德规范和行为准则。新颁布的《幼儿园教师专业标准（试行）》就提出"师德为先"，指出幼儿教师应"热爱学前教育事业，具有职业理想，践行社会主义核心价值体系，履行教师职业道德规范，依法执教。关爱幼儿，尊重幼儿人格，富有爱心、责任心、耐心和细心；为人师表，教书育人，自尊自律，做幼儿健康成长的启蒙者和引路人"。

在人类的道德史上，师德一直处在时代道德的较高水准上，师德高于其他职业要求古今中外概莫能外，那究竟什么是师德？一位拥有高尚师德的教师有怎样的表现？我们不妨来分析几个出现在电影中的经典教师形象。《蒙娜丽莎的微笑》影片中的凯瑟琳老师，以青春直率的作风、丰富的艺术史知识以及风趣热情的授课风格，赢得了学生们的尊敬和爱戴；《烛光里的妈妈》影片中的王双玲老师用关怀、慈爱感动了孩子们的心，使问题少年从道德的"悬崖"走向思想的"平原"；《放牛班的春天》影片中的克莱门特老师，用音乐敲开孩子封闭的心灵，神圣而纯净的音乐不但净化了孩子们的心灵，更对他们今后的人生道路产生了重大影响；《音乐之声》影片中的玛利亚老师，用热情和善良赢得了孩子们的爱，领着孩子愉悦高歌，孩子们的拘谨和忧郁渐渐被音乐和笑声替代……从这些经典的影视教师形象我们感觉到，其实，教师的高尚师德无所谓身材、体形、容貌，只要我们忠于职守、关爱学生、为人师表、自尊自

---

① 钱焕琦.教师职业道德[M].上海：华东师范大学出版社，2011.

律，就能够成为幼儿心中、家长心中的最美。

一、幼儿教师职业道德要求

培养人是世界上最伟大却又最不容易的事情，教师职业是神圣光荣而又艰巨特殊的职业。教师既是社会的代言人，又是文化的传播者，还是学生的引路人，有着与其他职业不同的社会角色要求，因而也就有着特殊的职业道德要求。教师素质，师德为先。教师作为教育这个特殊行业中起决定作用的人群，其道德水平直接影响教育质量的高低与教育效果。

2008年5月12日下午14时28分，正在红岩小学附属幼儿园大班组织孩子们活动的周汝兰老师突然感到教室在剧烈地摇晃，她立即意识到地震了！于是她向全班52名4—6岁的孩子们大声喊道："孩子们，快往门外跑，快跑！"满脸稚气的孩子们都张着小嘴惊讶地看着她，一动也不动。于是周汝兰一边喊，一边拉着两个孩子就往外跑，孩子们这才一个个跟着教师跑出教室。这时教室里还有10多个孩子呆呆地坐着，几个孩子甚至趴在课桌上睡着了。周汝兰立即跑回教室，一手拉一个，跟跟跄跄地往外跑，几名孩子随后跟着跑了出来。疲惫不堪的周老师先后四次冲进了教室，直到把最后一个孩子搂入怀中，冲出教室然后扑倒在了地上。①

案例中的周汝兰老师用爱和责任诠释了人民教师"学高为师、身正为范"的神圣职责，展现了新时期人民教师高尚的职业操守和精神风貌，为师德作了最好的注脚。

教育质量的提高是幼儿园改革与发展的当务之急，而强调教育质量提高的关键在于教师，高水平教师队伍的塑造师德为先，由案例我们也可以感知到教师师德高尚的重要意义。幼儿教师职业道德作为教师职业道德形态的一种，具备一般教师职业道德的基本特点，如要求的全面性、影响的深远性、调节的自觉性、践行的示范性，但由于幼儿教师职业与一般教师职业在教育对象、职业内容与任务、工作过程以及工作性质等方面的特殊区别，幼儿教师职业道德又具有以下的独特内涵。

---

① 案例来源于《中国教育报》2008年5月19日第3版.

（一）师爱是幼儿教师职业道德的灵魂

师爱是师德的魂，没有爱，就没有真正的教育。幼儿教师对幼儿的爱，直白地说，就是爱你带的每一名幼儿，可以说是幼儿教师职业道德的前提。对幼儿园教师来说，爱孩子不是一件难事，但是要公正、无私地爱孩子，理解孩子爱的需求，并且会用适当的方式表达爱并不是一件容易的事，让每一个孩子感受到教师的爱则需要幼儿教师的修炼。

马老师的班上新转来了一个叫叶子的小朋友，马老师发现她整天不说不动，坐着发呆，也不跟班上其他的孩子来往，不愿意和老师说话、亲近。马老师通过观察和家访了解到，她是一个父母离异后谁都不要丢给外婆外公抚养的孩子，性格内向、敏感又任性，在家中非常霸道。马老师感觉到其实她更需要爱，于是，每天当叶子来园的时候，马老师总是先主动和她打招呼，亲切地跟她说话；进行集体活动时，特别注意激发她的积极性，鼓励她大胆回答；游戏中，动员其他小朋友和她结伴合作，让小伙伴们为她加油。叶子很喜欢画画，马老师就经常和她一起画，还总是把她的作品挂在班级显眼的地方……经常的关注、经常的表扬、经常的鼓励让叶子的自信心增强了，性格也开朗活泼多了，叶子的眼睛也明亮了，脸上还经常挂着笑容，班上的小朋友也越来越喜欢她。

看到这个案例，我们感受到了一种最真诚、最美好的爱——教师之爱，感受到了一种只讲付出、不计回报的爱。师爱"绝不仅是对幼儿身体的呵护，更是需要幼儿教师尊重每一个幼儿的人格，保障他们在幼儿园里快乐而又尊严地生活"[①]。当我们真的用心去爱孩子，就能够收到爱的回报，累了时孩子给你端来一把椅子，一个曾经的小调皮被你用真情"收服"了，只要一个眼神就能提醒他纠正眼前的错误……孩子一旦体会到我们的爱，就会"亲其师、信其道"，在这个过程中，幼儿教育也就实现了根本的功能。

（二）师心是幼儿教师职业道德的根基

这里的"师心"，即幼儿教师的一颗对待人生、对待事业的心。生命短

---

① 教育部教师工作司.《幼儿园教师专业标准》解读[M]. 北京：北京师范大学出版社集团、北京师范大学出版社，2013.

暂、个人渺小，在有限的人生中实现自我的价值何其不易。让我们来听听这些优秀的幼儿教师的心声："我对我的事业充满渴望，当我还是幼儿师范学校的一个'小不点'的时候，我就渴望能成为一名受到社会尊重的幼儿园教师。""当人们把工作不仅仅看作是谋生的手段，而是作为一个神圣的事业来对待时，就必然会有所追求。"……很多幼儿教师在选择这个行业的时候不完全是自觉自愿的，但是当他们与孩子朝夕相处之后，就可以萌发对幼教工作的爱。的确，幼儿教师的职业生涯是一个漫长而复杂的过程，不可避免地会出现这样那样的问题，甚至遇到难以克服的挫折与障碍，需要教师正视压力的存在，学会放松自己，调整状态，重新找到属于自己的天空。

幼儿教师的"三心二意"①

三心——指爱心、信心、耐心。幼儿教师面对幼儿时必须心中有爱，时常展现笑容，和蔼可亲，选择适合幼儿的好教材，寻找适宜的学习方法，糅合在幼儿的世界里，开放自己的情感，这些是孩子最需要和喜爱的。有信心的教师对幼儿绝不失望，也决不轻易放弃，他会寻求各种幼儿的学习方法并注意个别差异。教师情绪稳定，不会乱发脾气，那么自然会建立起相互信赖的师生关系。一个深受孩子信赖、喜爱和仰慕的教师，必如置身于天使之中，享受着工作的乐趣。

二意——指善意和诚意。这是针对家长和同事说的，不管家长如何责难，教师只要本着善意和诚意，并运用专业知识技能与其沟通，取得家长的谅解、理解。对同事也应本着善意和诚意，交换工作心得，相互包容、扶持，建立起宽松温馨的工作环境，取得较好的工作效果。

——一位75岁的幼儿教师曾慧英的从教心得

曾慧英老师的"心"与"意"让我们感受到了幼儿教师的核心品质，也看到了"师德为先"理念对幼儿教师的具体要求——要有心，要全心全意，只有这样，才能够满足幼儿个体生命成长的需要，体现出幼儿教育对个体生命的意义与价值。

---

① 张燕. 幼儿教师专业发展[M]. 北京：北京师范大学出版社，2006：109.

（三）师格是幼儿教师职业道德的核心

"师格"即指幼儿教师的人格。人格是一个人立身处世之本，师德是教师人格的直接体现，师德的魅力就从人格中来。教育的真谛是育人，育人的关键是塑造人格。苏霍姆林斯基就说过："只有人格才能够影响到人格的发展和规定，只有性格才能养成性格。"作为幼儿健全人格的最重要的培养者，幼儿教师该如何修炼自己健全的人格呢？现代教育家陶行知先生就做了很好的诠释："教师要把学生造就成一种什么人，自己就应该是这种人。"

六一儿童节即将到来，幼儿园开展了"艺术小画廊"活动，要求每个班都在走廊上布置幼儿绘画展示区。程程老师提前几天就进行了布置，开展了一系列的绘画创作活动，孩子们都非常积极地参与，绘制出了很多的作品。布置展区时，为了体现"好"的效果，程程老师精心挑选了孩子们的"好的作品"，随手将剩下的作品直接塞到了废纸篓里。六一儿童节活动当天，"艺术小画廊"前聚集了班上的家长和孩子们，大家都在赞叹作品的创意与精美，程程老师也在得意地欣赏着，然而，她只看到大部分孩子高兴的神情，却没有留意个别孩子失望沮丧的目光。

程程老师不珍惜幼儿的劳动成果，挫伤孩子积极性的行为让我们遗憾，幼儿的作品可能有高下之分，但每一名幼儿都应该有得到教师的欣赏与尊重的权利，教师随手丢弃幼儿画作的同时，丢弃了对幼儿的起码尊重。幼儿期是人格形成的关键时期，尽管社会环境、家庭因素对幼儿的个性形成和品德发展具有一定的影响，但是教师良好人格的影响作用更大，因此，幼儿教师也有必要尽力培养和塑造为幼儿所接受的、为教育工作所需要的良好的人格，以正面、公正、阳光的形象向幼儿展示世界的真、善和美，名副其实地担当起"幼儿健康成长的引路人"的责任。

二、幼儿教师职业道德修养的途径和方法

幼儿教师职业具有丰富的内涵、极高的道德要求和不可低估的价值，它能让幼儿教师从职业中获得快乐、充实人生、实现自我。幼儿教师职业还是一种极富创造性的职业。试想幼儿教师所面临的对象千差万别，面临的教育情境千姿百态，面对的教育内容千变万化，必须通过对幼儿内心世界的不懈探索和

教育的不断创新，根据具体的对象、情境和内容因人而异、因地制宜、因时而异，创造出适宜的教育方法，因此，幼儿教师更需要通过不断的学习、认识、实践和体验的过程，将对幼儿教师职业道德内容和意义的认识逐步内化为教师个体的道德情感、道德意志和道德信念，转变为幼儿教师个体的道德需要，进而外化为教师个体的道德行为和道德习惯，形成良好的道德品质，真正做到学为人师、行为世范。

教师职业道德建设，重在实践，重在自律，重在行动。幼儿教师要加强自身的职业道德修养，就必须严于律己，自觉履行教师的权利和义务，养成良好的道德习惯，从自己做起，从现在做起，从身边的每一件小事做起。那么，幼儿教师如何进行职业道德的修养呢？

（一）学习与实践相结合

幼儿教师职业道德修养的学习与实践即指幼儿教师为了提高自身师德水平，通过多种途径和方式，广泛汲取涵养丰富的理论知识，并注意向历史上和现实生活中道德高尚的人学习，以全面提升自己，同时为了提高自身的道德认知水平、检验和评价自身道德状况所进行的各种实践活动。的确，道德修养不能停留在口头上，而应落实在行动中，"践履笃行"。幼儿教师加强师德修养必须从理论学习入手，同时要注意投身实践，并把学习与实践有机结合起来。同时需提醒幼儿教师的是，道德修养无所谓起点和终点，是一个不断循环往复和逐渐提升的过程，幼儿教师在道德修养的路途上须具有坚强的决心和毅力，勇于战胜自我，克服不良的心理定式和行为习惯。

今天是教师节，早上入园接待的时候，笑笑妈妈递给王老师一个装贺卡的信封，对王老师说："王老师，这是我们家笑笑给您亲手制作的卡片，谢谢您对笑笑的照顾，祝您节日快乐。一定要收好哦！"王老师连忙向笑笑和她妈妈表示感谢，由于忙着只是将贺卡放置在桌面。在办公室备课环节的时候，王老师拆开贺卡，竟然在贺卡里面发现了一张超市购物卡，这才理解笑笑妈妈话中"一定要收好"的含义。这张购物卡是否能要呢？王老师陷入了沉思。一番思索后，她给笑笑妈妈打了个电话，首先表达了对笑笑亲手制作卡片、给自己节日祝福的感谢，同时谢绝了笑笑妈妈赠送购物卡的盛情，并做了沟通解释。下午，笑笑妈妈来接孩子的时候，王老师将购物卡送还给了笑笑妈妈。

幼儿教师的自我修养绝不是在书房里苦思冥想就可获得的，只有在日常的实践活动中加强自我学习与反思，不断调整改进自己的行为，才有可能变为现实。上述案例中的教师，就是通过对自身德行的反思获得了对教师价值的认识与体验，并将这种反思通过身体力行，融汇成为自身精神生活的一部分。

（二）他律与自律相结合

他律是道德主体在接受道德的有关原则、规范和要求的过程中，处于被动、受动的位置，其意志受到外在因素的干扰和驱使，把追求道德之外的目的作为行为准则。与他律相对的是自律，幼儿教师师德修养的内容最终要通过幼儿教师自身的言行体现出来，而自律是师德修养最基本的也是最重要的要求。所谓自律，是指道德主体在道德实践过程中能严于律己，自觉主动地内化道德的有关原则、规范和要求，并自觉地付诸行动。[①]具有自律性的人往往不受外在环境和因素的干扰，依靠道德信念，即便在别人看不见、听不到的时候，也能恪守自己的道德准则，严格要求自己。当见到别人好的道德品质，就虚心主动学习，见到别人不好的道德表现，就要联系自己，内心反省，引以为戒。

休息时，老师让孩子们排队去喝水，可队伍总也排不好。有几个小调皮总要去加塞儿，其他的孩子不服气，一个顶一个地往前挤。最前面的孩子被挤得摇来晃去，一下子把水泼在了身上。王老师扯起嗓门提醒孩子们，队伍排好了，可过了一会儿还是乱了。这时，她也口渴了，端起杯子就准备去接水。碰到水龙头的一瞬间，她下意识地停住了，转而排到了队伍的尾巴上。孩子们看见了，互相交头接耳："快看，王老师也排队了。"队伍慢慢变直了，几个小调皮乖乖排到了王老师的身后。[②]

在幼儿的心目中，教师是社会的规范、道德的化身，他们会把教师作为学习的榜样，模仿他的态度、情趣、言行、举止、音容笑貌等。幼儿教师的一举一动会影响、熏陶甚至感召孩子。案例中的教师就起到了良好的示范作用，教师排队喝水是孩子们最直接的榜样。因此，我们既要言教，也要身教，将良好的师德风尚内化为自觉行为，以身立德、以行导人，就会使自身的教育具有更强的说服力和感召力。

---

① 钱焕琦. 教师职业道德[M]. 上海：华东师范大学出版社，2011：196.
② 陈国强，郑迎江. 现代幼儿教师素养[M]. 南京：南京师范大学出版社，2011：35.

幼儿教师敬业的十种表现①

1.把教师工作当作终生追求的事业来干。

2.把所教的每一名幼儿都当成自己的孩子。

3.把促进每一幼儿在原有基础上的进步作为自己的神圣职责。

4.研究幼儿发展与学习的规律和特点，让幼儿有学习的兴趣，有探究的欲望。

5.把读书学习作为丰富自我的终生爱好。

6.把每一位同行看成携手共赢的亲密战友。

7.把每一位家长看成平等协作的教育伙伴。

8.把幼儿园当成荣辱与共、休戚相关的家。

9.把烦琐劳累的工作当作科研探索之路。

10.把教育业绩看作自我生命光彩与价值的"史记"。

思考题

1.良好的形象是教师素质的重要组成部分。正所谓言传身教，衣着仪表也是一种无声的语言。如果您是一名园长，需要给幼儿园的男女教师各选购一套园服，请在下图中进行选择，并说明理由，同时根据您的实际情况，设计一套合宜的服装。

服装A   服装B   服装C

---

① 此处参考钱焕琦.教师职业道德[M].上海：华东师范大学出版社，2011：191（引用时有删减）.

服装 A　　　　　　服装 B　　　　　　服装 C

2.请根据本章中关于幼儿教师坐姿、站姿、走姿和蹲姿的基本要求，对照镜子进行身体姿态的练习。

3.分析下则案例。如果你是案例中的崔老师，你将如何处理这样的事件？崔老师的行为说明她在教师职业道德什么方面的缺失？

"我还没有玩"

户外体育游戏中，崔老师带着班上的小朋友一起玩"掷老狼"的沙包游戏。游戏结束后，崔老师集合队伍带领孩子们回教室。这时候，队伍中响起了一个弱弱的声音说："崔老师，刚才的游戏我还没有玩。"崔老师扭头一看，是个头矮小的月月。崔老师说："那你刚才为什么不积极一点？现在要回教室了，下次再玩吧。"月月难过得都快哭了……

4.美国师范院校即将从事教师这一职业的毕业生，在毕业典礼上都要经历一个重要的仪式——集体宣誓，诵读《教育者誓词》。阅读下则美国教育工作者的职业宣言，并思考教师誓言对从教者有何意义，并从幼儿教师的职业特点出发，结合个人的实际，拟出一份个人的教师誓言。

教育者誓词

我在此宣誓，我将把我的一生贡献给教育事业。我将履行作为教育者的全部义务，不断改善这一公共福利事业，增进人类的理解和能力，并向一切为教育和学习作出努力的人表示敬意。我将这些义务当作我自己的事，并时刻准备着、责无旁贷地鼓励我的同事们做到这一点。

我将时刻注意到我的责任——通过严格的对知识的追求来提高学生的

智力。即使非常辛苦，即使受到放弃这一责任的外界的诱惑，即使遇到失败等障碍而使之更加困难，我也将坚定不移地执行这一许诺。我还将坚持不懈地维护这一信念——鼓励并尊重终身学习和平等对待所有的学生。

为了忠实地完成这一职业义务，我保证做到努力钻研所教内容，不断改善我的教育实践并使我教导的学生能够不断进步。我保证寻求和支持能提高教育和教学质量的政策，并提供所有热爱教育的人一切机会，去帮助他们达到至善。

我决心不断努力以养成我希望的素质，并永远坚持和尊重一种有纪律的、文明的、自由的民主生活方式。我认识到有时我的努力可能会冒犯特权和有地位的人，我也认识到我将会受到偏见和等级捍卫者们的反对，我还认识到我将不得不遇到那些有意使我感到灰心、使我丧失希望的争论。但是，我将仍然忠于这一信念——这些努力和对目标的追求使我坚信它与我的职业是相称的，这一职业也是与人民自由相称的。

在与会的所有人的面前，我庄严宣誓，我将恪守这一誓言。

参 考 文 献

Carolyn Edwards, Lella Gandini, George Forman.儿童的一百种语文：瑞吉欧·艾密莉亚教育取向——进一步的回响[M].罗雅芬，等译.台北：心理出版社，2000.

Dorothy June Sciarra, Anne G.Dorsey.幼儿园的开办与管理[M].，张咏，等译.北京：中国轻工业出版社，2003.

Jillian Rodd.理解儿童的行为[M].毛曙阳，译.上海：华东师范大学出版社，2008.

Laveme Warner & Sharon Anne Lynch.幼儿园班级管理技巧150[M].曹宇，译.北京：中国轻工业出版社，2011.

Oralie McAfee and Deborah.J.Leong. Assesing and Guiding Young Children's Development and Learning[M]. Boston, MA:Allyn&Bacon,2002.

艾米·劳拉·多伯罗，等.托幼班创造性课程[M].李永怡，黄淑芬，译.南京：南京师范大学出版社，2005.

安·S.爱泼斯坦.学前教育中的主动学习精要——认识高宽课程模式[M].霍力岩，等译.北京：教育科学出版社，2012.

安·S.爱泼斯坦.有准备的教师——为幼儿学习选择最佳策略[M].李敏谊，等译.北京：教育科学出版社，2012.

蔡伟玲.幼儿园新教师入职辅导[M]，新时代出版社,2008.

蔡伟忠.跳出传统思维的幼儿园教师实用手册[M].北京：农村读物出版社，2010.

蔡伟忠.幼儿常规建立的道与法[M].北京：中国农业出版社，2012.

常璐.教师对幼儿游戏介入时机的研究[D].上海：华东师范大学，2006.

陈国强，郑迎江.现代幼儿教师素养[M].南京：南京师范大学出版社，2011.

陈帼眉，冯晓霞，庞丽娟.学前儿童发展心理学[M].北京：北京师范大学出版社，2003.

陈向明.质的研究方法和社会科学研究[M].北京:教育科学出社，2000.

陈秀云，陈一飞.陈鹤琴全集(第五卷)[M].南京：江苏教育出版社，2008.

陈韬.解读幼儿的学习风格 把握教师的介入指导艺术[EB/OL].[2012-12-12]http://guopei.guoshi.com/html/class/1093/2012-12/t116293.shtml.

程凤春.幼儿园管理的50个典型案例[M].上海：华东师范大学出版社，2011.

但菲.幼儿社会性发展与教育活动设计[M].北京：高等教育出版社，2008.

方富熹，方格.儿童发展心理学[M]. 北京：人民教育出版社，2004.

傅蕴慧.幼儿园保教工作入门[M]. 新时代出版社,2008.

高杉自子.与孩子们共同生活：幼儿教育的原点[M]. 上海：华东师范大学出版社，2009.

高玉祥，王仁欣，刘玉玲.人际交往心理学[M]. 北京：中国社会科学出版社，1990.

顾荣芳，等.从新手到专家——幼儿教师专业成长研究[M]. 北京：北京师范大学出版社，2007.

顾荣芳.学前儿童健康教育论[M]. 南京：凤凰出版传媒集团，2009.

郭文英.架起家园共育的彩虹桥[M]. 北京：北京师范大学出版社，2009.

何桂香.成长在路上——幼儿园新教师必读[M]. 北京：农村读物出版社，2009.

黑柳彻子.窗边的小豆豆[M]. 赵玉皎，译.海口：南海出版公司，2011.

胡斌武.学习风格与学习策略的选择[J]. 上海教育科研，1996(6).

霍力岩，等.多元智力理论与多元智力课程研究[M]. 北京：教育科学出版社，2003.

简·卢文格.自我的发展[M]. 韦子木，译.杭州：浙江教育出版社，1998.

教育部教师工作司.《幼儿园教师专业标准》解读[M]. 北京：北京师范大学出版集团、北京师范大学出版社，2013.

津守真.幼儿工作者的视野：置身教育实践的记录[M]. 上海：华东师范大学出版社，2009.

李季湄，冯晓霞.《3—6岁儿童学习与发展指南》解读[M]. 北京：人民教育出版社，2013.

李季湄.幼儿教育学基础[M]. 北京：北京师范大学出版社，1999.

李季湄.幼儿园教育[M]. 北京：北京师范大学出版社，1997.

李黎，吕鸿.师德与教师礼仪[M]. 北京：高等教育出版社，2011.

丽莲·凯兹.与幼儿教师对话——迈向专业成长之路[M]. 廖凤瑞，译.南京：南京师范大学出版社，2004.

丽萨·波曼.老师，你在听吗?——幼儿教育活动中的师幼对话[M]. 汪寒鹭，等译.北京：中国轻工业出版社，2010.

刘金花.儿童发展心理学[M]. 上海：华东师范大学出版社，1997.

刘晶波.师幼互动行为研究——我在幼儿园里看到了什么[M]. 南京：南京师范大学出版社，1999.

刘晶波.社会学视野下的师幼互动行为研究——我在幼儿园里看到了什么[M]. 南京：南京师范大学出版社，2006.

刘晓东.儿童精神哲学[M]. 南京：南京师范大学出版社，1999.

刘晓东.解放儿童[M]. 南京：江苏教育出版社，2008.

刘晓东. 学前教育学[M]. 南京：江苏教育出版社，2004.

刘焱. 儿童游戏通论[M]. 北京：北京师范大学出版社，2008.

刘占兰. 促进幼儿教师专业成长的理论与实践策略[M]. 北京：教育科学出版社，2006.

马克斯·范梅南.教学机智——教育智慧的意蕴[M]. 北京：教育科学出版社，2001.

马玲. 孩子的早期阅读课[M]. 北京：文化艺术出版社，2011.

玛丽·霍曼. 活动中的幼儿——幼儿认知发展课程[M]. 郝和平，等译. 北京：人民教育出版社，1995.

玛利亚·蒙台梭利. 发现孩子——了解和爱孩子的新方法[M]. 胡纯玉，刘文红，译. 北京：中国发展出版社，2003.

玛利亚·蒙台梭利. 有吸收力的心灵——儿童的思维决定他的一生[M]. 高潮，薛杰，译. 北京：中国发展出版社，2003.

莫源秋，韦凌云. 幼儿教师实用教育教学技能[M]. 北京：中国轻工业出版社，2012.

莫源秋. 做幼儿喜爱的魅力教师[M]. 北京：中国轻工业出版社，2010.

钱焕琦. 教师职业道德[M]. 上海：华东师范大学出版社，2011.

邱学青. 学前儿童游戏[M]. 南京：江苏教育出版社，2008.

让-罗尔·布约克沃尔德. 本能的缪斯——激活潜在的艺术灵性[M]. 王毅，等译. 上海：上海人民出版社，1997.

史慧中. 谈幼儿的素质教育[M]. 北京：科学普及出版社，1994.

孙向阳. 守护平安——幼儿园安全与卫生[M]. 北京：北京少年儿童出版社，2011.

唐志华. 幼儿教师礼仪基础教程[M]. 上海：复旦大学出版社，2012.

王化敏. 给幼儿教师的一把钥匙[M]. 北京：教育科学出版社，2008.

王萍. 学前教育学[M]. 长春：东北师范大学出版社，2011.

吴邵萍. 家园共同体的建构——幼儿园家长工作的方法与策略[M]. 北京：教育科学出版社，2011.

希拉·里德尔-利奇.儿童行为管理[M]. 刘晶波，译.南京：南京师范大学出版社，2009.

虞永平. 生活与幼儿教育[M]. 合肥：安徽少年儿童出版社，2011.

虞永平. 学前课程价值论[M]. 南京：江苏教育出版社，2002.

虞永平. 学前课程与幸福童年[M]. 北京：教育科学出版社，2012.

袁爱玲，何秀英.幼儿园教育活动指导策略[M]. 北京：北京师范大学出版社，2007.

袁贵仁. 中国教育新百科（幼儿教育卷）[M]. 北京：中国大百科全书出版社，2003.

张富洪. 幼儿园班级管理[M]. 上海：复旦大学出版社，2012.

张明红. 学前儿童社会教育[M]. 上海：华东师范大学出版社，2007.

张文新. 儿童社会性发展[M]. 北京：北京师范大学出版社，1999.

张燕.幼儿教师专业发展[M].北京：北京师范大学出版社，2006：109.

朱家雄，张婕，邵乃济，等.记录，让儿童的学习看得见[M].厦门：福建人民出版社，2008.

朱家雄.幼儿园课程[M].上海：华东师范大学出版社，2011.

朱小娟.幼儿教师适宜行为研究[M].北京：教育科学出版社，2008.

出 版 人　　所广一
选题策划　　白爱宝
责任编辑　　白爱宝　　王春华
版式设计　　宗沅雅轩　　沈晓萌
责任校对　　贾静芳
责任印制　　叶小峰

图书在版编目（CIP）数据

幼儿教育基本理念与教师行为规范／侯莉敏等著. —
北京：教育科学出版社，2013.11（2016.1 重印）
（幼儿教师专业指导丛书）
ISBN 978-7-5041-8035-3

Ⅰ. ①幼… Ⅱ. ①侯… Ⅲ. ①幼儿教育－研究 Ⅳ.
① G61

中国版本图书馆 CIP 数据核字（2013）第 269832 号

幼儿教师专业指导丛书
幼儿教育基本理念与教师行为规范
YOUER JIAOYU JIBEN LINIAN YU JIAOSHI XINGWEI GUIFAN

出版发行	教育科学出版社		
社　　址	北京·朝阳区安慧北里安园甲 9 号	市场部电话	010-64989009
邮　　编	100101	编辑部电话	010-64989395
传　　真	010-64891796	网　　址	http://www.esph.com.cn
经　　销	各地新华书店		
制　　作	北京博祥印图文设计中心		
印　　刷	北京易丰印捷科技股份有限公司		
开　　本	169 毫米 ×239 毫米　16 开	版　　次	2013 年 11 月第 1 版
印　　张	15	印　　次	2016 年 1 月第 2 次印刷
字　　数	234 千	定　　价	38.00 元

如有印装质量问题，请到所购图书销售部门联系调换。